新经纬与新态势

——新冠疫情影响下的国际军事安全格局

方晓志 著

世界知识出版社

图书在版编目（CIP）数据

新经纬与新态势：新冠疫情影响下的国际军事安全格局 / 方晓志著. -- 北京：世界知识出版社，2024.8
ISBN 978-7-5012-6516-9

Ⅰ.①新… Ⅱ.①方… Ⅲ.①国际军事关系 Ⅳ.①D815

中国国家版本馆CIP数据核字(2024)第069244号

书　　名	新经纬与新态势
	——新冠疫情影响下的国际军事安全格局
	XINJINGWEI YU XINTAISHI
	—XINGUAN YIQING YINGXIANGXIA DE GUOJI JUNSHI ANQUAN GEJU
作　　者	方晓志
责任编辑	范景峰
责任出版	李　斌
责任校对	陈可望
出版发行	世界知识出版社
地址邮编	北京市东城区干面胡同51号（100010）
网　　址	www.ishizhi.cn
电　　话	010-65233645（市场部）
经　　销	新华书店
印　　刷	艺堂印刷（天津）有限公司
开本印张	787毫米×1092毫米　1/16　20½印张
字　　数	320千字
版次印次	2024年8月第一版　2024年8月第一次印刷
标准书号	ISBN 978-7-5012-6516-9
定　　价	96.00元

版权所有　侵权必究

前　言

新冠疫情全球暴发后，国际军事安全形势发生了深刻复杂变化，呈现出不同于以往的诸多新特征，突出表现为：地区安全热点问题此起彼伏，局部冲突和动荡频发，大国博弈复杂加剧，国际力量加快分化组合，单边主义、保护主义明显上升，各种传统和非传统安全威胁交织叠加，"国际体系已经进入超载状态"[①]。2023年5月，世界卫生组织宣布，新冠疫情不再构成"国际关注的突发公共卫生事件"[②]，标志着新冠疫情已经得到了有效控制，但其对世界安全体系、国际军事格局以及大国博弈的冲击和影响还将持续，各种不确定不稳定因素仍然凸显，给未来国际安全环境、大国关系和地区局势发展都增加了诸多变数，也为人类发展带来了空前的风险挑战。

传统安全强势回归，美俄强硬对抗烈度增加

疫情时代的大国竞争和博弈呈现出了一种新的趋势，突出表现在传统安全强势回归，大国强硬对抗烈度增加，对抗的范围由过去主要集中在一两个领域向综合性、全方位竞争发展，博弈的性质由过去以合作协调为主向竞争性、对抗性进一步加强转变，使得"大国竞争战略规划的难度和要求显著提升"[③]。

美俄对抗依然是疫情时代大国竞争的主旋律。美俄不顾全球疫情处于暴发态势，积极谋局布势，掀起了更为激烈的军事对抗，使得双方军事对

[①] 唐永胜：《解析世界变局》，《现代国际关系》2020第2期，第1页。
[②] 新华社：《世界卫生组织宣布新冠疫情不再构成国际关注的突发公共卫生事件》，新华网，2023年5月5日，http://www.news.cn/2023-05/05/c_1129592731.htm，访问日期：2023年12月16日。
[③] 王存刚：《大国博弈的新动向与新变量》，《人民论坛》2020年第22期，第25页。

抗的风险进一步加剧,也对全球安全与稳定构成了严峻的挑战。

2020年,美国特朗普政府以《国家安全战略》《国防战略》等文件为指导,面对不确定性激增的战略环境,更加聚焦大国竞争,强调以"美国优先"重塑国际秩序与大国格局,形成了"单边主义与强制主义外交风格",[①]通过前沿部署、抵近侦察、武力炫耀等方式频频向俄罗斯施压示强。5月29日,美国出动2架B-1B"枪骑兵"战略轰炸机,前往欧洲及黑海地区执行长程战略轰炸机特遣队任务,并在黑海上空演练了对俄发动空袭的作战流程;6月3日,美国空军出动4架B-52轰炸机,飞至俄罗斯附近的北极地区上空,执行了穿越北极地区飞往欧洲的远航训练任务;8月18日和19日,美国连续两天出动P-8A"海神"巡逻机和RC-135战略侦察机,同时出现在黑海和波罗的海上空,抵近俄边界进行侦察活动。这种"军机斗法"频次之密集是历史上从来没有过的。此外,两国军事对抗领域也在不断拓展,从天空、水面向太空、水下发展。8月25日,美军"海狼"号核潜艇罕见亮相,停靠在挪威北部港口城市特罗姆瑟,而与挪威海紧邻的巴伦支海,是俄海军北方舰队弹道导弹核潜艇和攻击型核潜艇的主要活动区域,对俄施压意图明显。11月17日,美军利用宙斯盾驱逐舰试射标准–3IIA反导拦截弹,成功拦截了洲际导弹。而随着美国退出《中导条约》,双方在反导领域的对抗进一步升级。

2021年,拜登政府上台后,仍然奉行对俄强硬态度,"在战略安全领域的互动有所进展,但无法避免彼此对峙施压的局面",[②]对抗与博弈不断升级。2021年以来,美国及其北约盟国在靠近俄罗斯边境的地区动作频繁,挑衅意味非常明显。美国多次派出包括B-52、B-1B在内的各型战略轰炸机靠近俄罗斯黑海、波罗的海和北极等地区进行密集活动,战机距离俄边境最近时只有20公里。此外,美国以俄罗斯可能会"入侵"乌克兰为由,加大了对乌克兰的援助力度。3月1日,美国宣布将为乌克兰提供包括人员培训、武器转让在内的价值1.25亿美元的"全面援助"。5月7日,美国国务卿布林肯表示,鉴于俄罗斯在乌克兰边境集结了军队,美国政府将考虑

---

① 韩召颖、黄钊龙:《"特朗普主义":内涵、缘起与评价》,《国际论坛》2020年第4期,第3页。

② 冯绍雷:《从特朗普到拜登:美俄关系新变化》,《当代世界》2021年第2期,第12页。

向乌克兰出售导弹防御系统和其他武器。6月17日，美国宣布向乌克兰提供了一款最新型的F-16战斗机，以帮助乌克兰实现空军现代化的目标。与此同时，美国开始加大向东欧地区增兵的力度。截至2022年2月，美国已经向北约成员国波兰和罗马尼亚增派了近3000名士兵，以保护"东欧免受乌克兰危机的潜在波及"。① 同时，美国国防部还宣称，其本土还有约8500名正处于"高度警戒状态"的士兵，可以随时投放到东欧地区，为未来可能的军事行动快速提供相应援助。②

面对美国的挑衅打压，俄罗斯毫不退让，采取了针锋相对的反击措施。2020年6月10日，针对美军B-52战略轰炸机在俄边境地区模拟对俄北极军事设施实施大规模核打击的挑衅举动，俄迅速派出了4架图-95战略轰炸机飞临美国边境，演练摧毁美阿拉斯加军事设施科目；8月27日，针对美核潜艇在俄领海附近的挑衅，俄"鄂木斯克"号核潜艇也随即在美国阿拉斯加附近"冒头"；在反导领域，俄罗斯则针对性地强化反导作战能力建设，不断试射新型反导拦截弹，采用锆石高超音速导弹等进行强力反制。俄罗斯国防部副部长克里沃鲁奇科已经表示，将于2020年底前接收首批S-500防空导弹系统，并在2023年前部署3个团数量的S-400防空导弹系统和4套S-350防空导弹系统，以打破美军构建起来的反导系统。③

面对拜登政府上台后的打压升级，俄罗斯也提升了反击的力度。2021年6月中旬，在美国主导举行"波罗的海行动-2021"演习期间，俄罗斯几乎同时举行大规模海上军事演习，演练应对假想敌潜艇的袭击及空袭，并对抗假想敌的舰艇部队。同时，俄海军舰队还在太平洋中部进行海空联合演习，实施了对美航空母舰战斗群的模拟攻击，通过在靠近美国水域的地方开展远程演习，缓解其在欧洲的军事压力。12月3日，在黑海中立水域上空发现美军2架侦察机接近俄边境后，俄军迅速派出1架苏-30和1架

---

① 《美国增援东欧盟友，北约抱团应对俄乌局势》，中评网，2022年2月10日，http://www.crntt.com/doc/1062/9/5/2/106295208.html?coluid=148&docid=106295208&kindid=7552&mdate=0210111732，访问日期：2022年3月6日。

② 谢思强：《俄白举行"联盟决心-2022"联演有何考量》，光明网，2022年2月17日，https://m.gmw.cn/baijia/2022-02/17/35523859.html，访问日期：2022年3月6日。

③ 《俄国防部采购装备3个团的S-400导弹系统》，新华网，2020年6月9日，http://www.xinhuanet.com/2020-06/09/c_1126094266.htm，访问日期：2022年3月6日。

苏-27战机升空对其进行了伴飞，逼迫其掉头返航。在涉及俄关键利益的乌克兰问题上，俄罗斯也毫不退让，一方面向美国提出警告，要求美国勿向乌克兰东部派兵；另一方面加快在俄乌边境的兵力部署，对乌克兰及北约形成强大震慑。

此外，疫情期间，美俄在欧洲地区以外的对抗也日趋激烈，围绕北极、太空、网络、间谍、军控等问题的斗争全面展开。例如，随着北极地缘竞争态势的凸显，美俄在北极地区掀起了新一轮的"军事化"进程，"军事安全博弈日益加剧"。① 作为对美国在北极地区集结和加强海空作战兵力的回应，俄罗斯宣布将改造升级其沿着欧洲边界地区的军事存在，持续加大对北方舰队的投入力度，加速部署符合北极地区特有环境的军事装备，以维护俄罗斯在北极地区的利益。而随着美国国力的相对衰弱与下降，俄罗斯不安全感和焦虑感不断加剧，美俄相互间的争夺博弈在可预见的未来还将持续，危机失控甚至爆发冲突的风险不断上升。

"印太"地区形势严峻，危机冲突风险不断上升

随着美国"大国竞争"与"印太战略"的不断深化，"印太"地区在美国全球战略中的地位进一步上升，主要目的是"遏制中国的海上崛起和地区影响力的增长"。②

特朗普政府时期，美国将美日同盟、美印关系和美日印澳"四边机制"作为"印太战略"的三大支柱，③ 试图通过"印太战略"来扭转不利于美国的所谓"失衡态势"，重塑美国在"印太"地区乃至全球的霸权秩序。2020年2月3日，美空军2架B-52轰炸机、6架F-16战斗机与日本超过45架战机在三泽基地附近开展了整合演练；5月29日，美1架B-1B"枪骑兵"战略轰炸机从南达科他州埃尔斯沃思空军基地起飞，抵达日本三泽空军基地，并参加了在此举行的美日联合军演；7月28日，美国和澳大利亚

---

① 孙凯、张现栋：《美俄北极军事安全博弈态势及其走向》，《边界与海洋研究》2021年第6期，第99页。
② 胡波：《美国"印太战略"趋势与前景》，《太平洋学报》2019年第10期，第21页。
③ 徐金金：《特朗普政府的"印太战略"》，《美国研究》2018年第1期，第70页。

两国外交部长和国防部长在华盛顿举行外交与国防"2+2"磋商,宣布将以澳大利亚北部港口城市达尔文为中心,构建一项针对中国的最新"绝密防御合作框架",以强化两国联合军事训练的力度与深度,并承诺在该地区以及印度洋"加强和规范海上合作"。10月27日,美印举行外长与防长"2+2"会谈,签署了有军事意义的《地理空间合作基本交流与合作协议》,允许印度使用美国的卫星和地图数据,使印度获得一系列地形、航海和航空数据,对提升导弹和武装无人机的瞄准精度至关重要。11月3日,由美国、日本、印度和澳大利亚共同举行的"马拉巴尔-2020"演习在孟加拉湾拉开帷幕。这是澳大利亚在2007年退出该演习13年后再次参加,也是美日印澳四国首次全部参加的演习,将四国军事合作推向了一个新高度。

拜登政府上台后,继续深化"印太战略",将其作为从特朗普政府继承的为数不多的"战略遗产","运用竞争、对抗、合作三种政策手段处理对华关系",[①]使得中美战略竞争态势继续升级,地区热点争端持续发酵。2021年6月8日,美印太司令部以加强导弹防御、寻求为美军提供更强大的前沿基地为由,要求国会在其军费预算中增加10亿美元,以对抗地区竞争、大国日益增强的军事实力,并提出要在太平洋地区建立一支永久性的海军特遣部队。11月29日,美国国防部又发布"2021年全球态势评估",专门提出要在"印太"地区开展与盟国和合作伙伴更多的合作,为军事伙伴关系活动寻求更大的区域准入能力。与此同时,美国加大了在"印太"地区同盟体系的双边或多边联合演习,在疫情没能有效控制的情况下,数量与频率均呈递增态势,演习范围也从双边逐渐向多边范围拓展。8月底,美日印澳四国开展了为期两个多月的"马拉巴尔-2021"海上合作演习,主要目的是加强海上联合作战、反潜作战、空战、实弹射击、海上补给、跨甲板飞行作战和海上拦截作战能力。随后,美国又联合20多个国家在新加坡举行了"东南亚合作和训练"(SEACAT)演习,旨在加强与东南亚国家之间的合作。据不完全统计,2021年美国在"印太"地区内同盟国和伙伴共举行了约200多次联合演习以及700余次联合训练。此外,美国还将目光投向了"印太"地区以外的国家,以构建更加广泛和坚实的盟友体系。

---

① 赵明昊:《拜登执政与美国对华战略竞争走向》,《和平与发展》2021年第3期,第14页。

2021年9月15日，美英澳达成了构建"奥库斯"（AUKUS）安全体系的协议，这是继《澳新美安全条约》（ANZUS）、"四边机制"（QUAD）和"五眼联盟"（FVEY）之后美国构建的又一个重要防务体系，也是进一步深化其在"印太"地区影响和主导地位的又一重要举措。

在南海地区，美国不断强化在该地区的海空军投入，推进海警、陆战队等介入南海争端，实施所谓的"航行自由"行动，在南海地区频频挑衅。2020年7月，美军双航母编队两次在南海举行演训，内容包括防空、海上监视、海上补给、"防御性"空战、远程打击、多兵种协作等科目，使得美军在南海地区的活动有从抵近侦察向挑衅施压和作战演练转变的趋势。2021年2月，美再次出动双航母打击群在南海演练新战法，使得双航母行动成为加剧南海紧张局势的主要因素。此外，美国还加强与日本、印度、澳大利亚甚至是英国、法国等北约国家在南海地区的联合行动，"突出借力欧洲盟友实现对华再平衡"，[①]并在第七舰队首次组建了由濒海战斗舰和驱逐舰组成的水面特别行动群，在天上、水面和水下全方位开展海上作战行动，使得中美在南海地区的博弈不断升温，进一步导致地区安全压力加剧、危机失控甚至冲突爆发的风险上升，中国周边安全形势在未来一段时期将具有相当的不确定性与不稳定性。

全球局部动荡此起彼伏，安全形势稳中有忧

当前，全球安全形势继续发生深刻复杂变化。局部冲突与地区热点此起彼伏，安全形势稳中有忧。由于大国对地缘关键节点争夺加剧，新干涉主义不断上升，拉动一些地区热点升温，进而牵动地区格局演变，各种挑战明显增多。在传统安全威胁没有得到解决的情况下，非传统安全威胁不减反增，多种安全威胁交织互动，"相互影响、相互转换"，[②]传导叠加效应明显，这些都对世界军事安全形势产生深刻影响。

[①] 傅梦孜、陈子楠：《拜登政府南海政策的调整方向与限度》，《边界与海洋研究》2021年第3期，第41页。

[②] 唐永胜：《2020年国际安全形势：动荡失序、风险叠加》，《当代世界》2021年第1期，第21页。

在欧洲地区,恐怖袭击事件时有发生,凸显了以恐怖主义为代表的非传统安全威胁对世界和平与稳定构成的严重挑战。欧洲既面临种族、宗教等问题引发的内部风险,又面临恐怖分子潜入境内的外部风险,再加上美国全球战略重心的调整,从反恐"领导者"变成"参与者",使得欧洲面临的恐袭风险上升,并"兼具国际化、本土化双重特征"。[①] 恐袭威胁在今后一段时期或将成为欧洲国家面临的重要挑战,呈现"常态化"发展的基本特征。

在南亚地区,美军全面仓促撤离阿富汗是导致地区安全形势动荡的主要因素。美国"甩包袱"式的撤军,造成了地区力量真空和不同派系力量对比失衡,使得南亚和中亚恐怖活动更趋活跃,同时也造成非洲、中东地区恐怖主义威胁紧张升级,在欧洲甚至拉美的恐怖主义出现反弹趋势,加剧了伊斯兰极端主义与西方民粹主义两极对立,甚至刺激了全球的极端恐怖势力,产生爆发新一轮社会动荡的风险。

在中东地区,复杂局势和热点问题牵动全球军事安全形势。2020年1月,美国以人力情报、无人机监视和打击手段,暗杀伊朗将领苏莱曼尼后,打开了暗杀战略目标的闸门。伊朗誓言"严厉报复",声称任何威胁伊朗本土的军事行动都会遭到严厉反击,美伊两国关系持续恶化。与此同时,巴以之间爆发剧烈冲突、大国在叙利亚实施"代理人战争"等,也成为导致该地区动荡不定的重要因素。

此外,非洲、拉美、中亚、大洋洲等全球各地也热点频发,新问题层出不穷,新挑战急剧增多,多种安全威胁交织互动,使得大国矛盾与地区热点交织,在新冠疫情的影响下传导叠加效应明显放大,这些都将"深刻影响着国际秩序的变动与调整",[②] 不断加剧国际军事斗争与安全形势的深度动荡与变革,使得国际斗争从有序对峙向无序混战靠近。

2022年2月24日乌克兰危机全面爆发之时,正是本书截稿之际,转眼间交战区沦为废墟,年轻的生命凋零,人员财产损失严重,其世界性影响

---

① 宋全成:《难民危机助推欧洲恐怖主义——欧洲恐怖主义的新进展、特征及其与难民危机的内在关联》,《当代世界社会主义问题》2018年第4期,第146页。
② 姚远等:《新冠肺炎疫情与国际秩序变革》,《亚太安全与海洋研究》2021年第2期,第16页。

仍在持续发酵。在乌克兰危机问题上,中方的立场是一贯和明确的。我们始终站在公平正义一边,致力于劝和促谈,推动局势降温。中方为此正式发布立场文件,提出了尊重各国主权、摒弃冷战思维、停火止战、启动和谈、解决人道危机、保护平民战俘、维护核电站安全、减少战略风险、保障粮食外运、停止单边制裁、确保产业链供应链稳定,以及推动战后重建等主张,得到国际社会广泛关注和支持。①

大疫情促进大变局。回顾过去,国际军事安全形势总体上以平稳和动荡相互交织的态势向前发展。展望未来,国际权力结构与全球秩序演进将进入提速换挡的新阶段。世界之变、时代之变、历史之变正以前所未有的方式展开,国际社会正经历罕见的多重风险挑战。安全问题事关各国人民的福祉,事关世界和平与发展的崇高事业,事关人类的前途命运。维护国际和平安全、促进全球发展繁荣,应该成为世界各国的共同追求。我们深信,和平、发展、合作、共赢的历史潮流不可阻挡,只有"以团结精神适应深刻调整的国际格局,以共赢思维应对复杂交织的安全挑战",才能"不断消弭国际冲突根源、完善全球安全治理","为动荡变化的时代注入更多稳定性和确定性,实现世界持久和平与发展"②。

---

① 《关于政治解决乌克兰危机的中国立场》,中华人民共和国外交部网,2023年2月24日,http://newyork.fmprc.gov.cn/wjb_673085/zfxxgk_674865/gknrlb/tywj/zcwj/202302/t20230224_11030707.shtml,访问日期:2023年10月16日。
② 新华社:《全球安全倡议概念文件(全文)》,人民网,2023年2月21日,http://world.people.com.cn/n1/2023/0221/c1002-32628088.html,访问日期:2023年12月16日。

目 录

第一篇 大国竞争

美国发布国防授权法案，明确未来发展重点 ... 3
美国研究未来跨域作战新准则，拓展作战理念新空间 ... 8
美国提出"一体化威慑"新战略，谋求大国竞争新优势 ... 13
美国提升陆军远程精确火力，制胜手段更加有效 ... 18
美国加强海军威慑能力建设，竭力维护霸权优势 ... 23
美海军大规模部署濒海战斗舰，积极适应新作战概念的需求 ... 28
美海军举行超大规模演习，准备应对大国军事冲突 ... 33
美国加强北极兵力部署，"大国竞争"领域进一步拓展 ... 37
美国发布《太空国防战略》，加剧高边疆军事竞争 ... 42
美国加强网络战能力建设，网络对抗日趋激烈 ... 47
美国明确战略核力量建设重点，竭力维护霸权优势 ... 52
美国加大战术核武器研制力度，构建"全光谱"威慑手段 ... 61
美国关闭大批冗余基地，以规模效应实现军事效率 ... 66
美军出现"疫情信件风波"，凸显道德危机严重 ... 71
美军"狼狈"撤离阿富汗，将重心转向大国竞争 ... 76
俄罗斯在黑海部署新型护卫舰，未来地区博弈更加激烈 ... 81
俄罗斯在苏丹设立军事基地，欲重振"大洋海军"雄风 ... 86
俄罗斯战略火箭兵服役新型武器，加强战略力量威慑手段 ... 90
俄罗斯"亚森-M"级核潜艇性能提升，成维护大国地位重要利器 ... 95
俄罗斯延长《新削减战略武器条约》，但未来仍将充满变数 ... 100
俄伊在印度洋举行联合军演，防务合作向海洋拓展 ... 103

美俄全球军事对抗升级，但竭力避免"擦枪走火".................108

第二篇　周边安全

美印太司令部申请"威慑资金"，寻求地区军事优势.................115
美军欲建太平洋海军特遣部队，专注应对地区大国竞争.................119
美军在关岛推行"敏捷作战部署"，增强体系抗毁性.................124
美军在关岛部署26架隐身战机，寻求大国对抗新模式.................129
美双航母现身菲律宾海，西太力量部署"报复性反弹".................134
美军B-1B轰炸机远程赴日联训，疫情期间仍"秀肌肉".................139
美澳强化军事合作，欲建"太平洋统一阵线".................145
美澳构建"绝密防御合作框架"，达尔文成新增长点.................150
美放松对印度无人机的出口，美印防务合作升温但难以结盟.................154
美国推动深化"四边机制"，"亚洲版北约"能否成型？.................158
美日印澳演习聚焦"大国对抗"，实战性进一步增强.................163
《美日安全保障条约》签署60年，日本继续深化与美国的同盟关系.................167
日本新安保法实施5周年，美日军事捆绑愈加紧密.................172
日本举行全国大规模军事演习，准备介入未来地区冲突.................177
日本首次向澳提供"武器等防护"，日澳防务合作向纵深发展.................181
日本欲向印尼出售护卫舰，武器出口创历史最大规模.................185
日德签署《情报保护协定》，加剧地区安全动荡.................190
日本向中东派遣海上自卫队，积极拓展地区影响力.................194
日本宣布建立宇宙作战队，"战略高边疆"竞争日趋激烈.................199
印度将成立"海上战区司令部".................203
印度不断提高反潜能力，未来有望向多边防务合作拓展.................208
印日举行联合海上军演，敏感时期加强军事互动.................212
印度退出俄"高加索-2020"联合军演，无奈之举还是另有他图？.................217
印澳签署防务合作协议，互有所求但难以深化.................222
澳大利亚加强国防能力建设，意图实现全球范围角色转变.................227
澳大利亚升级廷德尔空军基地，与美"印太"军事合作继续深化.................239

韩国发布国防中期规划，体现地区军事强国雄心..................242
新加坡欲换装F-35战机，巩固地区空军强国地位..................247
英国派航母舰队首航亚洲，"印太"转向意愿日趋强烈..................252
法国首次参加日本夺岛演习，转身亚洲力度不断加大..................256

第三篇　欧洲防务

欧盟加强国防工业项目合作，推动防务一体化进程..................263
欧盟发布年度防务评估报告，承认地区危机应对能力欠缺..................265
欧盟拉拢美国加入军事机动性计划，意欲如何？..................268
德国出台新型战机采购计划，核携载能力成重要考虑..................271
英国如期"脱欧"，与欧盟防务合作走向何方？..................276
英国欲收回核武机构控制权，仍难实现独立自主核防务..................282
英国大幅追加防务预算，谋求网络与太空领先优势..................285
美国决定向波兰增加驻军，恐加剧未来欧洲对抗风险..................288
美国从挪威撤军，持续削减欧洲兵力意欲何为？..................293
美欧关于核武器分歧升级，北约核框架面临重大挑战..................296
北约欲加强防空反导建设，实现多元化"拼盘"模式..................301
北约举行大规模"网络联盟"演习，积极抢占网络安全高地..................303
北约反对在欧部署核导弹，与美隔阂加剧..................306
北约在黑海举行多国军演，地区安全风险进一步加剧..................308

后　记..................313

第一篇　大国竞争

美国发布国防授权法案，明确未来发展重点

2019年12月21日，美国总统特朗普签署了《2020财年国防授权法案》，使其正式成为法律。这份总计7631条长达1119页的法案，大幅提升了美国国防支出预算，不仅要求美军深度进军太空、网络等新型作战领域，实现军事力量结构和能力的全面重塑，以适应未来大国竞争的需要，而且还极力渲染所谓的"中国威胁论"，对我国内政横加干涉，对中美关系发展和全球战略格局都产生了重要的影响。

积极抢占新型领域主导权

国防授权法案是美国发布的财年国防预算的授权法案，经参议院和众议院审议通过后，由美国总统签署生效。《2020财年国防授权法案》突出的是长远战略竞争，强调美军要加强武装部队的战备能力建设，特别是要加大科技创新领域的互动与合作，以确保在新型作战领域的军事优势地位。为此，法案除了常规内容的预算编列，如授权空军采购12架F-35战机、8架F-15EX战机，同意海军一次性签订2艘航母的建造合同，加快"福特"级航母的建造进度，批准采购3艘"阿利伯克"级驱逐舰、1艘新护卫舰、2艘两栖战舰和3艘无人水面舰艇等装备外，还将重点放在"天军"和"网军"等新型领域的建设上。

在太空领域建设方面，法案正式批准了美军成立新的独立军种"太空军"，成为"美国第六大军种",[①] 授权美国太空司令部设立必要的机构和

---

① 李东尧:《特朗普签署2020财年国防授权法案，正式创建太空军》，新华网，2019年12月21日，http://www.xinhuanet.com/mil/2019-12/21/c_1210405729.htm，访问日期：2020年5月19日。

太空系统采购机制，并为太空军的力量编成、军备采购、2025财年前预算要求等明确了出台计划方案的时限。按照设想，未来美太空军的前五年预算总计约129亿美元，主要功能为"导弹预警、卫星操作、太空控制和太空支持"等，美国太空军独立成军后，将在未来60天内设立太空军作战部长办公室，配备1.3万人，在1年内达到"初始作战能力"，然后再经过数年形成"全面作战能力"，最终确保美国在太空的主导地位。

在网络战建设方面，此次国防授权法案编列的网络研发总预算为28亿美元，包括近20亿美元的研发经费和8.43亿美元的采购经费，并确定了网络战技术开发的7个重点方向。[①] 同时，法案还要求加强对网络作战的监督，增强国防部的网络安全战略和网络作战能力，并首次明确授权军方将信息行动作为一种新型军事行动进行开展，要求在各军种设立负责军事网络部队事务的首席网络顾问，主要负责与信息行动有关的政策、战略、计划、资源、人事、标准、技术发展等所有事项，这些都是美国军队适应网络空间信息安全环境变化的重大调整改革，很可能会引发"灰色地带"的竞争加剧。

此外，法案还对其他高新武器研发、人工智能军事应用等都做了精心设计，如鼓励国防部和各军种在20世纪20年代中期拥有高超音速武器，支持扩大联合高超音速过渡办公室的职权，要求积极推进国防部的人工智能工作，允许联合人工智能中心采用特殊的招聘手段，以吸引科学和工程方面的专家，并延长人工智能国家安全委员会任期。此外，法案还要求国防部制定5G战略及实施计划，并授权2.75亿美元用于新的5G信息通信技术研发，以确保信息建设的安全性和强大的工业基础。这些举措都将极大帮助美国增强其军事能力，在未来获得新型作战领域主导权和占领技术制高点。

[①] 新一代信息科技战略研究中心：《美国会发布〈2020国防授权法案〉关注网络安全》，安全内参网，2019年12月31日，https://www.secrss.com/articles/16324，访问日期：2020年5月19日。

凸显"大国竞争"战略新思维

《2020财年国防授权法案》是在当前美国政府声称反恐战争已经取得决定性胜利，主要安全威胁已经成为应对"大国竞争"挑战的背景下出台的，再结合此前特朗普政府出台的《国家安全战略》、《国防战略报告》，以及不久前发布的《新式大国竞争：对国防的影响》等一系列文件报告内容，可以看出美国的国家安全战略和国防战略重点都已发生了重大变化，重点关注的是与中俄等大国在顶层战略和地缘政治上的对抗，包括中俄核武器和核威慑能力的建设情况、美国在常规武器方面的技术优势、为抵抗中俄等国所采用的混合战和"灰色区域"战术能力等方面，凸显出了美军积极应对所谓"大国挑战"的战略新思维，"反映出其追求绝对优势的野心"。[①]

在应对俄罗斯挑战方面，法案一如既往地将俄罗斯武装力量列为美国的国家安全威胁，要求增加对俄罗斯的压力，特别是要对美俄《新削减战略武器条约》期满作废所要付出的代价进行充分评估，以更好地约束俄罗斯的核武器力量部署。为了保护欧洲盟友免遭俄罗斯的导弹威胁，法案授权向乌克兰提供约3亿美元的安全援助，用于开展可遏制所谓"俄罗斯侵略"的"致命防御项目"和研制海岸防御巡航导弹和反舰导弹。同时，法案还针对俄罗斯政府和武装部队实施制裁，并禁止其他国家与俄罗斯进行军事合作。例如，法案以"妨碍北约集体安全"为名义对土耳其购买俄罗斯S-400防空系统实施制裁，并禁止美军向土耳其交付F-35战斗机。同时，法案还附加了《保护欧洲能源安全法》的条款，以"保护欧洲能源安全"的名义对俄罗斯与欧洲之间的"北溪-2"天然气管道合作项目实施制裁，并称该法案是对俄罗斯"扩张主义"和"经济勒索"的反击。[②]

在应对中国挑战方面，法案有很多条款明确针对中国，称美国的军事优势正面对来自中国的"新威胁"，美国和盟国应加强在"印太"地区对抗中国的军事力量，要求国防部修改《中国军事和安全发展年度报告》，

---

① 吴敏文：《美2020财年国防授权法案透露出什么信息》，《中国青年报》2019年12月18日。
② 李勇慧：《"北溪-2"天然气管道背后的地缘政治博弈》，《世界知识》2020年第2期，第44页。

对中国的海外投资以及中国与俄罗斯的军事关系进行检视并提出报告，明确禁止使用军费预算购买如华为公司的产品与服务，以确保所谓的美军网络设施采购供应链的安全。同时，法案还制定了多项针对中国企业的不利条款，包括限制采购中国产品，加严对中国企业实施出口管制制裁的规定，禁止购买中国无人机，限制从中国国企购买有轨电车和公交车等。此外，法案还要求美国国防部建立一份与中国军方有联系的中国机构名单，用于审批中国学生和研究员的赴美签证申请，以防止美国军事研究成果的泄露。

从本质上来看，此次法案发出的信号非常强烈，即虽然目前美国民主党和共和党就2021年总统大选和弹劾特朗普问题斗得不可开交，但在应对大国竞争和遏制中俄问题上，两党的态度是高度一致的。在这种理念的指导下，未来美国还将会以应对大国竞争为目标，制定出更多意图在政治、军事、经济和技术等方面都领先于中俄的具体举措，从而赢得重塑未来世界格局和地位的影响力。

粗暴干涉中国内政难得人心

由于《2020财年国防授权法案》是在中美战略竞争这一大背景下通过的，因此包含有众多涉华条款，如"中国"一词在法案中出现达203次，[①]且都带有很强的冷战思维，无中生有地极力捏造和炒作所谓的"中国间谍威胁""中国科技威胁""中国军事威胁"等，污蔑中国"一带一路"倡议带来"债务陷阱"等，将中美之间的竞争从科技、经贸扩展至政治、军事、文化等诸多领域，可以说是一种新版的"麦卡锡主义"。

除了所谓的"中国威胁论"，法案内容还涉及诸多中国内部问题，粗暴干涉中国内政。例如，法案包含有不少涉台条款，涵盖"台湾关系法"评估、强化美台防务关系等主题，要求美国国防部提高对台湾地区防务能力和战备的支持，持续派遣舰队"常态性穿越台湾海峡"，鼓励其盟友及

---

① 田士臣：《美国2020财年国防授权法案，将对中国国家安全产生哪些影响？》，观察者网，2019年12月25日，https://www.guancha.cn/tianshichen/2019_12_25_529410_3.shtml，访问日期：2020年5月21日。

伙伴跟进执行穿越行动，扩大联合训练，增加对台军售和美台高级别军事接触，还要求加大台湾地区的网络安全防备能力，声称将对中国大陆在台湾地区的军事、经济、信息、外交等领域的影响进行评估，这些都严重违反了中美"三个联合公报"和"一个中国"原则。同时，法案还表达了对香港的支持，在非常细微的操作层面对中国政府指手画脚，施加压力，并公然插手新疆事务，抹黑中国在反恐和去极端化方面所作的努力，甚至还批判中国的人权状况。这些都严重违反了国际法和国际关系基本准则，极大损害了中美的互信与合作。总体上来看，美国的《2020财年国防授权法案》不仅逆历史潮流，而且也不符合中美两国人民的根本利益，成为阻碍两国关系正常发展的掣肘因素。对于美国来说，当务之急就是要摒弃冷战思维和霸权逻辑，切实停止干涉中国内政的做法，以实际行动维护中美两国关系大局。

美国研究未来跨域作战新准则，拓展作战理念新空间

2020年8月9日至12日，美国中央司令部在其行动责任区内举行联合演习，来自美海军陆战队、空军和特种作战部队的"联合末端攻击控制员"（JTAC）被部署在海军舰艇和AC-130W炮艇机上，引导舰载直升机和炮艇机对位于波斯湾海域的充气目标进行了实弹攻击。[①] 在此之前，"联合末端攻击控制员"一般在地面作战中引导空中力量对敌方陆基目标实施直接打击。此次"联合末端攻击控制员"上舰引导舰载直升机和美空军炮艇机进行对海打击，将有利于进一步丰富美军跨域协同作战样式，更充分地发挥其空地打击作战优势。

美军向来重视以先进理论引领军事建设与发展。二战结束后，美军十分重视联合作战理论的构建，强调军兵种之间结构优化、行动同步、力量合成等联合作战的理论层出不穷。近年来，美军打破传统以军种为核心的作战边界，通过综合运用联合作战力量来实施军种同步协调行动，提出了一种名为"跨域战"的新型作战概念。目前这一概念已进入美军联合作战顶层设计，并在美军高层达成共识，将成为美军未来建设和发展的重要指导原则，并对美军未来资源分配、装备研发和机构改革发挥重大的作用。

不断探索：推动联合作战理论新发展

在新型联合作战理论领域，美军一直走在全球的前列，其超前的战略思考、持续的战争实践以及巨大的利益驱动，催生了各种联合作战理论，

[①] 《美军联合末端攻击控制员开始上舰实施火力引导》，中国航空新闻网，2020年8月21日，http://www.cannews.com.cn/2020/08/21/99309698.html，访问日期：2020年11月9日。

其中"跨域战"就是美军继"空海一体战"概念后,用来应对"反介入/区域拒止"的又一次理论创新,也是美军当前最新的联合作战概念。根据美军的定义,跨域战争是指为达成既定战争意图,跨越融合物理域(陆、海、空、天)、信息域、认知域和社会域等多个维度,运用多种杀伤、压制、诱导、干预等软硬对抗方式开展的持续作战,其核心要求是打破军种、领域之间的界限,将各种力量要素融合起来,在陆海空天网各作战域以及电磁频谱、信息环境和认知维度等领域密切协同,实现同步跨域火力和全域机动,夺取物理域、认知域以及时间方面的优势。[①] 与传统的作战理论相比,更重视太空、网络空间以及电磁频谱、信息环境、认知范畴等其他无形对抗领域,强调将作战域从传统的陆地和空中,拓展到海洋、太空、网络空间以及电磁频谱,寻求空中、陆地、海洋、太空和网络五个作战域的一体化作战。

从理论研究发展来看,"跨域战"概念最早是美陆军在2016年10月提出的,并得到其他军种甚至美军高层的热烈响应,当前已经成为美军理论研究和探讨的一个热点,并正式写入了相关条令。2017年2月,美海军陆战队与陆军联合发布《跨域战:21世纪合成兵种》白皮书,详细阐述了"跨域战"概念实施的必要性及具体落实方案。随后,美空军也提出"多域指挥与控制"计划,指出在当今战争环境中的空军行动将不再仅限于空中掩护和前沿打击,而是积极协调美军各军种及盟军的行动,整合多个新领域,例如网络信息空间和太空等,并将重点放到指挥、控制、通信与计算机能力建设上来,以寻求构建全球网络打击体系。这些计划"不仅带来作战样式的改变,也给指控体系的建设提出了新的挑战"。[②]

此外,美海军次长珍妮·戴维森、空军参谋长戴维·戈德费恩、海军陆战队司令罗伯特·奈勒、太平洋战区司令哈里斯等军方高层也先后明确了对"跨域战"的支持,表示将积极参加"跨域战"理论研究,力争共同把这一概念推向未来战场。2020年7月22日,美参谋长联席会议主席马克·米利要求各军种分别开发未来联合全域作战总体概念的某一特定部

---

① 黄东亮等:《美国跨域作战体系研究》,《航空电子技术》2021年第2期,第22—23页。
② 刘科:《美军联合全域作战指控体系的理论思考》,《中国电子科学研究院学报》2021年第7期,第722页。

分,以实现陆、海、空、太空和网络空间之间的跨域协作。这些举措都将会对美军"跨域战"理论发展和能力建设产生重要影响,并推动美军联合作战理论从"联合协同"向"跨域协同"阶段发展。

应对挑战：着眼打造战场优势与主导权

从美军提出"跨域战"理论的目的来看,主要是着眼未来战争,积极探索新的战略和战法,为应对大规模、高强度、信息化战争挑战提供指导,并积极打造和保持综合领域的非对称优势。美军认为,其作战环境正面临多域威胁,一些新兴国家正通过发展太空、网络等新型作战能力,实施"反介入/区域拒止"策略,并部署先进传感器网络、一体化防空系统以及大量远程精确打击武器,抵消美军在空域和海域的作战优势,使得美军在陆地、海洋、空中、太空、网络空间、电磁频谱甚至认知领域均面临竞争和对抗。为此美军必须做好准备,积极发展跨军种、跨领域的联合作战概念,以有效应对多域威胁,并保持战场上的优势和主导权。

从具体举措来看,目前美军已经在积极推动测试和推进跨域作战的广泛因素,希望通过贯通所有领域,在自己选择的时间和地点,获得"领域优势的窗口"。美军高层已经就深化推进"跨域战"达成共识,认为如果要想在跨域战场作战并取得胜利,就必须综合运用各种作战能力,实现全面的军种能力整合,并积极为"跨域战"的实施提供资金支持。实际上,早在2015年版的《国家军事战略》中,美国就明确提出,要将"跨域战"建设成为美军发展的重点,加强与盟友的合作,以实现能在多个作战域投送力量,迫使对手停止敌对行为或解除其军事能力,以果断击败对手。

此外,美军根据"跨域战"需要,积极发展与其相匹配的新型能力,尤其是在跨域火力、作战车辆、远征任务指挥、先进防御、网络与电磁频谱、未来垂直起降飞行器、机器人/自主化系统、单兵/编队作战能力与对敌优势等领域加大了建设力度,并开始注重武器装备的系统集成、功能拓展和短板弥补。例如,目前陆军导弹与空间防御项目执行办公室正在寻求给陆军战术导弹系统进行软件升级,以提升远程精确打击能力,同时可实施对500公里范围内移动目标、时间敏感目标甚至海上舰船目标的打击;

而陆军许多武器装备,特别是移动式地面攻击系统,例如火炮等,都可以用于攻击空中和海上的敌方目标,并已经投入演习训练中。2017年在美国举行的"北方利刃"军事演习,就通过陆军地面武器与空军战斗机和海军水面舰艇的密切合作,以协调共同识别和攻击目标。此外,美军还将加速军队组织结构转型,建立更趋紧凑、自主和多功能化的军事机构,确保"一体化的联合行动也逐渐在战术层次出现",并积极开展各军种之间的联合训练,加紧制定相应的条令、人员和装备发展规划,以提高"跨域战"的体系建设,进一步削弱对手在多个作战域的作战能力,给对手在所有领域造成困境。

总体来看,随着近年来"跨域战"理论的不断深化,美军已经开始注重将"跨域战"视为应对"反介入/区域拒止"威胁的有力手段,并着眼2025—2040年的战争,把作战力量从传统的陆地、海洋和近空向太空、网络和电磁频谱等领域拓展,意图实现同步跨域火力和全域机动,获取并维持全部作战域的优势,并通过控制和支援联合部队的行动,使美军联合部队从相互依赖转变为真正的多域融合,以"破解目标对手日益强大的反介入/区域拒止能力"。[①]

未来发展:开辟创新作战理念新空间

跨域战争是人类活动空间和军事领域融合发展的必然结果。随着现代科技的进步和新军事革命的深化,为了掌握未来战争的主动权,世界各国都在围绕"跨域战"这一新型作战领域,进行着积极的理论探索。而在近年来的军事实践中,无论是多维联合作战,还是非常规混合战争,跨域战争崭露头角或已成事实,"跨域战"概念对于促进军事革命和战争模式转变的意义显然有目共睹。例如,美军正通过太空中的数据链远程控制"捕食者"无人机打击恐怖分子,通过网络传播"震网"病毒破坏伊朗核电站离心机;俄罗斯近年来不断通过"石油经济战"、网络舆情战等与西方对抗,这些都可以被看作未来跨域战争的雏形。在"跨域战"概念的牵引下,传

---

① 常壮等:《美军电磁频谱战发展探究》,《军事文摘》2020年第13期,第52页。

统军事中以军种为核心的作战边界将被打破，联合作战力量也将更加顺利自如地实施同步协调行动，如未来的防空能力可能是来自潜艇，空中的反舰巡航导弹可能来自陆军，陆军甚至可以发射岸基巡航导弹夺取制海权。诸如此类的各军种"跨界"作战，都将是未来美军"跨域战"的作战新模式。

此外，从未来发展来看，现代战争物质技术基础正发生深刻嬗变，战争所涉及的政治、经济、科技、社会因素将日益复杂，战场对抗正从陆、海、空、天、电磁等物理空间的搏杀向网络空间、认知空间和社会空间延伸，战争形态和战争样式将不断发生新的变化。正是在这些因素的驱动下，跨域战争概念已经具有了全新和更广阔的含义，为未来作战理论和概念创新开辟了新的空间。

美国提出"一体化威慑"新战略，谋求大国竞争新优势

2021年7月，美国国防部长劳埃德·奥斯汀在美国人工智能国家安全委员会举办的全球新兴技术峰会上发表演讲，公开提出"一体化威慑"概念，宣称要把"技术、作战理念和各种能力恰当地加以结合"，通过对创新和新技术进行大规模的投资，从而保持美国的技术优势并加强与欧洲及太平洋地区盟友的合作。[①]

威慑战略是美国国家安全战略的重要指导理论。进入信息化时代后，多域威慑力量共存发展、互补融合的一体化特性日益明显。虽然以核威慑为主的传统威慑力量仍在继续发挥作用，但太空威慑、信息威慑、网络威慑等发挥的作用日益突出。为了在新的国际安全和技术发展背景下应对新的安全威胁，美国开始积极探索更为有效的威慑战略。此次美国提出"一体化威慑"概念，就是着眼于人工智能、电磁频谱、无人系统等高新技术领域，建立一支新的分散但高度联网的军事力量，并通过不断推动技术更新，维护其在军事领域的优势地位，让对手了解其具有优势实力并相信使用实力的决心，迫使对手就范，从而实现更佳的威慑效果。

不断创新威慑战略理念

威慑战略作为一种系统性的战略理论和军事政策，首先是在美国出现和发展起来的。冷战初期，由于美国独家掌握核武器，因此推出了针对苏联的以核威慑为主要内容的遏制战略，其目的在于防止或威慑苏联对美国

[①] 《美防长阐述新"一体化威慑"战略》，参考消息网，2021年7月16日，http://www.cankaoxiaoxi.com/mil/20210716/2448537.shtml，访问日期：2021年12月9日。

及其盟国发动核攻击或常规进攻。此后,美国政府先后提出过大规模报复战略、现实威慑战略、确保摧毁核战略、有限核选择战略、抵消战略等多种威慑战略,成为美国冷战期间防务政策和军事战略的基石。冷战结束以后,国际安全环境发生了很大变化,美国对其威慑战略也进行了大幅度调整,在保留"三位一体"战略核力量的同时,大幅度降低核威慑的强度,但同时增加了核威慑的对象,包括有核国家以及有可能在战争中对美军使用生物、化学武器的国家,不断构筑攻防兼备的战略威慑力量体系。

在此次提出"一体化威慑"概念之前,美军实际上已经提出过一种"全谱优势"的思想,并将其作为基本的作战指导思想之一。所谓"全谱优势",是指在所有军事行动中美军都能单独或与盟国部队及"跨机构伙伴"协同行动,击败任何对手并控制局势,保持对对手的战略威慑态势,"在所有军事行动中占据优势",[①] 并以此提出了联合作战的四项基本原则:制敌机动、精确打击、全维防护和聚焦式后勤。2021年5月,美国国防部长奥斯汀又签署了一份名为"联合全域指挥与控制"(JADC2)的战略,将原本分散在陆海空天各军兵种和海军陆战队的监视、侦察数据整合至一个统一的网络,帮助美军保持可以在综合训练、协作和战争中实时共享信息的能力,从而有效应对全球作战、大规模杀伤性武器威胁、不确定状态的低强度冲突等挑战。

此次美国提出"一体化威慑"概念,实际上也是对上述"联合全域指挥与控制"思想的进一步提炼与深化,其核心要素是将较分散的多域战部队与盟友力量进行联网,建立一支新的分散但高度联网的部队,并在一定程度上采取集体行动,大大增加整体打击力量的规模和速度,以适应现代或未来战争环境的要求,因此是一个高度创新的威慑理念与思想。

谋求更大技术领先优势

美国认为,军事技术优势是自冷战结束后美国战略力量得以保持主导

---

① 卢雷、李春鹤:《由"全谱优势"看美陆军未来信息作战》,《环球军事》2005年第2期,第37页。

地位并实现威慑效果的一个重要途径，但目前这一优势地位正在逐步被削弱。为此美国于2014年推出了"第三次抵消"战略，希望通过在一些高科技领域实现突破，如人工智能、无人系统和固体激光器等，以夺取和保持太空、信息优势，占据技术领先高地，从而继续保持自身的全球军事地位。[1]

与"第三次抵消"战略相配合的是，兰德公司近期发布一份研究报告，将核战争和网电战分别列为主宰工业时代和信息时代的"战略战"，提出在当今网络战与电子战已无明显界限的情况下，网电威慑与核威慑已经成为"比肩齐驱"的两大威慑力量。而相比于核威慑而言，网电威慑还具有自身独有的特点优势，如更广的作用范围，作为所有部队在多作战域共享的机动领域，不仅可在军事层面进行威慑，而且可以进入政治、经济、社会等领域进行全面威慑；同时防范也更加困难，计算机病毒等网电攻击武器既可提前植入，又可通过无线网络悄然渗透，且很难定位攻击源，迫使处于技术劣势的对方因惧怕后果而不敢贸然采取行动或有所收敛，从而使得威慑手段更加灵活，效果更为突出。

此次美国提出"一体化威慑"战略，实际上也是对实现在网电等技术领域取得优势的再次强调。美国国防部长奥斯汀明确表示，"一体化威慑"战略意味着实现"在所有潜在冲突领域投资于尖端技术的能力"，"未来10年的技术创新将比过去50年还要多"，美军要大力推动加强与军工企业和科研机构的合作，推动新兴技术的军事应用。此外，奥斯汀还专门强调了要充分发挥人工智能的作用，加快人工智能的军事利用态势，提出未来5年美国将投入约15亿美元用于相关领先技术的研发，以此来促进"美军的效率和快速反应能力在不久的将来实现飞跃"。[2] 这些都表明未来美军的发展方向将不再依靠单纯的军力数量或规模来对潜在对手取得优势，而是会更多地通过人工智能、网络信息、高速数据处理等关键技术的研发与利用，实现更高层次的领先优势与战略威慑。

---

[1] 刘栋：《21世纪的信息战争与"第三次抵消战略"》，《防务视点》2017年第1期，第51页。
[2] 童真、侯亚晨：《美军推进"一体化威慑"面临多重障碍》，中国青年网，2021年11月1日，https://t.m.youth.cn/transfer/index/url/news.youth.cn/js/202111/t20211104_13294403.htm，访问日期：2021年12月10日。

重点应对大国对手竞争

近年来，美国不断强调来自大国对手的安全威胁，其军事战略重点也从之前的反恐战争转向应对大国竞争。美国认为，俄罗斯等大国对手一直在积极研究美军的作战与训练方式，解析美军的整合跨域能力，企图找出美军的弱点，颠覆美国的优势地位。此外，技术追赶也是大国竞争的又一重要领域。美国认为，当其集中精力在伊拉克和阿富汗作战之际，俄罗斯等大国则在向先进的导弹卫星、侦察网络、情报感知等新兴领域大量投资，通过发展"反介入区域拒止"和不对称能力，在技术、战略和战术层次使美国的整个威慑战略失效。

为此，美军认为，必须要进一步摆脱反恐战争模式，将所有资源力量向大国竞争转移。而在这场激烈的大国竞争中，其现有的威慑理念、平台和能力都已经不能有效地满足需求，而且还可能面临预算限制；其核武库现代化、先进武器采购项目和军事高新技术研发等一系列领域也难以获得充分发展，这些都将影响它未来同大国对手竞争的能力。因此，美军开始积极提出各种应对大国竞争的新设想与新思路。

2020年3月，美军印太司令部向国会提交了一份名为《重新获得优势》的报告，建议未来6年在"印太"地区实施"太平洋威慑倡议"，总投资大约200亿美元，专注于提高太平洋地区联合部队的杀伤力，经费重点用于发展远程精确打击能力、防空反导能力以及支撑这二者的战场战区态势感知能力，打造一支具有精确打击网络、生存能力强的联合作战部队。

此外，加强与盟友的协作也是此次美军"一体化威慑"新战略的重要内容。该战略强调要加强与盟友的优势结合，实施协调一致的多国军事行动，并且特别提到如果未来美国与竞争大国在各领域都处于势均力敌态势的话，那么与盟友协作快速搜集、共享和处理情报并将其用于实战将成为制胜对手的关键。

而在此之前，美军为了实现"联合全域指挥与控制"，已经计划通过采集盟国部队掌握的数据来提高情报的准确性。此外，美军提出"一体化威慑"也是加强和巩固盟友关系的一种有效思路。目前，拜登政府正在建立以"民主价值观"为基础的盟友关系,如果美国在大国竞争中无法展现超强的军事威慑能力,就会让相关国家感到焦虑,从而影响美国在盟友体系中的信誉。因此,从这个意义上来说,美国提出"一体化威慑"战略最终还是希望通过拉拢和借助盟友的力量,来提升美国与大国竞争的整体实力,从而充分实现其对大国对手安全威胁的有效威慑。

美国提升陆军远程精确火力，
制胜手段更加有效

2021年10月2日，美国通用动力军械和战术系统公司在亚利桑那州尤马试验场成功测试了4枚用于美国陆军未来增程加农炮系统的XM1210（XM1113ER）高爆火箭辅助增程弹。报道称，该测试是美国陆军远程精确火力现代化计划的一部分，旨在部署能够精确攻击70公里以外目标的新型火炮系统，相比美军当前部署的155毫米榴弹炮30公里打击范围，有显著增加。[1]

在信息化战争条件下，远程精确打击已成为达成作战意图的一种主要形式，也成为影响战争胜负的关键要素之一。近年来，美军在进行军事革命研究和实践过程中，对远程精确打击的作用，对作战和兵力结构的影响，所采用的战术进行了广泛、深入的研究，并加紧研制和改进远程精确打击系统，积极探索新的打击模式与方法。从未来发展来看，远程精确武器的技术将更加成熟，朝着更具通用性、智能化、隐身化方向发展，并主导未来火力打击的基本发展方向。

满足陆军强大火力支持的需要

"远程精确火力"概念的发展是美陆军战争实践的产物，体现了美军现有军事战略战术思想的变化。[2] 目前，美国战术型地对地弹道导弹只有"陆军战术导弹系统"（ATACMS）一种，装备在陆军炮兵部队。从技术上

---

[1] 张海潮：《美国陆军远程大炮测试增程弹：射程可超70公里，尚无法精确打击》，环球网，2021年10月12日，https://mil.huanqiu.com/article/458cShoVDaN，访问日期：2021年12月7日。

[2] 刘志、胡冬冬：《美陆军发展远程精确火力导弹支撑多域战能力》，《飞航导弹》2017年第7期，第32页。

看，该系统属于美第四代战术弹道导弹，最大射程为160公里，主要用于攻击敌战略纵深的装甲集群、后勤补给运输线、弹药库、导弹阵地、炮兵阵地、指挥通信中心、交通枢纽、机场、桥梁、港口等目标，在海湾战争、阿富汗战争和伊拉克战争中均获得了良好的实战效果。

但是，随着近年来美国对新威胁来源的评估和军事战略的调整，现有的战术导弹系统已无法胜任陆军对越来越强大的火力支持的需要，而海空军对陆军的支援也并不可靠。为此，陆军把远程精确火力的现代化列为更新军队主要武器平台的当务之急，急欲获得更多的远程精确打击火力来替换目前的战术导弹系统。例如，目前美陆军正在研发一种新型的远程精确火力武器，是一种新型远程地地导弹。相比之前的战术导弹系统有了重大升级，其射程增加至500公里，约为后者的3倍，杀伤力也更大，能够在现有发射车的基础上装备2倍数量的远程导弹，而且还将装备更先进的制导系统，能跟踪多重目标，打击陆地的移动目标，甚至有能力打击水面舰船。此外，该武器系统还采用模块化开放式系统架构，可集成到美陆军现役的M270多管火箭炮与M142"海玛斯"高机动多管火箭炮系统中，帮助美军在高威胁作战环境下打击复杂地理空间里的目标。

从目前研发的进度来看，根据美陆军远程精确火力项目跨职能团队负责人斯蒂芬·马拉尼安准将所称，该"远程精确火力"项目已进入技术成熟与风险降低阶段，在未来几年内将对远程精确火力技术进行验证，包括精确打击导弹以及高超音速和冲压式喷气发动机能力，预计于2022年底获得初始作战能力。[①]一旦服役，必将会使美军拥有"无缝打击火力"，可对超过当前陆军现役武器装备射程的敌人掩体、机场、部队集结区及其他固定目标实施摧毁或破坏性打击。

填补空中支援火力的空白

此次美军强调大力提升远程精确火力打击力量，很重要的一个因素是

---

① 《烧钱打造未来战争，美陆军发展六大未来作战系统》，新华网，2018年3月27日，http://www.xinhuanet.com/mil/2018-03/27/c_129838284.htm，访问日期：2021年12月8日。

为了填补空中支援火力的空白,以"满足'多域战'对精确打击能力的需求"。[1] 近年来,美陆军积极发展快速机动的轻装部队,代替过去的重装集团,但造成的后果是美陆军进攻速度过快,特别是在城市作战中,像空降师这样的轻装部队,需要强大的近距离地面火力支援,来对付藏身在坚固作战工事及建筑物中的敌人,而最为有效与便捷的方法便是请求炮兵火力支援。但是,目前美国陆军的现状是,自身火力覆盖有限,缺乏在全天候条件下对远距离目标的打击能力,从而使得作战部队在遭遇敌人强大火力时,习惯了在第一时间呼叫空中支援而不是炮兵。而在很多情况下,空中支援部队的能力又被美军指挥机构高估。由于受地形、气象、时间、持续作战能力等因素限制,空中火力支援并非随叫随到,有时即便战机勉强抵达战场,也无法向地面部队提供长时间的遮盖式掩护,这就使得战场上的火力支援经常出现空白点,需要得到其他火力打击形式的补充。

此外,美国陆军强调加大远程精确火力建设的另一因素是应对不断增强的俄罗斯防空力量。近年来,俄罗斯大力发展远程、陆基反舰和防空导弹,具有较高防空能力,其防空武器的一些性能方面在世界上处于最领先的地位,具有相当优势。例如,兰德公司高级政策研究员约翰·戈登称,由于俄罗斯防空系统性能强大、覆盖范围广以及命中率高,所有形式的空中支持都将难以实施,俄罗斯目前的防空系统足以阻止固定翼飞机开展近空支持、情报侦察以及其他对地面作战部队十分重要的支援任务,从而使美地面部队感受到巨大压力。此外,目前俄罗斯的高级火炮系统数量也比美国多,射程比美国当前的射程普遍远50%至100%,特别是在使用远程火箭炮方面,还结合了电子系统、网络攻击、无人机和远程火炮,形成了体系作战的新型打击模式,"使得重型地面火炮重新焕发活力,在精确性、火力密度以及打击范围方面有了新的提高",极大改变了战场的力量态势对比。兰德公司还称,一旦与俄罗斯发生冲突,在最初7至10天里,"俄罗斯在地面作战方面会有巨大优势"。为此,美国必须要重视远程精确火力建设,以弥补至少在战争初期因空中支援能力大幅减弱的后果,并可帮助

---

[1] 含桀:《多域战利刃,美国陆军远程精确火力》,《坦克装甲车辆》2021年第11期,第50页。

美国陆军在高威胁环境下的广阔区域内与对手交战，甚至还为海空方面提供支援，从而有效契合陆军当前提出的跨域作战的需求特点。[①]

将成未来陆军"火力骨干"

由于远程精确打击火力具有改变交战双方实力对比的作用，同时还能够减少攻方人员伤亡和作战物资损失，因此成为美军武器装备建设青睐的对象。从未来发展来看，美军对远程精确火力打击的作战概念还在继续深化和发展，并将其列入即将新组建的陆军未来司令部六大现代化重点中，其进展呈现出以下发展趋势。

首先，更具通用性。美国在研制新一代远程精确火力武器时，将十分注重通用性，采用模块化设计，即将精确制导武器分成若干个组件，每个组件都采用标准化设计，通过不同组合构成不同用途的远程精确火力武器，这不仅有利于对当前的武器系统进行技术改进，提高武器性能，而且还可提高三军远程精确武器的通用程度。目前，美国各军都拥有进行纵深打击的各种系统，军种间甚至本军种内都存在重复研制和装备的问题，而采用模块化设计，可打通各军种之间的壁垒，节省研制和装备费用，降低技术保障的难度，因此具有很大的发展潜力。

其次，更具智能化。未来的战场环境日益复杂，远程精确火力武器要在很短的时间内完成对目标的发现和摧毁，必须实现"智能化"，即自主完成对目标的探测、分析、评估和攻击。目前，美国正在研制的远程精确火力武器，都具备自主搜索、发现、识别、攻击高价值目标的能力，能够区分不同目标及其型号，筛选、判断和首先攻击对己方威胁最大的目标，并有选择地攻击敌方目标的薄弱部位和易损部位，以保证获得最好的摧毁效果。

再次，更具隐身化。为了提高生存能力，未来远程精确火力武器将采取先进的隐身措施，如减小武器的雷达反射截面和红外辐射特征，通过小

---

① 《担忧应对俄军火力不足？美陆军大力提升远程精确火力》，参考消息网，2018年3月28日，http://www.cankaoxiaoxi.com/mil/20180328/2259933.shtml，访问日期：2022年2月19日。

型化和隐身外形设计、弹体采用吸波材料、外表面涂覆吸波层、采用热辐射较小的发动机或无动力推进的末弹道等,实现红外隐形,降低其可探测性。

最后,射程更远。现代战争已经充分证明,实施"防御圈"外的远程攻击,是克敌制胜的一种重要手段,因此,研制更多的防区外发射的精确制导武器已成为美军武器发展的重点。据雷西恩公司透露,未来远程精确火力武器将采用先进的推进装置,能飞得更快,射程远超现役的"陆军战术导弹系统",并能精确命中地面固定目标。

总之,鉴于美国陆军目前装备的战术导弹发射系统已接近服役年限,且现代战争对于武器装备的射程和火力提出了更高的要求,因此,新型远程精确打击火力将成为美国陆军部队未来的"火力骨干",使得战争形态更加灵活,制胜手段也更加有效。

美国加强海军威慑能力建设，竭力维护霸权优势

2020年10月，美海军启动"超越计划"，以响应国防部推动的"联合全域指挥控制"概念，并"为海军提供一个超越对手的决策优势"。[①] "超越计划"在扩大海军战术网络的同时，将进一步提高这一网络的互操作性并将其扩展到其他军种。而在此之前，美国战略与预算中心发布了一篇名为《重新赢得海上优势：美海军航母舰载机联队转型以应对大国竞争》的报告，详细分析了2019—2040年美国军事战略和军事能力的发展趋势以及面临的威胁，要求美海军必须加大新型武器装备的研发力度，特别是要发展航母以及舰载机联队，以应对未来将面临的严峻挑战，确保在海洋霸权领域的绝对优势地位。

加强海军威慑能力建设

作为世界上最大的海权国家，美国一直将海军视为实现全球战略目标和维护全球霸权的重要力量，积极加强海上力量的发展建设，在舰艇规模、技术发展和战法理念等方面都处于绝对"优势"地位，具有强大的海上威慑能力。

首先，美海军的舰艇实力首屈一指。目前，美国海军拥有约290艘水面舰船和72艘核潜艇，其中包括10艘尼米兹级航母和1艘福特级航母，数量占世界总航母的一半以上，同时还配有宙斯盾防空驱逐舰、反潜巡洋舰和攻击型核潜艇等各种护航兵力，与其他国家形成了巨大的"代差"优

[①] 戴钰超：《美海军"超越计划"新进展：设计作战架构、建立云端软件库》，装备参考网，2021年4月8日，https://www.aisoutu.com/a/206352，访问日期：2022年3月12日。

势,是名副其实的"海上霸主"。但是美海军仍不满足于现状,继续谋求扩大舰队规模。根据美国海军部2019年3月21日向国会提交的《2020财年海军舰艇维护和现代化长期计划》,舰队规模将在2020财年末增至301艘,2024财年增至314艘,最终在2034财年达到355艘,舰队的年度运行维护费用也从当前的240亿美元增加到300亿美元甚至400亿美元。此外,美海军还将重点加强大中型无人水面舰艇的研发与部署,并优先发展前沿力量部署,以提升在国际海域的行动自由和快速反应能力。①

其次,美海军的技术优势持续增强。近日,美国海军作战部长候选人麦克·基尔戴提出,要加快海军数字化转型,推动建立以数据为中心的决策机制,并将数据分析技术应用到美国海军的采办管理、情报分析、装备维修等各个方面。此外,美海军还将建立信息化作战平台,重点发展定向能武器、无人作战系统、网络战武器、先进导弹等尖端技术,特别是发挥定向能技术在应对对手高速率火力攻击方面的成本优势,将其作为海军作战能力的倍增器。

最后,美海军的战法理念不断创新。近年来,美海军积极打破传统的以军种为核心的作战边界,依托网络信息技术,将水面、空中、水下等广域分布的舰艇平台整合成一个"网络化"有机整体,并逐步向网络、太空、电磁等空间拓展,从而形成全域联动、互补增效的一体化攻防体系。此外,美海军还全面开发新型作战概念,其所提出的"分布式杀伤"概念,就是针对对手战争体系和作战体系的薄弱环节,将具有高性能和作战能力的小型水面舰艇编队作为主要前沿威慑和干涉作战的主力,而把以航母为核心的传统打击舰队撤到反舰弹道导弹打击范围之外的安全区域,负责为前沿编队提供空中侦察预警和电子战支援,从而有效提升海军力量的战场生存、纵深渗透和有效打击的能力,其核心是将传统的"以兵力集中实现火力集中"作战样式向"兵力分散火力仍集中"转变。② 2019年4月至7月,美国海军和海军陆战队分别在美国东西海岸举行了"先进海上技术"演

---

① 兰顺正:《美拟"变相"推进造舰计划》,人民网,2020年4月30日,http://m.people.cn/n4/2020/0430/c24-13915447.html,访问日期:2021年3月12日。
② 姜志杰等:《美国海军分布式杀伤作战概念发展与启示》,《飞航导弹》2020年第1期,第83页。

习（ANTX），共验证了100多项有可能对未来作战模式产生变革性影响的技术原型和作战概念，其目的是应对在未来复杂作战环境下其他国家的反介入区域拒止挑战，将对未来世界海洋战略格局和安全秩序发展构成极大影响。

海洋霸权思维根深蒂固

自二战结束以来，美国一直是世界海洋霸主，凭借强大的军事力量，在各大洋海面上耀武扬威，肆意扩张自己的海洋霸权，挑战他国主权和欺凌别国利益。近年来，面对海洋安全出现的新形势和大国竞争带来的新挑战，美国对海军战略作出了重大调整，将应对来自大国竞争对手的威胁、慑止和打赢高强度海上冲突作为未来主要作战任务，以塑造有利于美国的海上战略态势。同时，为了给其海上霸权行为找借口，美国还积极寻找各种理论和法律依据。例如，在美国提出的"全球共域"理论中，就将包括巴拿马运河、苏伊士运河、霍尔木兹海峡、马六甲海峡、直布罗陀海峡等海上主要通道都纳入进来，作为美国必须保护的"海洋安全利益"。而在这一理论的指导下，美国越来越频繁地实施所谓的"航行自由"行动，其目的就是通过保障美海军力量在各大洋的畅通无阻，更加深入地介入世界海洋事务，最大限度地实现美国的海洋安全利益。

特朗普政府上台后，奉行"美国优先"的原则，赋予了军队更大的行动自由权，这使得美海军更加胆大妄为，在世界各地耀武扬威，横冲直撞，肆意挑战其他主权国家的底线，将"霸权主义"的本质演绎得淋漓尽致。例如，近年来美国加大了在世界各地的"航行自由"行动力度，特别是2019年以来，美海军仅在南海地区就至少执行了6次"航行自由"行动，且实战操练色彩越来越强，带有极大的挑衅性和危险性。从本质上来看，美军的"航行自由"行动已经成为一种严重破坏地区安全和贸易航线现状的"横行自由"行动，"不仅不可能解决《公约》中存在的模糊争议，还会加剧海上争端",①遭到了国际社会的强烈谴责。

实际上,随着国际关系领域观念的进步以及国际规则的不断建立完善,单纯依靠强权控制海洋的霸权时代已经宣告终结,海洋安全问题由于日益复杂化和多元化,更多的是要求各国间开展合作而不是对抗。而美国仍然抱着陈旧的霸权思维不变,企图凭借强大海军力量,最大限度地榨取战略、政治、舆论上的利益,已经不再符合时代发展的要求,并且会对世界海洋安全与稳定带来越来越多的不利因素。

诸多问题挑战急需解决

虽然美国拥有世界上最强大的海军力量,但由于干涉的国际事务过多,开展军事行动的区域过于广泛,需要在太平洋、印度洋、大西洋、地中海、中东等海域执行繁重的作战和战备任务,再加上执行的任务类型复杂多样,因此仍存在着军事行动范围过大和舰艇力量相对不足的严重矛盾。

根据美军近期统计数据,目前在美国本土的舰艇中,有三分之一以上处于维护状态,剩下的也经常出现故障,已经严重影响了美海军作战任务的有效遂行。例如,目前美国海军在东海岸部署的6艘航母中,就有3艘航母在船厂处于不同的维修状态。其中,"华盛顿"号航母刚刚在纽波特纽斯造船厂完成干船坞部分的维护和复杂检修,大修进度仅完成60%;"布什"号航母因为诺福克海军造船厂的工作积压,原定10个月的维护保养被延长为28个月;而"杜鲁门"号航母一直存在电力系统故障,直到近期才在完成维修后验收,从而导致2020年9月份该航母战斗群只能在没有核心航母及舰载机联队的情况下独自开展海外部署行动,成为美海军历史上前所未有的一支没有航母的"航母编队"。此外,美海军舰队在指挥体制和内部管理上也非常混乱,人员职责不清,操作规程错误,出现了一系列事故。例如,近两年来,美海军第七舰队就接二连三出现了舰船相撞、触礁

---

① 包毅楠:《美国"过度海洋主张"理论及实践的批判性分析》,《国际问题研究》2017年第5期,第106页。

或军机坠毁事故，造成了较大的负面影响，也凸显了其"外强中干"的困窘境况。

随着近年来全球海洋安全意识的增强，许多新兴国家也开始意识到加强海军力量建设对于国家安全的重要性，陆续研制出包括隐身战机、弹道导弹、反舰导弹等在内的一系列先进武器，反介入区域拒止能力不断提高，对美国现有的海上军事优势构成了极大挑战。为此，美海军也积极发展新一代航空母舰、濒海战斗舰、海基弹道导弹防御系统等先进武器予以应对，但这些装备耗资巨大，需要以巨额国防投入为基础，这对于当前并不景气的美国经济来说是一个较大的挑战。以"福特"号航母为例，仅设计和建造费用就超过了137亿美元，这还不包括护航编队和舰载机的费用，预计整个航母打击群的全寿命成本将会达到上千亿美元。如此高昂的费用将会严重制约美国海军力量的规划执行。虽然美国近两年在不断提高军费投入，如2019—2020财年的军费预算已达到7160亿美元，超过位列其后9国的总和，但仍然无法满足庞大军备研制和采购的需求，也使得美国维护霸权的成本与国力相对衰落之间的矛盾更加突出。

总之，随着全球军事格局的不断变化、作战环境的日益复杂、武器装备和技术的加快创新、信息系统的迅速崛起，再加之竞争对手的日益强大，美国海军眼下正处于艰难选择的十字路口，所面临的内外一系列挑战都可能会削弱其在全球的优势地位，使其无法再像后冷战初期那样维持不可一世的海上霸权地位。如果美国海军不能正确认识这一现实，仍坚持"绝对优势"的霸权思维和追求"穷兵黩武"的极端做法，那么美国海军必将逃脱不了盛极而衰的最终命运。

美海军大规模部署濒海战斗舰，积极适应新作战概念的需求

濒海战斗舰项目是美国海军战略调整的产物。在"由海向陆""前沿存在"等新战略理念影响下，美国希望通过建造一种成本低但作战功能全面的小型舰艇，以满足越来越多的濒海水域作战需求。但是，濒海战斗舰无论在设计理念还是作战能力方面均存在诸多缺陷，无法完全发挥其预期作用，一度成为"华而不实"的鸡肋。但是，据美国外交学者网站的报道，美海军将于2021年内部署6艘濒海战斗舰。[①]这是自濒海战斗舰十几年前首次入役以来，美海军最大规模地部署这一类型军舰。

美海军不顾该舰饱受诟病的现状，决定大规模部署该舰，主要原因还是考虑到当前美海军在全球特别是在亚太地区的军事行动过于频繁，而所能动用的作战舰艇数量捉襟见肘，其他舰艇也无法及时补充到位，希望通过这种途径来缓解其大型战斗舰艇高强度超负荷困境的无奈之举，从而最大限度地维持美国在海洋领域的军事存在和优势地位。

由远洋走向近海的产物

冷战期间，美国维持着一支世界上规模最大的以航母为核心的远洋海军，意图与苏联决战大洋。苏联解体以后，美国海军失去了苏联这个主要对手，同时预判在未来几十年不会再次出现一个强大对手，因此将作战目标从远海大洋转向近陆海域，其作战任务也调整为"由海向陆"，[②]希望

[①] 《美媒称美年内将部署6艘濒海战斗舰》，参考消息网，2021年7月3日，http://www.taihainet.com/news/military/hqjs/2021-07-03/2527077.html，访问日期：2021年9月17日。

[②] 胡波：《美军海上战略转型："由海向陆"到"重返制海"》，《国际安全研究》2018年第5期，第73页。

建造一种可以在近陆海域灵活机动,既能保证在作战时克服敌方舰艇、导弹、水雷等武器威胁,也可在重大军事行动中执行支援登陆作战、维护海上安全、争夺制海权、实施战术威慑等任务,还可有效弥补航母等大型舰艇在近陆海域不足之处的舰艇,以便将对手压制于沿海地带。

在这种思路指导下,濒海战斗舰应运而生。该舰最初是为了替换即将退役的"佩里"级护卫舰,但是后来随着美国海军的战略转型和任务模块化的发展,转变成一种介于护卫舰和巡逻舰之间的独特舰艇。从性能来看,濒海战斗舰采用了美国目前最为先进的造舰技术,装备有先进的传感器系统和电子设备,具有敏捷、灵活的操纵性能以及高航速、低吃水、隐身性好等突出特点。此外,濒海战斗舰还采用了独特的模块化设计,可通过布置不同的集装箱式模块,对设备和武器进行非常简便的换装,实现作战多面手的功能。例如,该舰可装备反水雷系统模块用于水雷清理,发挥扫雷舰作用;装备传感器模块后可以用于反潜战,发现并攻击潜艇;装备导弹发射模块后则可以为大型舰艇提供护卫或支援登岸部队。此外,随着非传统安全威胁的不断增多,濒海战斗舰还可以广泛地应用到非军事领域,用于打击走私、缉毒等任务。例如,美国南方司令部司令克雷格·法勒表示,将会使用濒海战斗舰来执行缉毒任务,以打击和威慑走私行动等。

总之,濒海战斗舰的产生是美国海军军事战略由远洋走向近海的重要标志,也是美国专门设计用于控制近岸水域的重要海上力量,作战灵活,并可进行多地区大量部署,非常适合在近海区域活动并执行多种任务,是"适用于濒海/近海区域作战等特点的一种新型舰船",[①] 堪称是革命性的新一代海军舰艇。

积极适应新作战概念需求

近年来,美国为了应对不断变化的安全形势,不断拓展作战领域,将海洋、天空、太空、计算机网络空间等以前所未有的程度综合到一起,并

[①] 吴家鸣、李世龙:《濒海战斗舰的特点与短板》,《舰船科学技术》2013年第3期,第67页。

以此提出了不少新的作战概念。如何使现有武器装备适应新的作战概念和战法运用，也成为美军积极探索的重点内容。

据美国海军研究学会网站报道，2021年1月，美国海军水面舰艇协会召开年度会议，重点讨论"分散海上作战""远征前进基地作战"等新作战概念，其中就涉及如何用濒海战斗舰、远征海上基地舰等新型舰艇来支持海军与海军陆战队的海上前进基地作战概念问题，并提出到年底要把4艘"独立级"濒海战斗舰部署到西太平洋，以执行打击和远征前进基地作战任务。

对此，美海军第七舰队司令比尔·默茨给予了确认，称目前第七舰队在开展远征前进基地作战时，主要使用的是新的轻型两栖战舰，穿梭在各岛链和海岸线之间，而濒海战斗舰由于吃水非常浅，同时还具有极好的浅水机动能力，比传统驱逐舰更加适合浅水区域活动，这一优势让其更加适合在水深较浅的群岛环境中发挥重要作用，可以代替驱逐舰或巡洋舰执行低强度任务，让后者前往更深水域执行更先进的行动，从而有效支持美海军陆战队新提出的远征前进基地概念。

目前，美军正在积极推动位于亚太地区的濒海战斗舰进行更多的军事行动并与其他平台力量进行更多的合作。根据第七舰队司令比尔·默茨的构想，美国部署在西太的"独立"级濒海战斗舰可以从日本基地或关岛出发，由东向西进入亚太周边海域；而部署在新加坡的"自由"级濒海战斗舰则由南向北进入南海，从而在东西两个方向上形成分进合击之态势。根据比尔·默茨的说法，美国海军还在推进为濒海战斗舰搭载更多的打击导弹，并声称已获得了美国海军太平洋舰队的大力支持，届时将会使得美军在亚太地区的海上火力打击能力进一步增强，推动海上军事行动更加游刃有余。

总体上来看，濒海战斗舰是美国海军新作战概念运用的一个重要对象。美海军向西太地区部署濒海战斗舰，也是美国未来"印太战略"的一部分，目的主要是积极配合应对该地区的大国对抗，特别是实施针对该地区部分争议岛礁的军事行动，通过闯岛闯礁和抵近侦察，向亚太主要大国进行围堵和施压。可以预测，随着"分散海上作战""远征前进基地作战"等新作战概念的不断深化，在不久的将来，濒海战斗舰或许会成为美军针对地区大国军事行动和作战编成的重要成员，以及在地区安全事务上寻衅滋事的主要力量，值得高度警惕。

力不从心的无奈之举

虽然濒海战斗舰具有上述诸多独特性能，在结合新作战理念进行军事行动中也有不俗的表现，但由于其在设计初期就存在着诸多天生的缺陷，随着时间的推移，各种问题正逐渐显露出来。

由于该舰艇过多地追求外形上的炫酷和理念上的超前，因此不得不牺牲了一些战斗性能，使得整体作战能力大打折扣。濒海战斗舰从外形上看十分前卫，甚至曾作为科幻与未来的代名词被美海军津津乐道，同时该舰过多强调轻便和高航速，因此最大限度地减少舰载武器装备，不仅没有安装必要的先进武器系统，而且仅有的舰炮也对敌方毫无威慑力，无法进行有效的反舰、反潜、反导、防空、对地攻击等任务，尤其是扫雷能力迟迟没有实现。此外，虽然该舰采用独具特色的模块化组合功能设计，但耗时很长，原本计划96小时内完成模块更换，但实际上却需要在港口条件下两周时间才能完成换装工作，完全无法满足其机动灵活迅速出击的作战要求。

此外，相对于其他同等舰船，濒海战斗舰造价高昂，使用和维护成本高，服役后机械、维修和操作等问题长期不断，一直困扰着濒海战斗舰的部署。据《防务新闻》获得的数据显示，美国海军濒海战斗舰的满载排水量不超过3000吨，其每年运行成本约为7000万美元，而一艘排水量8000~9000吨级的阿利·伯克级驱逐舰，年运行成本约为8100万美元。[①]若无法控制成本，这两款战舰的作战费用将几乎相同。而且，濒海战斗舰自服役以来，就不断面临一系列频繁的机械故障和令人尴尬的成本超支，甚至获得了"小破船"的绰号。例如，在2021年初，美海军认定"自由"级存在严重机械问题，因此叫停已完工舰船的交付，并要求造船厂为已经

---

① 《美媒曝光美海军濒海战斗舰运行成本：竟然接近伯克级宙斯盾驱逐舰》，环球网，2021年4月13日，https://mil.huanqiu.com/article/42hnitX4sGx，访问日期：2021年9月19日。

在役的10艘舰船制订修理方案。这些都将制约美国海军对该舰未来发展的信心和使用。

此次美决定年内部署6艘濒海战斗舰，实质上也是对当前舰艇力量"青黄不接"的一种无奈之举。目前，美海军正在进行新型护卫舰FFG（X）的研发建造，该舰满载排水量可达7000吨，装备相控阵雷达和垂发单元，基本可以看作加强了隐身性能的缩小版"伯克"舰，但进展缓慢，距装备服役还需要很长的时间。此外，"朱姆沃尔特"级驱逐舰已经停建，"提康德罗加"级巡洋舰也越来越老旧，在舰队整体规模面临缩水的情况下，美国海军将目光投向了濒海战斗舰，以完成这个过渡期。此外，在当前重点投向大国竞争的背景下，根据美国海军建设的思路，需要节省下来资金用于研发生产更适合"大国海上对抗"的军舰，而濒海战斗舰并不适合，与美国海军的未来作战思路也背道而驰。在这种情况下，濒海战斗舰的部署服役能发挥什么样的作用，能否为美海军提供其执行任务所需的能力，都有待商榷。

美海军举行超大规模演习，
准备应对大国军事冲突

2021年8月3日，美国海军在全球多个地区同时举行名为"大规模演习-2021"的军事演习活动。据美军官方网站宣称，此次演习为期2周，将在全球17个时区同步开展，参演舰船包括航空母舰、驱逐舰、潜艇、无人舰船等至少36艘舰船。参与演习的兵力和人员包括美国海军、海军陆战队、政府部门和其他保障力量，此外还有50多个虚拟单位，总计参演兵力约有25,000人，是"美国一代人以来最大规模的海军演习"。[①]

此次演习对数个新作战概念进行了首次实战演练，通过将虚拟和现实相结合手段，在多种场景下测试美国海军和海军陆战队开展分布式作战能力、远征前进基地能力、沿海行动能力以及在复杂环境下的指挥控制能力，检验美军在与大国发生冲突时开展远距离作战的战法。这种超大规模的具有针对性的军事演习，是美国炫耀军事实力并威慑他国的重要手段。在美国宣称的大国竞争时代，这场演习的背景、地域、规模、科目、特点等，非常值得跟踪与研究。

此次演习的规模和作战样式前所未有

举行军事演习是美国用来展示自己军事力量强大的一个重要途径和惯用伎俩。近年来，美国举办和参与的军事演习种类频率不断增加，范围规模也在不断扩大，如"大胆美洲鳄"演习和"环太平洋"系列联合军演等，可有效锻炼部队的综合作战能力、武器打击能力和战术运用能力等。

---

① 王鹏：《美国海军计划举行超大规模演习》，中国青年网，2021年8月26日，https://news.youth.cn/jsxw/202108/t20210826_13187565.htm，访问日期：2021年12月15日。

此次美海军计划举办的演习原本叫作"大规模演习–2020",原计划于2020年举行,但因为新冠疫情推迟到了2021年。美国海军舰队司令部官员介绍,此次演习涉及美军部署在本土、非洲、欧洲和太平洋地区的多个地区军事基地,具体包括美国海军陆战队的3支远征部队以及美国海军第二、第三、第六、第七和第十舰队的官兵,参演单位将超过36个,除去在中东地区戒备的第五舰队没有出现,全世界的美国海军力量都被抽调加入此次军演,另有50多个单位将远程参加。

这种从全球各地集中调集兵力的做法,凸显了美国海军对此次演习的高度重视。就目前字面数据来看,其参演兵力和综合战力已达到一个前所未有的高水平。美国海军作战部长迈克·吉尔戴称之为"一代人以来最大规模的海军演习"。

从演习方式来看,此次演习除了传统的实地兵力投入,还使用了类似于电子游戏的技术,通过虚拟技术连接全球各地的作战单位,将现场和虚拟参与者结合起来,这样也将极大增加参与部队的数量,扩大演习的范围,超越以往只有现场演习才能达到的水平,展现出美国海军未来可能面临的现实规模,同时也使得这场大规模军演的训练活动范围和复杂性远较历史上任何时期都要大。

从演习目的来看,很显然美国海军此举是为了"秀肌肉",向其他国家进行战略示威,以再一次展示自己在远离大陆的公海上的霸主地位。此外,此次演习还将涉及一些新的作战思路。如美军近年提出的"分布式"作战思路,即"着眼未来强对抗环境",[①] 通过分散兵力形成多区域打击能力,避免被一窝端的战术战法,也可能在这次军演中得到应用。

大规模使用无人装备是本次演习的重要特征

此次演习还有一个重要的特点是大规模启用无人装备,这也是美国海军为顺应未来战争发展方向所采取的应对之举。时至今日,无人平台已经

---

① 吴勤:《美军分布式作战概念发展分析》,《军事文摘》2016年第13期,第44页。

成为信息化、无人化战争的重要武器装备,"未来美军可能出现无人与有人作战平台混合编队战斗的作战样式,从传统的侦察扩展到打击、运输、监视、干扰、反潜等各个领域"。[①] 美军认为,近年来其他地区大国国力的发展,尤其是所谓"反介入/区域拒止"能力的提高,会让美海军造价高昂的大型有人水面舰艇变得相对脆弱。而相比于有人舰艇,无人海上平台的成本更低、可生产和部署的数量更多,同时不会有人员伤亡和身心疲累等问题,非常适合美海军提出的"分布式杀伤理念",同时也可以更好地应对"大国竞争"。

近年来,美国海军对于无人舰艇愈加重视,不断加大对无人系统和自主技术的测试、演示和原型设计,意图进一步提升海上无人作战能力,确保其海上优势地位。2017年,美国海军创建了第一个无人潜航器中队。2020年,美国海军将无人系统作为武器发展的优先选项,无人舰艇在美国海军提出的未来造舰计划和海上战略中占据着越来越重要的地位。据悉,美国海军计划将在2026年前列装26艘无人舰艇,其中包括12艘大型无人艇、1艘中型无人艇和8艘超大型无人水下潜航器。为此,美国海军已向国会申请27亿美元,并与6家公司签署项目研发合同,以打造未来以无人舰艇为主体的海军力量。

在战法应用上,为了更好地适应未来战争对无人作战的需求,2021年3月,美国海军发布了一份《无人作战框架》,并于4月19日至26日在加利福尼亚州圣迭戈海岸附近举行了一次"无人系统综合作战问题-21"演习,演习内容主要包括评估海上无人系统开展情报搜集、侦察、导弹射击等任务能力以及如何与有人系统协同作战等,以进一步研究复杂作战场景中无人系统综合作战问题。这是美国海军首次聚焦无人系统的大型演习,也是对美军未来载人平台和无人平台混合作战的首次测试,是美国海军推进海上无人系统作战的一次重要尝试。

美国海军研究学会新闻网报道称,在此次"大规模演习-2021"中,美国海军将首次把无人技术纳入舰队演习,美军第一艘反潜无人舰"海上猎人"号将与濒海战斗舰搭配,在美国西海岸进行演习,同时大型无人舰

---

① 王立轩等:《信息化战争下的美军无人作战装备》,《军事文摘》2021年第11期,第17页。

"霸王"号则到东海岸加入大西洋舰队训练，训练重点是测试和评估无人化武器装备的相互协调以及与有人装备的配合，其实战效果如何，将直接影响美国海军未来发展海上无人化武器装备的战略意愿和发展方向。

美国准备应对未来大国军事冲突

自2017年美国出台《国家安全战略》，将俄罗斯等大国视为首要安全威胁后，"强调实力地位，保持技术优势，偏重军事手段，追求绝对安全，维持全球霸权"，[①] 美国与大国竞争对抗的整体环境已经逐渐形成。为了适应这一环境变化，特别是拜登政府正式下令美军以快于预期的速度从阿富汗全面撤军，实施中东战略收缩后，美国海军将战略重心和整体注意力都向亚太地区倾斜，其军力建设和作战部署的核心思路，都在围绕着如何应对亚太地区可能的大规模军事冲突。据美国军事新闻网称，随着美国与俄罗斯等大国的对抗和竞争不断加剧，美国海军正在将重点从基于地面的反恐战斗，转移到遏制所谓的俄罗斯等大国的"侵略"，不断加大演练力度来提高武器装备性能和战术战法应用，针对大国的色彩更为浓厚。

虽然美国军方在谈及此次"大规模演习–2021"时没有明确提到假想敌，但所公布的演习内容中却包含诸多为战略竞争对手"量身打造"的内容。这实际上都是在模拟与亚洲大国发生冲突时可能遇到的几个概念场景，美军希望通过发展新作战概念形成一体化作战，搞出一套切实可行的战略战术，以增加在和大国对抗中的优势和经验。从未来发展来看，美国海军举行的这场大规模军演，无疑将给亚太地区乃至世界安全带来重大隐患和不利因素。

[①] 石斌：《美国国家安全战略的思想根源》，《国际政治研究》2021年第1期，第11页。

美国加强北极兵力部署，"大国竞争"领域进一步拓展

据美国《星条旗报》援引五角大楼的消息报道称，2021年8月23日，美空军将1架B-2A隐身轰炸机部署到冰岛的凯夫拉维克海军航空站，并计划列装可在北极地区自主飞行40多小时的MQ-9"死神"察打一体无人机。报道还称，由于美海军的破冰船数量不够多，美国正试图依靠潜艇、有人军机和无人机来控制对于俄罗斯具有重要意义的北极航线。[①]

北极在美国的全球战略中处于非常重要的地位。随着当前北极安全形势的急剧变化以及大国在该地区的影响力复归，美国对北极安全的认知发生了重大变化。美国将北极地区视为"大国竞争"的关键区域，采取多种措施加强其在北极地区的军力部署，"将北极战略嵌入其全球战略之中",[②]使得北极安全形势逐渐向"对峙与合作并存、对峙逐渐升级"进行转化。美国在北极地区采取的咄咄逼人攻势，引发了俄罗斯出于维护自身主权和利益的强烈回应，势必引发一系列"连锁反应"，让俄美在北极地区的对抗愈演愈烈，值得国际社会密切关注。

美加强环北极军事基地群建设

冷战时代，北极也是大国对抗的前沿地带，密布攻击性和防御性武器。冷战结束后，美国一度拆除了大量位于北极的军事基地，撤出了部署在北极的部队。近年来，随着北极地缘安全环境的逐渐改变，美国认为其

[①] 《俄媒文章：美将派无人机和隐身轰炸机争夺北极制空权》，参考消息网，2021年9月28日，https://baijiahao.baidu.com/s?id=1712126034213329613&wfr=spider&for=pc，访问日期：2021年12月10日。

[②] 郭培清、董利民:《美国的北极战略》，《美国研究》2015年第6期，第47页。

本土防御的前线正在向北移动，已经从确保美国家安全的"战略屏障"演变为本土防御的"最前线"。美国认为，任何国家如果在北极点及其附近地域部署射程达到一定范围的武器装备，那么就能够在最短时间内打击北半球各国的境内目标，相当于控制了北半球的一处要冲，这势必会对美国的本土安全构成直接威胁。

为此，近年来美国加大了向北极地区的军事部署力度，除了增派航母、核潜艇等战略性武器赴北极活动，与周边国家举行大规模军事演习外，还开始加大对环北极基地群的建设力度。2020年7月21日，美发布《空军北极战略》，明确了空军在美国北极战略中的地位与作用，强调美国将寻求在邻近北极圈地带增建港口与机场，加强极地任务相关装备与战术研发，提升通信能力和情报监侦能力，通过整合在北极地区的军事资源，进一步提升该地区基地群的使用效益。

此次美国计划部署B-2A隐身轰炸机的凯夫拉维克海军航空站位于冰岛西南部，曾于2006年关闭。迄今为止，美国为改造和维护该航空站已经拨付了逾5200万美元。美国设想通过在该航空站部署战略轰炸机与察打一体无人机，可以使得美战机的出动方式更加灵活多变，既可以采用由美本土基地起降、"不落地"赴目标地区活动的方式，也可采用由美本土部署至盟友前沿基地，再依托该基地赴目标地区活动的方式，主伴结合、灵活运用，达成行动的隐蔽性和突然性，从而将"冰岛作为轰炸机前线基地，以快速应对俄罗斯的威胁"，[1] 同时应对全世界任何地方的潜在危机或挑战。

此外，美国还将眼光投向可控制经北极圈进入欧亚大陆空中航线的阿拉斯加基地群。该基地群扼守白令海峡，面向亚太、辐射北极，主要担负北美地区防空反导、空中力量全球投射转运等任务，同时也可应急支援印太总部责任区内的各种行动，扮演着美遏控北极、西出印太的重要支点角色。

目前，美国已经提出了向阿拉斯加基地群部署150架F-22和F-35A隐身战斗机的计划，同时将重点放在加强阿拉斯加南部安克雷奇的埃尔门多

---

[1] 金怡：《从印太到北极，美国加紧对中俄战略布防》，《新华月报》2019年第24期，第118页。

夫空军基地建设上。该基地系美国空军第11航空队驻地，装备有F-15战斗机、E-3预警机、C-130运输机等主要机型，负责阿拉斯加地区防空、夺取空中优势，同时支援太平洋司令部责任区内的各种应急行动。美军在埃尔门多夫空军基地专门举行了F-22战斗机"大象漫步"密集队形滑行演练和"红旗—阿拉斯加20-3"演习，并面向北极和西太地区密集开展轰炸机远程战略巡航。

总体上来说，美军通过加强环北极军事基地群建设、远程打击力量战略投送、演练不同兵种在极地环境下的协同作战能力等手段，充分展示了在北极地区的全方位军事行动能力和掌控能力，为未来可能的北极对抗做了准备，也使得北极地区成为未来美国开展军事竞赛、搅动"印太"局势和谋求霸权的重要区域。

俄针锋相对展开北极军事对抗

美国在北极地区持续扩大军事存在并采取一系列具体行动，使得俄罗斯的战略焦虑与担心持续上升，"明显提升了北极在其国家战略中的分量"。[①] 2020年3月，俄罗斯专门颁布了《2035年前俄罗斯联邦北极国家基本政策》，提出俄罗斯需要组建一支配备防空系统、舰船和航空兵的极地部队，同时加强相应的军事训练来适应极地作战环境，从而有效维护俄罗斯在北极地区的军事安全。2021年初，俄又将北方舰队正式升级为独立军事行政单位，享有跨军种和战略地区指挥权限，将与俄东部军区一道，从两大战略方向共担北极地区防务职责。

针对美国对北极制空权的争夺，俄一方面派出图–95、图–160、米格–31等多型战机，实施对北极周边空域的多批多架次战备巡逻，另一方面也不断加强北极地区的防空能力。俄北方舰队司令亚历山大·莫伊谢耶夫明确表示，"近期有关未来的规划要求进一步发展俄北极地区和北部边境的防空力量"。目前，俄军已经在雅库特北部部署了S-300、S-400远程防

---

① 黄凤志、冯亚茹:《俄罗斯的北极政策探析》,《吉林大学社会科学学报》2021年第5期，第133页。

空导弹系统也已在新地群岛执行作战值班任务，这些防空系统不仅有较大把握摧毁来犯的美国无人机，还能击落B-2A隐身轰炸机。同时，俄罗斯还在构建由"棱堡-P"岸防反舰导弹系统、"铠甲-S1"弹炮合一防空系统和S-400防空导弹系统组成的多层次海岸防御体系，在北极形成一个"雷达防护盾"，为深入北极圈的俄领土提供可靠安全保障。

除此之外，为了应对美国环北极基地群的威胁，俄采取从西向东拓展其在北极地区军事基地的手段，以实现"在北极上空地理分布的极大拓展"，"突破战略围堵、强化战略威慑、抢占战略先机等考量"。[①]据俄国防部透露，目前俄军方正在改造北极航线附近的军用机场，其中北方舰队在科拉半岛的主要空军基地"北莫尔斯克-1号海军航空站"正在扩建之中，包括修建一条新的飞机跑道和多条飞机滑行道，更新照明和通信系统以及建立一个新的指挥控制中心。此外，俄在位于法兰士约瑟夫地群岛的亚历山德拉岛上的纳古尔斯科耶新机场上也修建了一条2500米长的跑道，能够起降米格-31截击机、苏-34战斗轰炸机和伊尔-78空中加油机，这些都将用于对冲美在北极地区部署的进攻性力量，特别是对付来自美国战略轰炸机的威胁。俄拓展其在北极地区军事基地将加剧美俄在北极的军事竞争态势，损害两国间本已脆弱不堪的战略互信，同时还可能引发外溢效应，将北极国家也卷入对抗，打破现有的地区战略平衡。

未来北极将成"大国竞争"拓展区域

美在北极地区加强战略力量部署，实际上也是应对当前"大国竞争"战略的重要举措。随着美国出台的《国家安全战略报告（2017）》将"大国竞争"视为主要安全威胁的定调，各种针对北极的具体安全战略也逐步成形。例如，美国国防部在2019年6月发布的新版《国防部北极战略》中，提出了国防部在北极地区的目标就是保卫美国国土，必要时与大国进行竞争，保持对美国有利的地区力量平衡。2020年12月，美国国防部发布了

[①] 梅育源、马建光等：《透视俄罗斯北极军事力量建设》，《和平与发展》2021年第2期，第18页。

《保持海上优势规划》文件，三次提及北极，指出美国不能忽视北极新兴起的常态化竞争，并表示美国必须继续保持前沿部署，并将军事力量恰当地展示出来。

拜登政府上台后，尽管在对待北极问题上与上届政府存在差异，但对特朗普政府将战略重点转向"大国竞争"的观点保持高度认同，所出台的北极战略文件也是要求美国必须正视来自北极的安全威胁，特别是大国竞争带来的安全风险。2021年1月5日，美国海军部长、海军作战部长和海军陆战队司令联合签发《蓝色北极——北极战略蓝图》，概述了未来20年美海上力量的行动模式，重点强调了要应对北极航道适航性提升和北极海域环境复杂化所带来的挑战。2021年3月16日，美国陆军发布《重获北极优势》，明确了陆军在北极地区的建设目标和战略框架，提出将组建北极部队提高北极作战能力，以阻止对手寻求进入该地区进行竞争。2022年10月，美国接连发布《北极国家战略》和《国家安全战略》，将气候危机、乌克兰危机和"中国攫取影响力"列为北极环境变化主要威胁。

从总体上来看，这些战略文件虽然是在拜登政府上台后发布的，但都是依据特朗普政府时期的《国家安全战略》和《国防部北极战略》制定的，延续的还是"大国竞争"思想。可以预测，在这些文件和思路的指导下，美国将会进一步明确将北极作为"大国竞争竞技场"的地位，政策重心也会向应对该地区的安全风险与挑战方面转移，从而将"大国竞争"向全球化拓展，在对抗中获取北极优势地位，实现其维护国家安全和全球利益的目标，同时也"加剧了大国对抗的风险，冲击了北极地区的安全秩序"，[①] 使得北极地缘政治环境的不稳定与不确定性进一步增加。

---

① 王丛丛：《美国北极政策军事化及其影响》，《战略决策研究》2021年第2期，第18页。

美国发布《太空国防战略》，加剧高边疆军事竞争

2020年6月17日，美国国防部对外公开《太空国防战略》简版报告，将"建立全面太空军事优势、整合联合作战体系、塑造战略环境、加强盟友与伙伴合作"确定为未来太空作战力量建设的四大优先事项，并提出了"保持战略优势、整合作战能力、确保太空稳定"的三大目标，[①] 为美国谋求太空绝对优势，确保太空绝对安全提供了重要遵循和指针，也成为"未来10年美军太空力量发展目标与措施途径"。[②]

美国发布《太空国防战略》报告，是在当前太空争夺日趋激烈的背景下，为实现和维护太空霸权，寻求太空军事绝对优势的一项重要举措，其目的是通过积极谋划和制定未来太空发展的途径，构建"多层威慑"的空天攻防体系，以巩固并扩大其在太空领域的优势地位和国家利益。正如时任美国国防部长埃斯珀在当天发表的声明中所表示的那样，该战略报告的发布是确保美军太空优势和维护美国太空利益的重要一步。

有效整合现有各种太空作战力量

美军是最早开始筹划组建太空作战部队的军队之一。早在20世纪90年代初，美军就组建了一支由100多名宇航员和7000多名航天技术人员组成的"准太空战部队"，负责美军航天器的发射和控制工作，在太空军事力量建设方面发挥了重要的作用。随后，美国陆海空三军均设立了专门进行太空战的部队。例如，空军设立了专门进行太空战的第14航空队，下辖

[①] 何奇松：《谋取太空霸权：美国地月空间军事战略走向》，《当代世界》2022年第2期，第41页。

[②] 谢珊珊等：《美国〈国防太空战略〉研究分析》，《中国航天》2020年第9期，第43页。

4个联队，主要担负导弹预警、空间监视、火箭发射和卫星控制任务；陆军编有2个太空作战旅，负责执行太空支援、太空力量增强、太空控制和太空力量运用任务；海军则组建了第十舰队，作为其卫星通信系统的太空支援分队。这些太空作战部队虽然隶属于各军种，整体上力量比较分散，但却为后来组建专门的太空部队奠定了坚实的力量基础。

2019年12月20日，时任美国总统特朗普在马里兰州安德鲁斯空军基地签署了《2020财年国防授权法案》，正式将原美国空军太空司令部更名为"太空军"，使之成为世界上第一支真正意义上的独立军种，可完整地实现导弹预警、卫星操作、太空控制、太空支持等相关职能。根据法案，美国成立"太空军"的主要目的是有效整合现有各种太空作战力量，构建结构合理、精干高效的太空作战力量体系，以战略进攻、战略防御和战略支援为三大主要任务，更好地适应和应对日趋复杂的太空威胁与挑战。在法案中，美国还为"太空军"的力量编成、军备采购以及2025财年前预算要求等规定了出台计划方案的时限；为其前5年预算拨款129亿美元，并明确由太空司令部设立相关机构和太空系统采购机制；在60天内设立太空军作战部长办公室，相关人员和资源主要从空军抽调，最高领导将由一位四星将官担任，级别与空军参谋长相同，有权出席参谋长联席会议，并有可能未来成为参联会成员之一。美"太空军"已于2021年达到"初始作战能力"，然后再经过数年发展，形成"全面作战能力"，成为未来美实施太空作战的中坚力量。

积极维护太空霸权优势地位

发展国防太空力量是美国谋划大国竞争的战略支点。[①] 纵观美国太空战略和太空作战力量的发展历史，维护太空霸权优势地位始终是其最终目标。冷战结束后，美国成为世界唯一的超级军事大国。美不断深化太空技术的研发和运用，加强对太空领域制高点的争夺，提出了各种雄心勃勃的

---

① 粟锋、徐能武：《美国国防太空力量发展的动向及应对——基于对美国2020年〈国防太空战略〉的解读》，《国防科技》2021年第3期，第91页。

太空力量建设计划。特别是特朗普政府上台以来，认为之前奥巴马政府所采取的"战略克制"太空战略过于软弱，过多强调了发展太空态势感知能力而非太空作战能力，损害了美国在太空领域的优势地位，必须采取相应措施予以纠正。

为此，特朗普政府不断加快太空作战力量建设进程，将太空霸权作为维护美国战略优势的重要领域，积极推动太空作战力量体系和机制的完善。2017年6月30日，特朗普签署行政命令，下令重建"国家太空委员会"；2019年8月29日，特朗普又宣布成立美国太空司令部，负责制定美国在未来几年的太空军事议程和方针，以确保美国"在太空的统治地位永不受质疑和威胁"，并在9月4日开始的"施里弗–2019"演习中首次组织了太空战计算机模拟演习。

《太空国防战略》报告非常重视太空军的建设，把加强太空军列为"建立全面太空军事优势"事项的首要目标，要求太空军通过调整和优化作战指挥机制，将部队、情报和人员纳入美军整体军事计划和人员安排之中，能够策划、演练和执行太空联合作战行动，不断拓展美军的太空作战能力。正如美太空司令部首任司令约翰·雷蒙德空军上将所称："随着太空军的建立，我们将提高该军种组织、训练和装备的能力，使其与太空领域的重要性相符。"因此，美国组建"太空军"，就是特朗普政府在当前太空争夺日趋激烈的背景下，以国家安全为前提和基础，依托国家综合实力，以"美国优先"理念为指导，寻求军事绝对优势的一项重要举措。其目的是通过"太空军"这一正式机制，构建起"多层威慑"的空天攻防体系，并积极谋划和制定未来太空发展的目标和途径，不断增强当前已拥有的先进太空战力，巩固并扩大其在太空领域的优势地位和国家利益，从而确保各种太空安全战略目标的最终实现，有效维护美国在太空领域的国家利益和优势地位。

未来太空领域军事竞争将更加激烈

美国前总统肯尼迪曾预言："谁控制了宇宙，谁就控制了地球；谁控制了空间，谁就控制了战争的主动权。"随着太空领域的不断军事化和太空战技术的不断发展，以往的战场观、时空观、力量观、战法观、作战效益观正在发生极大改变，战争的时空概念、组织形态、作战原则、作战方法乃至整个军事思想也都出现了新的变化，"太空武器化程度逐渐抬升，给国际战略稳定与平衡造成严重威胁与挑战"。[①] 随着太空所蕴含的经济、军事、科技和社会价值不断提高，太空领域正日益成为军事竞争的新战场，也是国家利益和战略安全的新增长点，地位和作用日渐上升。

美国拥有全球最强大的太空军事力量，在太空探索与开发方面一直走在世界前列，无论是经济总量、科技实力还是军费投入，都位居世界第一。美国认为，在陆、海、空、天、网五个作战维度中，太空将是决定未来战争输赢的一个重要制高点，可实现从感知优势到认知优势再到决策优势的飞跃，而随着太空从"终极边疆"变成一片国际竞争日益加剧、随时可能爆发真刀真枪热战的区域，未来必将成为实现和维护世界霸权的新领域。

在这种"太空霸权"思维的影响下，美国更是积极加强在太空领域的战略性拓展和全方位争夺，不断加快太空新技术和新装备的研发进度，从动能反卫星武器到高能激光致盲装备，从微卫星攻击到卫星捕捉技术，从太空电子战技术到侦打一体的空天飞机，美国用于太空作战的技术和装备几乎应有尽有，不断推动太空战争朝信息化、智能化、精确化方向发展。未来，美国还会把太空力量作为一种新的威慑力量，在太空实施各种导弹拦截、太空平台对抗和天基对地攻击等，甚至可能在太空部署核武器，使得太空威慑与核威慑、网络威慑一起，成为美国与其他大国对抗的重要工具。

从军事竞争角度来看，此次美国《太空国防战略》，加强未来太空作战力量建设，必将会增强其在太空军事领域的不对称优势，打破当前业已形成的太空战略平衡，促使俄罗斯、日本、印度以及欧洲等地区和国家为了摆脱"安全困境"而纷纷效仿，将所取得的先进太空技术进步应用到军事领域，通过研制先进太空对抗武器、组建专门太空作战部队、优化太空战争指挥体制等来打造自己的"太空军"，从而引发新一轮的太空军备

[①] 何奇松：《太空武器化及中国太空安全构建》，《国际安全研究》2020年第1期，第39页。

竞赛。

在后冷战时代,世界的主题已经变成和平与发展,合作与共享正在取代对抗和竞争且日益成为各国太空活动的主流趋势,人类太空活动的目的正从"探索发现"向"商业活跃"和"安全主导"过渡。[①] 但是美国仍然保留冷战思维,在太空领域采取诸多强硬举措,表现出咄咄逼人的进攻姿态,毫无疑问是一种逆潮流而动的行为。可以预测,如果未来美国不放弃"太空霸权"思维,坚持加速推进太空军事化,以"太空控制"战略来追求"太空独霸",那么必然会增加其他国家对其太空意图产生误解和做出误判的风险,必将加剧国际社会的不安和忧虑,并对现存大国战略稳定架构构成冲击,形成激烈的"制太空权"争夺,这些都值得国际社会高度警惕。

[①] 杨乐平、彭望琼:《未来30年太空安全发展趋势及影响》,《国防科技》2021年第6期,第1页。

美国加强网络战能力建设，网络对抗日趋激烈

2020年7月12日，特朗普在接受专栏作家马克·蒂森的采访时首次证实，美国在2018年对俄罗斯网络研究机构——"俄罗斯互联网研究所"进行了一次秘密网络攻击，并承认这次行动经过了他的批准。[①] 这意味着美俄之间的网络战从原来的"口水战"走向了"实战"。

作为全球网络空间事实上的超级霸主，美国的网络攻击能力和网络情报获取能力首屈一指，是第一个提出网络战和应用于实战概念的国家，并塑造出一种新的国家网络战略——"进攻型网络主权观"。[②] 近年来，美国还在不断加强自身网络战能力，并不断滥用网络攻击能力，扰乱网络空间秩序，对他国关键信息基础设施进行渗透控制，特别是对俄罗斯的网络对抗不断升级，以获取网络霸权地位，给全球做出了很不光彩的示范。从未来发展来看，如果其他国家也纷纷效仿美国加强网络战的能力对抗，那么必将让网络空间走上一条对抗升级的不归道路。为此我们必须要高度重视，积极做好应对准备。

美积极打造网络"黑客帝国"

美国是全球最早开发互联网并至今掌握最先进技术的国家，其网络战意识也一直非常超前。多年来，美国政客一直鼓吹其有可能遭遇"网络珍珠港"攻击的风险，从未停歇网络空间的备战计划。1995年，为增强美军的信息对抗能力，美国国防大学信息资源管理学院培养出了第一批"网

[①] 《美首次承认对俄网络机构进行攻击》，中华网，2020年7月13日，https://news.china.com/socialgd/10000169/20200713/38480278.html，访问日期：2022年1月19日。

[②] 曹伟：《美国分层网络威慑战略关于网络攻击的考量》，《中国信息安全》2020年第4期，第64页。

络战士",虽然这批网络战士只有16人,但其诞生所代表的历史意义不言而喻。目前,美军有3000名至5000名网络战专家,涉足网络战的军力在5万至7万人,如果再加上原有的电子战人员,美军的网络战部队人数在8.87万左右,相当于7个101空降师,这支部队不仅要承担网络防御的任务,还将对他国的电脑网络和电子系统进行秘密攻击,成为美军开展网络战的强大力量支撑。

美国不仅是网络战最强的国家,也是发动网络战最多的国家。早在1991年第一次海湾战争中,美军就对伊拉克使用了网络战的一些手段,如开战前,美国中央情报局派特工到伊拉克,将其从法国购买的防空系统使用的打印机芯片换上染有计算机病毒的芯片,并在战略空袭前用遥控手段激活了病毒,致使伊防空指挥中心主计算机系统程序错乱,防空电脑控制系统失灵。在2003年的第二次海湾战争中,美军更是广泛地使用网络战手段,战前通过电子邮件向数千名伊拉克军政要员发去"劝降信",给他们造成很大的心理影响。此外,在2004年的利比亚战争中,美国还通过网络攻击,导致利比亚国家顶级域名瘫痪。

2011年11月,美国国防部更是首次公开承认正在研发进攻型网络战技术,并在年底通过的美国国防预算中正式为实施这种"先发制人"的网络战开启绿灯。2013年1月,美国还制定出了网络攻击的相关规则,允许情报部门以"寻找针对美国境内的潜在网攻迹象"为由对他国计算机进行远程分析,并许可军方在没有公开宣战的情况下,只要发现来自境外的网络攻击并得到总统批准,就可以对他国网络发动攻击。2016年6月,美国前国防部长卡特声称使用了网络手段对叙利亚"伊斯兰国"组织等进行了攻击,包括用网络武器库削弱了"伊斯兰国"组织的在线通信网络并破坏该组织获取资金、进行贸易的渠道,同时还扰乱了"伊斯兰国"组织指挥武装力量的能力,干扰其策划阴谋的计划,这是美国首次公开将网络攻击作为一种作战手段,具有很强的里程碑意义。从总体上来说,美国的网空攻击装备体系"以全平台、全功能为发展目标,并具有模块化特点,能适应各种网络环境下的行动作业要求"。①

特朗普上台以后,更是进一步扩大网络战的运用范围,并大大简化了网络攻击授权的流程。2018年5月,美国国会通过了军事授权法案,根据该法案,国防部长可以在没有获得总统特别批准的情况下,授权美军在网络空间开展例行"秘密军事活动"。2018年8月,特朗普又签署命令,向网络司令部下放新权限,批准其可不用受国务院和情报界阻挠,更自由地部署先进网络武器。2018年10月,为了给自己滥用网络攻击能力找到合乎逻辑的借口,美国正式发布网络空间战略,提出了"前沿防御"的网络战新理念,强调要利用主动防御和攻击手段来遏制各种可能的网络攻击,以降低对手发动网络攻击的意图和能力,必要时可随时对美国本土以外的地方实施网络攻防行动,这突出体现了特朗普风格的"美国优先"思维和咄咄逼人的"进攻型"网络战略,也使得美国成为全球网络版图上最具实力的"黑客帝国"。

意图牢牢掌握网络战主导权

长期以来,美军尚未形成统一的网络战指挥体系,各部门都在网络战领域孤军作战。为了解决这一问题,2009年,美国正式建立了统率网络战的网络司令部,这是一个从属于美军战略司令部的二级司令部。随后,为了进一步提升网络战的战略地位和作战价值,美国在2016年底将原从属于美国战略司令部的网络司令部提升为独立一级司令部,构成了总统—国防部长—作战司令部司令三级网络战指挥机制。2017年8月,美国总统特朗普又宣布,将网络司令部升级成为美军第十个联合作战司令部,地位与美国中央司令部等主要作战司令部持平,极大提升了独立作战能力和作战效率。而根据2017年底更新的"联合司令部"计划,美国网络司令部大大简化了网络行动的指挥和操作流程,获得了更大的权限,使得网络空间部队明确变成一个全球网络空间作战部队,同时也使得网络司令部成为美国网

---

① 安天研究院:《美国网络空间攻击与主动防御能力解析——美国网络空间攻击装备体系》,《网信军民融合》2018年第4期,第57页。

络作战的核心,并与空中、太空等作战领域充分融合,真正成为联合作战的重要组成部分。例如,自特朗普政府执政以来,美国政府一直在强化应对太空系统网络安全问题的相关政策,通过立法将太空系统纳入关键基础设施,以期将太空系统的网络标准从自愿遵守变为强制性义务。①

而与构建统一网络指挥体系相匹配的是,目前美军拥有由2000多种先进网络武器组成的"武器库",包括各种无线数据通信干扰器、网络逻辑炸弹病毒和蠕虫、网络数据收集计算机、网络侦察工具、嵌入式木马定时炸弹等,并不断付诸实战当中,取得了良好的效果。例如,2010年,美国就联合以色列使用了"震网"病毒攻击伊朗核设施,导致伊1000台离心机报废,该国核计划几乎"停滞",也使得"震网"的"蠕虫"病毒成为世界上首个得到公开证实的武器级程序。从根本上来说,美国通过建立强大统一的网络作战和指挥体系,开发和储备各种先进网络武器,其目的都是为了进一步维持其世界霸权地位,力求在全球率先建成一支机动灵活的信息化军队,从而牢牢掌握未来网络战的主导权。

未来网络战的对抗将更加激烈

全球网络空间治理有着高度的复杂性。网络战作为继陆海空及外层空间之后出现的新战争维度,正在从网络空间向经济、社会、国防、外交等全域交织渗透,成为大国博弈对抗的重要手段。而在这种博弈对抗中,尤以美俄两国的对抗更为激烈,也由来已久。

从美俄网络对抗的历程来看,至少自2012年起,美国就已经开始对俄罗斯电网进行侦察,但一直只是停留在监视和防御的层面上,并没有实施攻击。2018年8月,特朗普在一份秘密文件《国家安全总统备忘录13》中,向网络司令部授权其可以在没有得到总统批准的情况下开展攻击性网络行动,以"阻止、保护或防范针对美国的攻击或恶意网络活动",从而正式开启了对俄罗斯进行主动网络攻击的大门。而近期以来,美国国土安全部和联邦调查局也不断"煽风点火",声称俄罗斯向美国的发电厂、石油和

---

① 何奇松:《美国太空系统网络安全能力构建》,《国际展望》2022年第3期,第55页。

天然气管道或供水系统植入了恶意软件，试图在未来可能与美国的冲突中发挥破坏性作用，因此美国必须要对俄罗斯的网络进攻进行反击和报复。此次美国在俄罗斯系统内深度放置了潜在破坏性恶意软件，以实现对其电网基础设施和其他目标的攻击行动，应该被视作对俄罗斯的强硬反击和报复。尽管媒体没有提供有关攻击的具体细节，但据五角大楼官员们表示，就影响范围和攻击性而言，此次美国植入的恶意软件是"前所未有的"，具有极大的侵略性和破坏性，这标志着美国对俄罗斯的网络战正在升级。

作为世界上为数不多的能与美国全面抗衡的重要国家，俄罗斯对于网络战也极为重视，赋予了其极高的地位——"第六代战争"，并称"网络战实际上已成为一种变相的突击样式，起到了与火力突击效果相同的作用"，俄罗斯积极通过"打造国家互联网、军用互联网、国家信息安全和防御系统等手段，稳步提高网络防御能力，抵御来自黑客和西方国家的网络攻击"。[①] 目前，为确保其在对抗中的主动地位，俄军已经建立了一支专门的网络战部队——特种信息部队，专门负责信息战的防护与实施。该部队在世界上具有极高的"声誉"，掌握着"远距离病毒武器""微波武器"等威力巨大的高技术信息武器。此外，据俄罗斯《消息报》报道，目前俄西部、南部军区的集团军及驻叙利亚部队集群也已拥有了高度保密的"云库"系统，拥有自主电源、可靠的冷却和消防系统，对安装服务器的场所进行严密保护，俨然是个"网络堡垒"。此外，俄国防部还正在建设高度加密的军事专属互联网——多服务通信传输网，主要用于打造国家级"主权互联网"（SI），确保国家在数字空间的安全，该项目第一阶段工程计划于2020年底完成，剩余工程两年后结束。可以预测，随着美俄双方对抗不断加剧，未来网络战的力度和广度还将继续扩大，网络战对世界各国的负面影响效应也将更加凸显，很可能会将全球拖入一场不会存在赢家的网络战争。

[①] 李奇志等：《俄罗斯网络战发展研究》，《信息安全与通信保密》2021年第4期，第9页。

美国明确战略核力量建设重点，竭力维护霸权优势

2020年4月6日，美国国防部发布《核威慑：美国国防的基础和支撑》文件，分别从威胁、政策、战略、态势等四个方面概要论述了美国核力量现代化的必要性与紧迫性。文件着重强调美国将坚定推进核力量现代化进程，维持可信的核威慑，以保障美国及其盟友伙伴的安全。文件称，冷战结束后，美国采取了一系列切实举措降低核武器在国家安全中的作用，目前核武库规模相比冷战高峰时期下降85%，国防部核现代化经费占总军费比例不到2%。但是，美国的核威慑对手却在不断强化核武器在其国家安全战略中的作用。因此，美国将继续推进核力量现代化，"以核常融合、攻防兼备构筑绝对优势，并以新兴技术、跨域威慑确保全面制胜"。[1]

打造"三位一体"核威慑体系

美国是世界上最大的核武器拥有国，其战略核力量作为"终极守护者"，为其本土及盟国提供了超过50年的安全保障，"核威慑是美国国家安全的基石，是美国及其盟友的坚实后盾"。[2] 近年来，美国继续加强战略核力量建设，持续改进现役战略导弹，不断提升作战性能，并积极规划下一代战略威慑武器的发展，强调保持并扩大核优势，这不仅有助于美国保持核力量的强劲实力，更好地适应新时期所面临的安全威胁，而且还能够维护美国作为世界核大国的霸主地位，增强其盟友的稳定性。

---

[1] 江天骄：《美国实战威慑核战略：理论、历史与现实》，《国际安全研究》2021年第2期，第28页。

[2] 陈曦、于镇玮：《美国核力量现代化的规划、进程与前景》，《军事文摘》2020年第21期，第12页。

美国"三位一体"核力量是美国战略进攻力量的基础,作为"终极守护者"已经为美国及其盟友提供了超过50年的安全保障。美国认为,目前核威慑力量和核武器基础设施正日益老化,需要进行现代化改造,以确保长期可靠性和应对能力,避免美国及其盟友对核威慑能力的信心危机。作为冷战期间与苏联对抗的杀手锏,美国于20世纪60年代建立起了由弹道导弹核潜艇、陆基洲际导弹和远程战略轰炸机组成的"三位一体"战略核力量,形成了规模庞大的核威慑体系,并达到了一种比较理想的构架,成为美国目前战略核力量的重中之重。

目前,美国的核战略力量主要包括进攻性打击系统、主动和被动防御系统以及能够迅速应对多种威胁的后备反应基础设施,规模庞大,而其主体部分是由海基弹道导弹核潜艇、陆基洲际导弹和空基远程战略轰炸机组成的"三位一体"的体系结构,每一个组成部分都具有独特优势,相互支撑形成了强大的核威慑能力。

在该体系中,海基战略核力量占据主体地位,共拥有14艘"俄亥俄"级弹道导弹核潜艇,虽然其研制于20世纪70年代的"冷战"高峰时期,但经过多次升级换代,性能还是非常先进且作战能力强大,是美国战略核力量的核心。在武器装备上,每艘"俄亥俄"级核潜艇携带20枚"三叉戟Ⅱ"型潜射洲际弹道导弹,该型导弹作为弹道导弹核潜艇最重要的武器装备,具有指挥层次少、反应速度快、战备程度高等特点,有很高的可靠性,并进行了多项技术改进,可有效满足美海军应付新型威胁能力的需要,确保了海基核力量的打击能力。目前,"俄亥俄"级潜艇大多都已服役30年以上,美国计划于2027年将这些潜艇退役,并建造"哥伦比亚"级新型核潜艇以将其取代,第一艘预计在2021年建成,2031年实现核威慑巡航,到2042年前将拥有12艘新一代战略核潜艇。①

空基战略核力量方面,美空军目前拥有20架B-2和87架B-52H轰炸机,分别部署在3个基地,并正在不断升级其核指挥和控制能力。虽然B-2和B-52H可以服役至2040年,但美军还是计划从2020年开始进行更新

---

① 薛敏等:《美国"哥伦比亚"级核潜艇发展情况及特点分析》,《舰船科学技术》2018年第12期,第160页。

换代，未来将采购80—100架新型远程轰炸机，可能装备B61-12精确制导核炸弹和新型"远程防区外"空射巡航导弹，其中B61-12精确制导核炸弹作为世界上第一款制导核航弹，可与反导系统配合作战，以极高的打击精度，大幅增强美军的精确打击和杀伤能力，进一步增强美军的核威慑与核战略优势。

陆基战略核力量方面，目前美国拥有约400枚"民兵–3"型陆基洲际弹道导弹，均系作战部署状态。"民兵–3"是美国第三代地对地战略核导弹，也是美国第一种装备分导式多弹头的陆基战略导弹，能安装33.5万吨当量的W78或30万吨当量的W87核弹头，射程达1.25万公里，且命中精度高，能有效提高导弹的突防能力和打击硬目标的能力，未来或许还将引进公路机动型导弹增强其生存能力。

从美国整体核力量实力来看，除了"三位一体"战略核力量，导弹防御体系也是一种重要的威慑力量，起着战略拒止（即遏制潜在对手发动攻击）的作用。目前，美国已经形成了世界上最全面的弹道导弹防御系统，包括可拦截洲际弹道导弹的陆基中段拦截系统、拦截中远程弹道导弹的海基"标准–3"拦截弹，以及"爱国者–2""爱国者–3"和"萨德"等能对中近程弹道导弹进行末段拦截的系统。据美国导弹防御局称，5月30日，在美国空军第30太空联队、导弹防御局联合指挥部、北美防空司令部的共同合作下，陆基导弹防御系统成功地在试验中拦截了一枚洲际弹道导弹靶弹。这是美国首次拦截洲际弹道导弹试验取得成功，也是其反导系统自部署以来最接近于实战拦截洲际导弹的一次试验，标志着美国真正拥有了面对现实威胁的遏制力，可有效应对针对其本土的导弹攻击。

总体上来说，目前美国拥有世界上最强大的战略核力量，能够迅速有效地应对各种核危机事件，并通过将先进的指挥、控制、情报和规划系统密切结合在一起，成为美国保持强大威慑和维护国家安全的核心力量。

寻求核战略力量"绝对优势"

作为冷战期间与苏联对抗的杀手锏，美国于20世纪60年代就建立了完整的核战略力量，几十年来一直是防范其本土及盟友遭到核攻击的终极威慑,其目的是无论在首先打击还是报复性打击中,都应尽可能地扩大敌方损失,进而给敌方以无法承受的核还击,"作为维护国家安全的重要工具,核武器在美国对苏联的政策中发挥了重要作用"。[①]美国一直在强化核战略力量的研发力度,力求在技术上遥遥领先于世界上其他国家与对手,将军事上的"相对优势"转变为"绝对优势"。

向盟国提供"核保护伞"也成为美国保卫盟国及其伙伴国的关键利益的一项义务。同时,美国也希望通过在盟国面前展示其这一能力,说服盟友和伙伴国放弃研制本国核武器的企图,实现其核不扩散的战略目标。但随着国际安全形势的发展及新兴国家核力量的不断增强,特别是俄罗斯,在核武器领域与美国基本势均力敌,并且还正在对多种非战略性核武器力量实施现代化。例如,俄罗斯近年来一直在建造"北风之神"级战略核潜艇、RS-24"亚尔斯"洲际导弹和RS-24"萨尔马特"洲际导弹等先进武器,这些都将极大提高俄罗斯的核战略能力。美国认为其面临的核威胁风险在不断增长,但由于受到各种条约限制,无法采取有效反击手段,其核战略力量和基础设施正日益老化,大多已经或即将进入原设计使用寿命的末期,这将极大降低其核威慑和打击潜力,美国迫切需要对其核力量进行现代化改造。

俄罗斯自独立以来,常规武器力量的下降速度比核力量快很多,但在核领域与美国基本势均力敌,并且俄罗斯还正在对多种非战略性核武器实施现代化。据俄罗斯国防部长谢尔盖·绍伊古2020年5月24日在俄罗斯联邦委员会上所说,俄罗斯陆军所有导弹部队有望在2020年底前装备9K720"伊斯坎德尔-M"型弹道导弹系统。这种导弹据称射程为400—500公里,采取单弹头设计,可以用来捣毁不同目标,包含导弹、多管火箭炮以及战地指挥所和通讯中心,这将会对美国在中东欧的盟友构成极大的心理威胁。

2019年8月2日,美俄先后正式宣布退出《中导条约》后,国际军控

---

① 赵学功:《核武器与冷战时期美国对苏联的政策》,《国际政治研究》2021年第1期,第43页。

体系濒临瓦解，"俄美已经实质性地开始了新一轮军备竞赛"①。同时，美国核威慑和打击潜力的退化很可能会让那些把美国核保护作为自己安全基石的盟国和伙伴们丧失信心。从结果来看，短期内它们有可能向俄罗斯妥协，以在夹缝中求生存；而从中长期来看，它们将会积极寻求获得自己的核威慑力量，从而导致出现一个更多核武器国家的世界，这是一直在寻求核不扩散的美国绝对不愿意看到的。

为此，美国一方面全面升级现有核战略力量体系，包括对"三位一体"核力量结构进行优化，全面提升其核武器性能，同时继续实施延寿与改进计划，运用最新技术对老化核武库进行现代化改造，支持相关的基础设施建设等；另一方面开始重新审视与其核力量发展有关的各种条约，通过退出其认为对己不利的条约进行松绑，以放手研发各种新型战略核力量，从而建设一支更精干、更高效和更稳定的核威慑力量，确保在"后危机时代"获得和保持新的战略优势。2020年5月5日，美国国防部长马克·埃斯珀向记者表示，在经济低迷的背景下，国防预算可能遭到削减，但不会影响美国核武库的升级进程。其宣称："我不会允许战略核武库承担风险，必须对其进行升级。"为推进核力量建设，美国在2021财年国防预算中为发展核力量申请了289亿美元预算，其中主要包括：核指挥、控制和通信预算70亿美元，较2020财年增加7亿美元；"哥伦比亚"级弹道导弹核潜艇预算44亿美元，较2020财年增加21亿美元；B-21远程攻击轰炸机预算28亿美元、远程防区外打击导弹预算4.74亿美元和"陆基战略威慑"导弹预算15亿美元等。

从此次美国披露的核威慑政策重点来看，在可预见的将来，美国将全面升级包括"三位一体"战略核力量在内的所有核武器系统，支持相关的基础设施建设，建设一支更精干、更高效和更稳定的长久可靠的核威慑力量。具体来说，美国将重组研发和生产核武器的能力，持续调整战略核武器的规模，对"三位一体"核力量结构进行优化，对老化核武库进行现代化改造，并将三者通过"先进的指挥、控制、情报和规划系统密切结合在

---

① 韩克敌：《俄美的核力量、核战略与核谈判》，《俄罗斯东欧中亚研究》2019年第6期，第1页。

一起",① 确保在"后危机时代"获得和保持新的战略优势,并为运用最新技术进行核武库升级换代、为强化核军备质量铺平道路。

总之,美国目前追求的是一种具有强烈霸权主义的核战略,即以"三位一体"核战略力量为重心,在技术上遥遥领先于世界上其他国家与对手。而从目前实力来看,美国也确实拥有雄冠全球的核力量,没有哪一个国家会去打美国的"核主意"。但美国仍然未雨绸缪,以应对来自其他国家潜在战略威胁为由,不断发展更新核武器技术,提高战略核武器威慑能力,说到底,乃是源自一种渗透到骨子里的霸权逻辑,即力求将军事上的相对优势"转变为绝对优势"。

降低战略核武器的"使用门槛"

从功能上来说,战略核武器的主要作用是实施战略核威慑,真正投入实战的概率并不大,但是,随着战争形态的不断发展和大国战略博弈的不断增强,战略核武器正逐渐呈现出配置灵活、突出实战、增强通用性等发展态势,使用门槛不断降低,"战术核武器在各国军事战略中的作用和重要性不断提升"。② 特朗普政府上台之后,更是有意将战略核武器向战术核武器转变,推动核武器小型化、智能化,以更有效地解决地区冲突。2018年2月,美国国防部在发布的新版《核态势评估》报告中称,美国要降低核武器使用门槛,研发更多种类的核武器,让核武器在射程、生存能力等方面提升灵活性,并提出要丰富核打击手段,发展包括潜射导弹、低当量核弹头和潜射核巡航导弹在内的各种类型导弹,同时还加强部署核轰炸机及核常兼备飞机的能力,为未来核武器实战化做准备。而美国退出《中导条约》实际上也是实施上述评估使核武器战术化的具体表现。例如,美国将针对《中导条约》射程500—5000公里范围内的目标,通过发展灵活的打击方法,如航母舰载机打击、陆基或海基巡航导弹打击,或是通过选择战略弹道导弹发射地点和缩短其射程等方式,来达到打击5000公里范围目标

---

① 郭彦江:《不断更新的美国新"三位一体"核力量》,《军事文摘》2017年第9期,第18页。
② 苟子奕:《美俄战术核武器发展现状与影响探析》,《军事文摘》2021年第11期,第48页。

的要求，实现战略核武器的实战化。

此外，美国将战略核武器向战术核武器发展，还有一个重要的目的是增强盟友对美国核威慑能力的信心。美国通过将战略核武器实战化，即可通过向盟国提供"核保护伞"，有效遏制敌对的有核国家对美国本土可能实施的核攻击，来消除盟国的忧虑，也可在盟国面前展示其强大核保护能力，说服盟友放弃研制本国核武器的企图，实现其核不扩散的战略目标。

美国重视战术核武器的作用，积极推进战略核武器小型化和实战化，使其具备更加强劲的突防能力和破坏效果，且"模糊了核武器与常规武器的界限，降低了核武器的使用门槛，侵蚀了核价值观"，[①] 不仅会导致地区热点冲突升级和大国对抗程度加剧，核战争的爆发风险大大增加，而且还会增加其他国家的不安全感，促使它们竞相开发核武器和核装置以求自保，从而破坏当前业已形成的相对稳定的核战略力量结构，加剧全球核军备竞赛。此外，一旦战略核武器战术化，还将会加大国际社会对核武器控制的难度，使得核武器更容易在全球范围扩散，甚至可能落入到恐怖组织和恐怖分子手中，这些都将给国际安全带来诸多隐患。

重启核试验强化核全面能力

《全面禁止核试验条约》是国际核军控体系的重要支柱。历史上，从1945年阿拉莫戈多沙漠腾起的火球至今，至少有8个国家进行了约2000次核试验，其中有超过1000次是由美国进行的，可以说美国是当今世界核试验次数最多、核武器技术最先进、核测试数据最完善翔实的国家。但是，由于考虑到核试验对环境和人类健康的危害，后期世界各国大多放弃了地面核试验而转向了地下核试验，美国也于1992年9月暂停了核试验。1999年10月，联合国以绝对压倒性优势通过了《全面禁止核试验条约》，包括美国在内的五个核国家均已签署条约，做出了"暂停核试验"的承诺。随后，除极个别国家外，几乎所有国家暂停了核试验。禁止核试验已成为国际规范。

---

① 王政达：《美国对国际核秩序的侵蚀与弱化》，《国际安全研究》2018年第2期，第132页。

2020年5月15日，美国总统特朗普和其他高级官员在当天召开的国家安全机构高级会议上，公开讨论了美国恢复进行核试验的问题，尽管目前并没有消息确认美国已做出决定，但是该举却引起了国际社会的强烈反响，也向世界放出了不一般的信号。

此次美国"冒天下之大不韪"，重新讨论恢复核试验，一个主要目的就是要增强其在核武器方面的绝对战略优势。实际上，在过去几十年里，虽然美国一直力主推动全面禁止核试验，但自己却从来没有放弃过发展核武器。由于美国具有独特的技术优势和完整的核数据积累，完全可以通过电脑使用三维模拟方式进行核武器研究，因此对现实环境中的核试验需求并不是特别大。但是，近年来美国一直在推进核武器的小型化和"战术化"研究，企图将这种核弹投入战场使用，而这方面的数据美国并不充裕，必须要通过相关核试验获取和进行效果检验，正如负责核事务的国防部副助理部长德鲁·沃尔特所说，"我们需要更好的物理和计算机模型来弥补数据的缺乏"，[①] 这成为美国企图恢复核试验的一个重要动因。

从未来发展来看，一旦美国重启核试验，必将会激发其他核国家效仿，引发前所未有的核军备竞赛。冷战结束后，全球的核武器数量得到了大幅削减，在《全面禁止核试验条约》的约束下，目前世界主要核大国还没有进行过核试验，全世界已经基本进入一个相对安稳的历史时期。《全面禁止核试验条约》已经是全球各国核裁军、防止核武器扩散的重要依据，可以说，如若不是《全面禁止核试验条约》的出现，全球的安全形势可能很早就已经失去控制，毕竟在过去几十年里，想要发展核武器的国家不在少数。而美国一旦重启核试验，就如同打开一个潘多拉魔盒，打破了现有的核约束框架体系，将使全球上空笼罩核战争的阴影。

此外，美国重启核试验还将极大冲击现有国际战略格局和核安全形势，特别是将对美俄关系的未来发展产生深远影响。最近一段时间，美国动作频频，相继退出了《中导条约》《开放天空条约》等一系列核军控条约，特别是美国退出《中导条约》后，开始重启类似于"潘兴-II"导弹的

[①] 张晓雅：《美高级核官员：若总统下令，美国数月内可重启核试验》，环球网，2020年5月27日，https://world.huanqiu.com/article/3yPJ2CrSZ6p，访问日期：2021年9月18日。

全新研制计划，其目标主要就是针对俄罗斯。如果此次美国再退出《全面禁止核试验条约》，那么就可以全面放开手脚，通过大规模核试验来强化自身的核能力，从而大大抵消俄罗斯战略核武器的威慑力，使得俄罗斯处在前所未有的严重困局之中。因此，面对美国的咄咄逼人态势，俄罗斯必然会毫不示弱，采取针锋相对的举措予以应对，包括加强相应战术核武器的研制和部署，重新恢复核试验，这些都是由于"双方在对对方战略意图和战术核武器未来发展方向的判断上存在结构性差异"，[①] 大大增加美俄之间爆发意外战争的风险，使得国际安全处于更加脆弱的不平衡状态中，必须予以高度警惕和关注。

---

① 陈曦：《美俄战术核武器困境生成原因》，《战略决策研究》2021年第1期，第44页。

美国加大战术核武器研制力度，构建"全光谱"威慑手段

2020年2月4日，美国国防部证实已在"田纳西"号战略核潜艇上正式部署W76-2低当量核弹头，这是美国海军近十年再次正式启动战术核武器部署。[①] 作为世界上首屈一指的核超级大国，美国近年来加大战术核武器的研发力度，使其向着精确化、通用化和实战化方向发展，其本质实际上是一种不理智的核讹诈、核威慑行为，不仅挑战了全世界的敏感神经，促使各国竞相开发核武器和核装置以求自保，加大了核控制难度，还破坏了当前世界战略格局的相对稳定结构，加剧了美俄间的战略竞争，使美俄陷入了"边打边谈"的战术核武器困境。[②]

美战术核力量发展出现"空窗期"

与战略核武器的使用可能会引发世界战争不同，战术核武器是核大国在战场上可使用自如的"核外科手术刀"，具有体积小、机动性强、可分散掌管和操纵等特点，因此备受美国青睐。美国是最早成功研制战术核武器的国家。20世纪50年代初，美国就开始发展战术核武器，并于1952年部署了第一种适合于战术飞机携带的轻型核炸弹和第一种280毫米加农炮原子炮弹；1954年，美国又开始装备战术地地核导弹，并开始设计与生产各种反潜核武器。到了20世纪60年代，美国开始大量生产体积更小、更安全的战术核弹头，在70年代末与苏联对抗最激烈的时候，美国在世界各

[①]《美军方证实部署低当量核弹头，未来对战争影响重大》，央视网，2020年2月5日，http://military.cctv.com/2020/02/05/ARTIcozbVdPWx1SkDdBdhavR200205.shtml，访问日期：2020年12月15日。

[②] 陈曦：《美俄战术核武器困境生成原因》，《战略决策研究》2021年第1期，第44页。

地部署的战术核弹药达到了顶峰，超过7000件。进入20世纪80年代后，美国开始致力于对战术核武器的现代化升级，包括提高射程和命中精度，提高打击目标能力，增强机动性和分散性等，先后研制出更加可靠和高效的战术核武器，其中为海基平台研制了各种核导弹、核鱼雷、核航弹和核深水炸弹等。在整个冷战时期，美国研发出来的战术核武器不仅数量庞大，而且种类繁多，其主要目的是直接支援陆、海、空战场作战，打击敌方战役战术纵深内重要目标，弥补常规打击的能力不足，并向自己的欧洲与亚洲盟友提供帮助，在美苏对抗中发挥了重要的作用。

冷战结束后，美俄关系从战略对手向战略伙伴方向改善。美国认为，冷战时期为应付苏联大规模战争而制造的战术核武器已经不再适应形势发展的需要，为此于1991年9月宣布单方面削减和销毁战术核武器，包括从海军基地撤出其使用距离不小于300英里的陆基战术核武器，并将美国水面战舰、潜艇和海军航空兵飞机上的所有战术核武器拆除。这种政策一直持续到奥巴马政府。在奥巴马执政时期，美国将战术核武器列为未来核削减谈判的重点对象，特别是2011年海基"战斧"核巡航导弹退役后，美国海军不再拥有任何战术核武器，所有海基核力量全部是由"俄亥俄"级弹道导弹核潜艇和"三叉戟"II-D5潜射导弹组成，使得美海军战术核力量出现了很长时间的"空窗期"。

积极构建不同威力"全光谱"威慑手段

特朗普政府上台以后，风向发生了改变，一改奥巴马政府时期对核武器采取的积极谨慎政策，更加重视对核武器的研发。特朗普认为，一方面，装备老化严重、数量不足已经成为当前美军最头痛的问题，而由此产生的后果就是，撞船、坠机事故不断，极大削弱了美军对国际上"不听话"国家的威慑力；另一方面，俄罗斯等新兴军事强国不断崛起，对美国全球霸权地位形成更大的挑战，特别是在高超音速武器领域上的研发远远超过了美国，其现有的核威慑体系已经过时，无法对战略竞争对手形成有效威慑。由于战术核武器的小当量独特优势，在与高精度载具配合后，特别适用于对特定的目标发动外科手术式打击，同时又可以把附带的伤害降到最低，因此是有效弥补美国当前缺陷的最佳途径。

在这样的背景下，美国"逐渐在核军控领域内自我松绑",[①] 美国加紧发展和部署小型核武器，重新装备战术核武器的步伐明显加快。并将重点转向更加实用的高精度、低威力的钻地核武器，用以打击地下生物、化学武器库和地下指挥所等军事目标。同时，为了适应作战要求，美国还致力于研制特殊性能的战术核武器，即增强核爆炸的某一种杀伤破坏效应、削弱其他杀伤破坏效应的战术核武器，如W79型的中子炮弹核战斗部、W70型的地地"长矛"导弹中子弹头核战斗部以及弱剩余放射性弹（即冲击波弹）等。

作为"三位一体"核威慑力量的重要组成部分，海基核力量也一直是美国核武器发展的重点项目。目前，美国海基核力量主要包括14艘"俄亥俄"级核潜艇和288枚"三叉戟"II–D5导弹组成的二次核打击力量。其中，每艘核潜艇可携带20枚"三叉戟"II–D5洲际潜地导弹。该导弹是目前美国唯一的分导式多弹头洲际导弹，射程超过1万公里，可在本土军港打击北半球的任何一个位置，而不必冒深海巡逻或是逼近对方防卫森严的近海的危险，并且每枚导弹最多还可携载12枚分导式弹头，威力为10万吨TNT当量，是1945年美国投掷在日本广岛的原子弹当量的五倍，因此作战效果非常惊人。

但是，由于目前"三叉戟"II–D5导弹所搭载的W76-1核弹头爆炸当量太大，且灵活度不足，很难在实际战场上使用，无法有效保证美国海军力量的实战威慑力，因此美国开始积极寻求重新恢复海基战术核武器的研制和部署。2019年3月，特朗普政府在国会提出的2020财年国防预算案中，把用于研制低当量核导弹的费用增加了8.3%。美海军敏锐地抓住了这次机会，开始计划为"俄亥俄"级核潜艇研发新型的W76-2战术核弹头。2019年11月，美国在位于得克萨斯州的潘塔克斯工厂完成了首批约50枚W76-2战术核弹头的生产，并移交给美国海军，用于替换目前"俄亥俄"级核潜艇搭载的W76-1核弹头。

作为W76-1的"缩水版",W76-2是一种小当量战术核弹头，从表面

[①] 黄晓亮等：《美俄核军备对抗趋势分析》，《飞航导弹》2020年第12期，第78页。

上看与前者没有什么区别，但威力和设计却完全不同，其爆炸当量仅相当于5000吨TNT，只有美国二战时投放在日本的核弹威力的三分之一，这意味着可以大大拓展其使用空间，甚至可以用于一些常规冲突。此外，W76-2核弹头技术成熟、成本低廉，可大批量生产，具有很强的兼容性。根据计划，未来W76-2核弹头将不仅限于装备"俄亥俄"级核潜艇，"朱姆沃尔特"级隐形驱逐舰、"弗吉尼亚"级攻击核潜艇乃至F-35C舰载战斗机等都可能充当搭载平台，从而使美国海军彻底变为一支可实施灵活核战术打击的"核海军"，并与陆基和空基核力量一起，形成不同威力及毁伤效应的"全光谱"威慑手段。

美俄新一轮核军备竞争将更加激烈

"战术核武器"一词形成于冷战时期，被视为战略核力量与常规力量之间不可缺少的纽带，一直是美俄（苏）核力量的重要组成部分。冷战时期，美苏核武库中曾囤积了成千上万枚用于作战使用的战术核武器，充当了双方实施对抗竞争和威慑讹诈的重要工具。

冷战结束后，在国际社会的压力下，同时为了缓和形势，美俄就限制或削减核武器签署了一系列条约，但"削减战术核武器并非易事，涉及美、俄的削减意愿，削减模式，削减步骤等诸多问题"，[①] 双方始终没有达成一个真正具有法律约束意义的限制或削减战术核武器的条约。直到1991年，双方签署了《1991/92总统核倡议》，宣称要对战术核武库进行深度削减，才勉强有了可以被认作是第一个对战术核武器削减和控制起到实质性推动作用的文件，但是，双方的核武库中依然保存有大量的战术核武器。而近年来，美俄签订的核裁军条约也没有关于对战术核武器进行限制的专门条款。例如，在2010年美俄签署的《新削减战略武器条约》中，限制两国最多只能保有1550枚战略核弹头，但该条约并没有专门提到对战术核武器的限制。2019年8月，美国以俄罗斯违约为借口，宣布直接退出《中导条

[①] 史建斌：《试析以美俄战术核武器裁军为进路走向无核世界》，《国际论坛》2015年第2期，第27页。

约》，更是给其发展战术核武器点亮了"绿灯"。

美国单方面退出《中导条约》以及采取的一系列后续举措，极大地刺激了俄罗斯，使得俄罗斯也为了谋求自身绝对安全，加强了对战术核武器力量的建设。据美国华盛顿自由灯塔网站称，目前俄罗斯已经进行了规模庞大的战术核武器储备，并还在继续加强核力量研制，其中既包括战略核弹头，也包括数千枚新型低当量和极低当量的战术核弹头。这些小型的战术核武器被部署在包括陆基SSC-8巡航导弹、SS-N-2"口径"反舰和对地攻击导弹等新型中短程导弹上，预计到2026年将部署一支总数为8000枚弹头的核力量，成为一支令西方不容小觑的威慑力量。而在美国军方看来，俄罗斯之所以加强战术核武器力量的建设，主要目的是想通过实战适应性更强的武器弥补常规力量的不足，同时制衡北约在反导、战术核武器等方面的军事围堵，以及威慑北约东扩带来的政治围堵。因此，美军必须研发和部署新的战术核武器，以维持新的战略平衡。按照美国政府官员的说法，此次美国海军重启战术核武器服役，主要就是针对俄罗斯，让美国手中多了一张遏制俄罗斯的牌，不仅可以抵消俄罗斯在战术核武器数量上的优势，还可以确保美国的核威慑在合理的时间具备适当的效果。

从未来发展来看，美俄都有进一步加强研制部署战术核武器的趋势，这必然会引起相互猜忌和对抗升级，从而引起新一轮的核军备竞赛，同时还会引发第二梯队有核国家研究相关武器或防御技术，使核竞赛愈演愈烈，"不利于大国之间的战略稳定性，也破坏了核规范"。[①] 而且，由于战术核武器的战场运用灵活性比战略核武器高，在战场使用带来的风险也非常大，很可能引发战争升级失控，并带来一系列伦理问题，这些都值得国际社会高度关注。

---

① 王政达：《美国对国际核秩序的侵蚀与弱化》，《国际安全研究》2018年第2期，第132页。

美国关闭大批冗余基地，以规模效应实现军事效率

据伊朗法尔斯通讯社报道，由于受新冠疫情的影响，截至 2020 年 5 月，美国已经在中东地区关闭了至少 12 个军事基地。[①] 而在此之前，时任美国国防部长马蒂斯曾向国会递交一封信函，认为美军资产中有 19% 属于"冗余基建设施"，敦促国会马上展开"基地重组与关闭测评"，如发现基地建设确实供过于求，应在 2020 年之后关闭部分基地，以将资源集中于加强军队战备力量与现代化建设。[②]

作为世界上唯一的超级大国，美国的利益遍布全球。其全球霸权的维护除依靠先进的武器装备和训练有素的军队，更需要庞大的海外军事基地群作为支撑，"海外军事基地是美国保持全球军事存在、维持全球霸权的重要力量基础"。[③] 目前，美国在全球许多关键地区都设有军事基地，既可对美在全球的利益提供及时、有效的保护，也可在发生地区危机时进行干预，并按照美国的意愿进行危机管理或引导危机的走向，展现美国的力量和意志。这些遍布世界各地的军事基地不仅在美国大棋局上发挥着重要的军事作用，而且也具有政治、外交、情报、文化等多方面的意义，"既反映了不同时期美国地缘战略家、政治家们的战略思想，又体现出美国全球战略的发展和演变"。[④]

[①]《美军悄然关闭 12 座军事基地，多国联军撤走，中东地区"陷入"和平》，搜狐网，2020 年 5 月 18 日，https://www.sohu.com/a/395957587_638238，访问日期：2020 年 9 月 20 日。
[②]《开源节流？美防长提议砍掉美军"冗余"基地》，中华网，2017 年 10 月 20 日，https://news.china.com/internationalgd/10000166/20171020/31588223.html，访问日期：2020 年 9 月 20 日。
[③] 杜科：《美海外秘密军事基地多达数百》，《环球军事》2010 年第 6 期，第 6 页。
[④] 李坡等：《美军海外基地的源起与发展》，《军事历史研究》2013 年第 4 期，第 108 页。

全球分布，为美国霸权提供极大保障

二战后，美国的军事存在几乎遍及全球，在世界各地建立了众多的军事基地。从选址情况来看，美国主要考虑的是政治环境、地理位置、自然条件和基础设施等多方面因素，并遵循其联盟战略的指导原则，基地多处在美国的盟国、准盟国或者伙伴国中。根据性质不同，基地可分为永久性军事基地、前沿作战基地和合作安全点等。

从全球战略布局来看，美国海外军事基地的分布可划分为3个战略区，即欧洲、中东和北非区；亚洲、太平洋和印度洋区；南北美洲区，共14个基地群。其中，欧洲、中东和北非战略区有5个基地群，呈两线梯次配置。第一线由设在德国、比利时、荷兰的基地与设施组成的中欧基地群，意大利和希腊的基地与设施组成的南欧基地群以及中东、北非基地群组成，以中欧基地群为主体，负责扼守欧洲的心脏地带；第二线由英国、冰岛基地群和伊比利亚半岛基地群组成，负责增援中、北欧地区作战和实施战略核攻击。长期以来，该战略区一直是美海外军事基地建设的重中之重。

作为美国军事基地的第二大战略区，亚太和印度洋地区共有7个基地群，约占美国海外基地总数的42.7%，大体呈三线配置。第一线由阿拉斯加、东北亚、西南太平洋和印度洋4个基地群组成，控制着具有战略意义的航道、海峡和海域；第二线由关岛和澳大利亚—新西兰2个基地群组成，是第一线基地的依托和重要的海空运输中转基地，也是重要的监视侦察基地；第三线由夏威夷群岛基地群组成，既是支援亚太地区作战的后方，又是美国本土防御的前哨。近年来，随着美国战略重心的不断东移，该战略区的地位也在不断上升。

北美和拉美地区是美国的后院，直接关系到美国的本土安全，共设有2个基地群，分别为担负战略预警和增援任务的格陵兰、加拿大基地群和构成美国本土防御南部屏障的巴拿马、加勒比海基地群。此外，美国还拥有数量众多的本土基地，既是支援海外作战的战略后方，也是防范美国本土遭受战略进攻的防御重点。

总体上看，目前美军事基地布局的主要特点是：既重视前沿基地，又重视战略运输线上的中间基地以及后方基地，通过以本土基地为核心，以海外基地为前沿，点线结合，有效地控制战略要点和扼守海上咽喉。这些在全球各地密集分布的基地，和驻扎或部署其上的约40万美国大兵，与巡弋在各海域的航母战斗群、舰艇一起，构成了一个庞大的权力版图，为美国维护军事霸权提供了极大的保障。

调整布局，积极适应当前安全新形势

近年来，为了适应不断变化的安全环境与威胁，美国对其全球军事基地布局进行了多次调整。前国防部长拉姆斯菲尔德曾提出了一个"10-30-30"的构想，即一旦美国政府做出在全球某个地区运用武力的决定，美军应能在10天内部署到作战地点，在30天内击垮敌军，而在接下来的30天内，美军必须重新集结并做好奔赴另一个地区执行又一次军事行动的准备——这些作战思想对美国海外军事基地的布局和运作提出了很高的要求。

从整体上看，美军海外军事基地的调整主要体现在以下三个方面。首先，进一步优化和平衡欧洲的军事基地布局。美国在欧洲的军事基地布局仍有很强的冷战遗风，主要以德国为中心，以两极格局为框架，呈现出西密东疏的明显特色。但是近年来，随着北约东扩的步步推进，美国以反恐和部署导弹防御系统为契机，开始将军事触角逐渐伸向了冷战时的禁地东欧。美国在削减"老欧洲"驻军的同时，大力在"新欧洲"建立新的基地，不仅很快获得了罗马尼亚、保加利亚、波兰等国许诺的军事基地，还将势力推进到阿塞拜疆、格鲁吉亚、乌克兰等原苏联加盟共和国，甚至还开始渗透原属苏联内海的黑海地区，将势力推至俄罗斯眼皮底下，不断挤压俄罗斯的战略空间。

其次，不断加强亚太地区基地群特别是冲绳和关岛基地的建设。目前，美军在冲绳共有14个基地，集中了驻日美军超过70%的兵力，包括美军在海外最重要的战术空中打击力量和两栖登陆作战力量，并将部署F-35A等先进战机。而关岛基地作为美军在太平洋地区的重要战略支点，不仅拥有很强的远程空中打击力量，能够起降B-1、B-2和B-52战略轰炸机，还部署有美军的核潜艇编队，可随时配合美军的航母打击群作战。随着亚太地区安全局势的不断恶化，上述基地将会对美国在亚太地区的兵力部署发挥更加重要的作用。

最后，越来越强调发挥军事基地在国际反恐斗争中的作用。近年来，随着各种恐怖组织袭击、大规模杀伤性武器扩散、海盗活动等非传统安全威胁的凸显，美国开始越来越关注由中亚、中东、南亚等地区构成的所谓"不稳定弧形带"的安全。"9·11"事件后，美国以反恐为名，发动了阿富汗战争和伊拉克战争，借机进入了此前从未涉入的中亚"空白区"，不仅在乌兹别克斯坦、塔吉克斯坦、吉尔吉斯斯坦、哈萨克斯坦建立了军事基地，而且还在阿富汗修建了大量基地，并在巴基斯坦设立了秘密基地。而在中东地区，美军虽从沙特撤出，却在卡塔尔、巴林、阿曼站稳了脚跟，在科威特和阿联酋也建立了数处基地，共同控制着进出阿曼湾和波斯湾的要冲。近日，美国还启用了首个驻以色列永久性军事基地，以对伊朗近期频频展示"导弹肌肉"作出反应，形成对伊朗的钳制。从未来布局来看，出于打赢游击战、打击恐怖主义和应对非常规威胁的需要，美军还将进一步提高部队的机动性和快速反应能力，实现从大规模军事对抗到针对恐怖分子或"不对称攻击"的高度机动性作战的转变，实现更加灵活机动、小型化的"靠前部署"，以不断适应当前如火如荼的国际反恐新形势。

瘦身优化，以"规模效应"实现"军事效率"

从古罗马帝国到英国，利用军事基地来控制枢纽、谋取霸权，可谓各时代霸主的通用手腕。美国在这方面虽属后起之秀，成就却亘古未有。二战结束后，美国在世界各地建立的军事基地数量高达5000多个，大小军事设施高达3万之多。广阔分布的军事基地，已成为除核武外构成美国超级军事大国身份最重要的公认标志。美国因此也成为"当今世界海外基地数目最多，功能与配置最齐全，建设与运用经验最丰富的国家"。[①]

冷战结束后，由于受到国际形势变化、美国军事战略调整以及驻在国人民反对等因素制约，美军开始削减军事基地的数量，并分别于1991年、

[①] 于镇玮：《初探美军西太军事基地》，《解放军生活》2021年第5期，第76页。

1993年、1995年、2005年对其军事基地进行了多轮缩减,共关闭了130多座主要军事基地。但是,这一数字远远没有达到美军对军事基地进行大规模瘦身的目标,散布于全球各地的基地数量还是太多。

根据美国国防部公布的一份报告估算,按照当前美军资产调查状况得出的平均数,全球美军基地有19%非属必要,而且这个数字针对不同的军种也不尽相同,例如陆军和空军的"冗余"比例就分别达到29%和28%。过多的基地不仅增加了美国的军费开支,而且给当地社会和美国外交造成了不小的麻烦。特朗普上台后,出于美国利益考虑,要求美军降低在海外的耗费,增加所在国防务责任等,创造性地提出了"美国优先"的全球收缩战略,将资源集中于加强军队战备力量和现代化建设,这些都使得美国削减海外军事基地成为必然。

而从未来军事发展方向来看,现代战争要求海陆空三军具备更强的协同作战能力,集团化、规模化是联合军事体系发展的必然趋势,因此美军在削减军事基地数量的同时,将会进一步增强军事基地的综合效能。目前美国有很多军事基地均为军种单独所建,不仅功能单一,而且互不通用。美国将会根据地理位置就近的原则,将隶属于不同军兵种的军事基地合并为单个的、庞大的、综合型的联合基地,从而提供统一的后勤支持、训练、情报等全方位保障。例如,目前美国的麦奎尔—迪克斯—莱克赫斯特联合基地就是首个集成了空军、陆军和海军的三军联合基地,实现了军事资源的优化配置。拜登就任后,在其发表的首个外交政策讲话中,宣布将对美国全球军事布建的态势进行评估,目的是"考察美军海外兵力、军事基地和设施、战略和任务是否与美国国家安全和外交的优先事项一致"。[1] 随着美国对各军种军事基地的不断优化整合,其联合军事基地体系的运转将会更加有效,从而也为美军以"规模效应"实现"军事效率"的战略目标起到积极的推动作用。

---

[1] 张业亮:《拜登政府对美国全球军事部署的调整趋向》,《世界知识》2021年第22期,第4页。

美军出现"疫情信件风波",凸显道德危机严重

新冠疫情暴发后,美军受到的影响也日趋严重,其航母舰队、驻外基地、特战部队、新兵训练中心等多处区域的确诊病例都在持续增加。2020年3月,"罗斯福"号航空母舰出现大面积疫情扩散。为了控制局势,舰长布雷特·克洛泽上校给海军高层写了一封信,要求让舰员下船采取隔离与救治,却遭到美军高层训斥乃至撤职,不仅凸显了美军对大面积病毒扩散恐惧的心态,也暴露了当前美军道德危机日趋严重的现状。

"疫情信件风波"的来龙去脉

航母编队是美军强大战斗力的象征,也是其维持海洋霸权地位的重要工具,因此备受重视。但在此次疫情中,作为大国重器在世界各大洋面上耀武扬威的航母编队也难以幸免。3月30日,"罗斯福"号航母舰长克洛泽上校在自身已出现感染症状的情况下,给美太平洋舰队高层写了封"求助信",详细阐释了目前"罗斯福"号航母面临的困境:首先,舰上空间有限且按照集体生活设计,5000名船员生活在一个不通畅的空间里,无法保持安全距离。目前舰上已有超过百人感染,病毒正快速传播,相互感染的风险非常大。其次,船上医疗条件极其有限,难以筛查出全部病毒携带者,即便是检测出来,也无法进行有效的治疗。最后,因为当前并非是战时,舰上官兵不需要做出无谓的牺牲。因此请求允许让船上舰员尽快下船隔离,并对航母进行全面消毒,以避免出现"钻石公主"号那样的悲剧。

但是,克洛泽的求助信并没有被美军高层所采纳,却意外地被媒体曝光,使得美海军高层大为震怒。4月2日,美海军代理部长莫德利宣布解除克洛泽的职务,随后还亲自登上了"罗斯福"号航母,当着舰员们的面,

怒斥克洛泽的所作所为是"愚蠢的",体现出"极差的判断力",严重违反了《军事审判统一法典》,是对军方信任的"背叛"。

莫德利训诫讲话结束后,引发极大争论,不仅舰上官兵强烈不满,更在美军政界引发轩然大波,包括众议院议长南希·佩洛西在内的多名议员都纷纷指责莫德利,要求其道歉。美国众议院军事委员会主席亚当·史密斯更是直接说:"莫德利向'罗斯福'号航母的水兵们训话,并言语抨击了克洛泽舰长的作为,表现出他自视甚高,而不是我们在这场危机中迫切需要的冷静、稳定的领导能力。我对莫德利对海军的领导能力已经没有了信心,我认为他应该被免职。"

在强大的舆论压力下,4月6日晚,莫德利就其对克洛泽的批评向舰员及克洛泽本人道歉,但仍未能平息舆论的愤怒。4月7日,莫德利宣布辞职,国防部长埃斯珀接受了他的辞职信,结束了这一场风波,但是,该事件却成为公众开始质疑美军道德素质的"导火索",也让美军长期宣传的"正面"形象背后的道德危机再次进入了公众视线。

"疫情信件风波"背后的道德危机

此次"疫情信件风波",如同一面"照妖镜",一方面显现了美军在重大疫情突发事件面前表现出的行动迟缓与应对不力;另一方面也折射出了美军正在面临着前所未有的道德危机。

首先,美军高层对事实真相的隐瞒,引起了官兵的信任危机。"要揭穿谎言,唯一的办法就是尽快说出真相。"但是,此次事件并没有真相。新冠疫情暴发后,五角大楼始终表示,病毒感染率及其影响远没有达到影响美军战斗力的程度,基本对美军行动能力不构成威胁,要求继续按原计划进行海上任务。但实际上,随着疫情的大面积蔓延,程度远远超出了美军的宣传,目前美国在"印太"地区已有多处重要军事设施出现感染情况,甚至美国海军部署在太平洋地区的另一艘航母"里根"号上,也出现了确诊病例,并可能导致所在海军基地关闭。为此,美军不得不承认疫情的严重性,并努力检测和隔离确诊病例,以防止病毒继续扩散,但其之前对疫情隐瞒和撒谎的做法已大大损害了声誉,使官兵对军队高层的信任度下降，同时不满情绪和恐慌心理也在上升。

其次，美军将士兵生命视为草芥，暴露其虚伪人权面目。美军高层在收到克洛泽的信件后，首先考虑的不是如何采取措施保障数千人的生命健康，而是担心如果撤离人员会让"罗斯福"号航母处于瘫痪状态，难以短期内恢复到战备状态。因此，即便是在克洛泽上校已确诊染上病毒的情况下，美国国防部长埃斯珀仍然要求"罗斯福"号航母尽快出海，恢复对潜在对手的威慑能力。而莫德利则称："这艘船上有各类武器，有弹药、有非常昂贵的飞机，还有一个核反应堆，需要一定数量的人员以维持上述物资的安全……我们不能撤出所有舰上官兵，我们未来也不会这么做。"此外，在随后不得不撤离船员的时候，美军划分的标准不是按人员病情严重程度而是等级。据美国《纽约时报》报道，在2020年4月5日被准许离开航母到关岛基地休整的1200名人员中，大多是中高级军官、勤务兵以及部分舰载机飞行员，而空勤维护人员、各种舱室的水兵则被要求继续留在航母上执行任务，引起了官兵的强烈不满。这些水兵纷纷以"身体不适"等理由拒绝执行上司的命令，放弃对舰载机、雷达、动力系统的维护，甚至许多底层军官也加入了他们的行列。

最后，美军官僚机制傲慢固执，以个人好恶实施"双重标准"。虽然此次美国军方高层解释，快速撤销克洛泽的职务是由于其采用写信而不是内部渠道来反映问题的方式不当，并称对"不顾大局"的指挥官进行迅速惩罚是海军"独有的文化"，但事实上并非如此，克洛泽作为高军阶军官，使用写信的方式，肯定是之前采取了很多措施而没有得到有效回馈，是在万般无奈的情况下，冒着巨大的风险才出此下策的，而在此之前美国海军"麦凯恩"号和"菲茨杰拉德"号导弹驱逐舰误撞上商船之后，美军花了几个星期进行调查，直到调查报告出炉后，才作出撤去舰长职位的决定，然而此次美军撤职克洛泽却匆忙得多，这种"双重标准"极大暴露了美军高层的虚伪面目。

霸权思维下美军道德危机更趋严重

美国前总统卡特说过："一个国家之所以有权威和影响，是因为道德因素，而不是军事实力。一个没有道德的国家很快就会失去其在全世界的影响。"长期以来，美军一直在不遗余力地进行所谓的道德文化塑造，认为"军人的伦理价值观是军人的重要精神支柱"，[①]将其总结为"忠诚、职责、尊敬、无私奉献、荣誉、正直、个人勇气"等内容，同时采取种种措施，塑造军队的良好道德形象。例如，美军将军人道德节操教育与爱国主义教育、时事形势教育、部队传统荣誉教育等一起，作为美军新兵训练的重要内容。美军几乎所有的军校都有自己的"荣誉准则"，要求官兵必须英勇顽强、自我牺牲、临危不惧，灌输为国家利益而战、为民主自由而战的观念。此外，美军还通过精神鼓励加强对官兵道德的表彰，现行的勋章、奖章就达17种，还有20种纪念章及绶带、徽章，并对勋章、奖章的颁发、授予进行了一整套的明确规定。在对外宣传上，美军精心设计了各种战略传播计划，通过媒体塑造、人际沟通、多国合作等方式，不断树立美军道德的正面形象，从而"培育战斗精神，提升美军战斗力"。[②]

但是，由于美国所谓的民主、自由、人权在本质上是虚伪的，特别是特朗普政府上台后不断强调"美国优先"，更是促使其道德形象不断受到破坏，其军队的道德文化建设也出现了大规模的滑坡。近年来，随着美军在转型过程中不断强调军事文化的进攻性和先发制人，美国以"反恐"、寻找大规模杀伤性武器等理由为借口，随意发动侵略战争，也使得美军的道德形象一落千丈。例如，美军在伊拉克和阿富汗的行动中，就出现了各种拷问虐待、麻木杀戮、袭击平民和无视当地宗教信仰与种族歧视的行为，士兵们长期处于神经高度紧绷的状态，经常出现厌战怯战、恐惧逃避、自杀自残、颓废堕落、抑郁焦虑、家庭危机、恋家思乡等战争疲劳症，各种撒谎掩饰、不负责任、滥用职权、挥霍腐败、性骚扰、宗教歧视、种族歧视等道德败坏事件频频发生，根本无法达到美军所宣传的道德水准。而美军在此次疫情中的糟糕表现，更是将其道貌岸然的虚伪道德形象打回原形。可以预测，如果美军不放弃称霸世界的意图，继续追求自我

[①] 王琦、唐渊：《当代美军道德教育透视》，《求实》2003年第A1期，第227页。
[②] 纪建强等：《美军开展思想政治教育的方法途径》，《中国军转民》2021年第1期，第70页。

利益，在世界各地耀武扬威，那么其实施的诸如荣誉、正义、道德、勇气等所谓道德价值观教育将会形同虚设、毫无意义，所造成的道德危机也将会越来越明显。

美军"狼狈"撤离阿富汗，将重心转向大国竞争

阿富汗战争是美国历史上持续时间最长的战争，不仅给美国带来旷日持久的巨大消耗，更是给阿富汗带来深重灾难，国家持续动荡，甚至陷入"越反越恐"的怪圈。自美国总统拜登表示将在2021年8月31日前将所有美国人撤出阿富汗后，阿富汗陷入混乱之中，恐怖活动急剧增多。就在美军撤离前后，喀布尔机场附近发生的爆炸袭击造成了至少103人死亡，其中还包括13名美军士兵，使得美军从阿富汗的撤离被涂上了"仓皇狼狈"的色彩，也使得拜登政府处理撤军的手法备受国际舆论的批评。

美国打了20年的阿富汗战争，最终丢下"烂摊子"甩手走人，无疑对其能力和形象造成沉重打击，不仅受到国际社会的普遍诟病，也再次印证了美国穷兵黩武战略的彻底失败。但即使表面看起来有点狼狈，美国也要摆脱阿富汗这个"战略包袱"，把撤离出来的军队以及省下来的资金用于大国竞争，体现了"阿富汗在美国国家战略中的地位日趋降低，阿富汗战争的前景日益黯淡"。[①]

急于摆脱沉重的"战略包袱"

在历史上，阿富汗素来被称为"帝国坟场""大国坟墓"，那些坚信可以通过军事优势来征服阿富汗的外来强权总会陷入战争泥沼，最终不得不吞下帝国衰退的苦果。"9·11"事件发生后，美国为了报复"基地"组织，发动了阿富汗战争，开启了美国的反恐战争时代。拥有现代化科技装备的美军在两个月内就将塔利班组织赶出了大城市，塔利班政权瓦解。但塔利

[①] 张帆：《美国的阿富汗退出战略探析》，《当代美国评论》2021年第4期，第37页。

班并没有消失，而是转入山区坚持游击战争。这使得重装出击的美军机械化部队有点铁拳打在棉花上的感觉，深陷战争泥沼，在战争中越打损失越大。

在漫长的阿富汗战争中，美国付出了惨重的代价。据美国国防部数据显示，迄今为止，美国投入阿富汗战争的花费已经超过2万亿美元，而直接用于阿富汗建设的有近1500亿美元，这其中又有超过800亿是用来训练阿富汗安全部队，来替美军分担防务责任，但结果是所训练出来的30万部队不堪一击，在美仓皇撤退时居然没有撑到10天，可以说是在阿的资金投入完全打了水漂。而且大量武器被塔利班缴获，增强了塔利班的实力。

除了这些有形可以量化的金钱外，美军在宏观战略失误和人员伤亡方面也产生了大量无形且无法量化的损失。例如，美国与北约在阿富汗驻军最高峰时达到10万人，20年战争造成2400多名美军士兵丧生，2万多名美军士兵受伤。在阿富汗服役的美国军人、国防部文职人员和承包商超过80万人之巨，严重影响了美国全球战略的实施。无论是对于美国政客还是军方来说，阿富汗已经成为一个难缠的投资黑洞，即便是花费再多的人力、物力和精力，也将无法达到预期目标。

为了摆脱阿富汗这个沉重的"战略包袱"，美国政府开始对这场战争进行认真的反思。美国政府高官多次承认，阿富汗战争已经没有获胜希望，不能再毫无价值地投入天文数字的金钱和资源于这块贫瘠的山沟里和荒芜的土地，尽早撤军方为上策。2020年2月，特朗普政府与塔利班签订协议，同意驻阿美军和北约部队分阶段从阿富汗撤出；2021年4月，拜登政府正式宣布在2021年5月1日前开始撤军，并在9月11日前撤离所有美军；8月18日，拜登根据阿富汗形势发展又将最终撤离时间提前至8月31日。这都表明美国离开这块是非之地的意愿越来越强烈，希望从阿富汗快速抽身和解脱，进入到一个新的战略收缩和力量积蓄时期。

加速从"全球反恐"转向"大国竞争"

从军事角度来看，与大国对抗最忌讳的是同时存在多个战略方向，在制定战争目标时也是应尽量防止同时确定多个战争目标。近年来，美国意识到"战略竞争对手"的军力提升已不容小觑,因此很少再提"同时打赢两场战争",而是在全球各主要点位大规模收缩兵力,有重点地进行相应部署,以将透支的国力进行休养与调整,把拳头捏得更紧,更好地对大国形成力量优势。目前,美国已经相继在包括中东在内的其他热点地区进行战略收缩,将"大国竞争"的重点越来越集中于亚太地区。例如,近年来美国在亚太地区举行的军事行动频率和规模都明显增加,作战理念、演习科目和武器装备也都出现了新的变化。

实际上,美国当初发动阿富汗战争的目的,一方面是为了消灭恐怖主义,另一方面也是为了占据阿富汗,更好地遏制大国,从而实现对全球霸权地位的维护。对于美国来说,阿富汗的地理位置极其重要,扼守着亚洲腹地和中东地区的要冲,既可以进军中亚与在该地区的军事基地连成一片,并与北约东扩呼应形成对俄罗斯的战略包围;同时也可以与东北亚地区的驻日韩美军联合起来,实现对亚太大国的两面夹击,是"因应阿富汗脆弱的安全局势、打击恐怖主义、确保美在阿利益的必然之举"。[①] 只是美国没有想到的是,阿富汗的局势始终未能按照其预想的脚本发展,最终导致美国深陷泥潭,无法实现其战略目标。而在这种情况下,如果美国继续在阿富汗纠缠下去的话,必然会对其"大国竞争"战略起到牵制效果。

对此,为了避免多线作战消耗资源,美军只有尽快撤出阿富汗,把在西线作战的装备和人员消耗降到最低,才能加大在亚太地区进行军事力量部署和施压的力度,更好地实现"大国对抗"。据外媒数据统计,美军退出阿富汗后,将可省出近1200亿美元的军费和近25%的兵力来投入亚太,这将极大增强美国在该地区的"大国竞争"实力。为此,拜登政府在解释从阿富汗撤军的同时,也特意强调美国此举的目的是"专注于巩固美国核心优势,以应对与大国的战略竞争"。这一切都意味着,美军的战略重心正在从旷日持久的"全球反恐"战争转为应对"大国竞争"的大规模军事战争,美国也正在加速从反恐时代转向大国竞争时代。

---

① 李伟:《美国阿富汗新战略:老树能否开出新花》,《世界知识》2017年第18期,第42页。

未来干涉仍将"阴魂不散"

美国在阿富汗战争中遭遇的挫败,可以看作是当前美国世界霸权与实力挥霍期的转折点。冷战结束后,美国陷入了一种在价值性目标支配下的狂热心态,将美强大的军事实力和战略资源看作是一张空白支票,无限制地存取和透支,这导致了美国在处理全球安全事务时,动辄选择对某个国家或地区进行武装颠覆这种相对极端的干预模式,不断加剧在当地出现社会动荡、骚乱乃至局部冲突的负面后果。从实践来看,美军拉拢盟友所发动的一系列海外军事行动,无论是伊拉克战争、叙利亚战争,还是阿富汗战争,留下的都是满目疮痍,直至出现干预性政策连续失败,面对地区事务力不从心的事实后,才开始对其对外干预政策进行反思和调整。拜登政府上台后,就是延续了这一政策调整的趋势。

此次美国从阿富汗撤军,不管是有心的战略转移还是无心的战略收缩,都会对其未来内政外交产生重大影响,其中最突出的是会使美国在盟友体系中的信誉度和全球影响力大大下降。当一个曾经高度重视并持续投入20年扶植的政府迅速倒台后,美军却只顾撤退而束手无策,还有哪些小国会相信美国的介入与支持是有效和可靠的呢?这种不顾一切地撤出只展现了它对盟友承诺的不可靠,即由于形势或利益需要抛弃盟友时,美国会找出各种搪塞理由,这将会对拜登上台后一直在积极追求的所谓加强盟友关系政策是一个重大的打击。

此外,美国从当初的"不请自来"到如今的"仓促辞别",让阿富汗以及周边国家都措手不及,加剧了地区局势的恶化,使得"阿富汗再次走到了前途和命运的十字路口"。[①] 从目前局势发展情况来看,美国的这种"甩包袱"式撤军,已经造成了该地区的力量真空和当地不同派系势力的力量对比失衡,加剧了阿富汗的混乱。未来的阿富汗局势不排除会再次出现种族矛盾、内战甚至国家分裂等情况的可能性。

---

① 田光强:《美国的阿富汗战略与阿富汗的政权更迭》,《军事文摘》2021年第19期,第11页。

在此情况下，美国虽然宣布从阿富汗撤离全部军事力量，但依然会"阴魂不散"，不断制造混乱，制造危机，想方设法利用自身影响力或采取其他方式干预阿富汗事务。例如，美国国务院发言人普莱斯已经宣称，阿富汗战争结束后，美军仍将拥有打击恐怖主义的"超视距"能力；而除了继续保持对阿富汗事务的直接军事干涉能力外，美国还可能会以或明或暗的方式加大对代理人的扶植，阿富汗也许将继续面临着一个不确定的未来。

俄罗斯在黑海部署新型护卫舰，未来地区博弈更加激烈

黑海是俄罗斯贯通各大洋的咽喉要塞，具有重要的战略地位，是"关乎俄地缘战略全局的重要地区"，[①]一直被俄罗斯视为传统的势力范围。近年来，以美国为首的北约一直采取咄咄逼人的进攻态势，不断给俄罗斯施加压力，黑海成为双方交锋的重要场所。俄罗斯由于自身实力有限，在黑海地区的军事力量对抗中常常处于下风地位。为了改变这种不利局面，俄罗斯一直在积极采取措施。

2020年4月，俄罗斯海军作出给黑海舰队装备22350型"戈尔什科夫"级新型护卫舰的原则性决定。在此之前，黑海舰队基地已经开始提前准备包括码头、修理厂、军火库等一系列沿岸基础设施建设。此次俄罗斯在黑海部署新型护卫舰，将会大幅增强黑海舰队的整体实力，巩固和拓展其在该地区的军事影响力，同时还将改变该地区现有的军事力量平衡，大大提升俄罗斯在黑海和地中海的地位，并使得未来各方在该地区的博弈更加激烈。

迅速弥补同西方对手的实力差距

在美苏对抗的冷战时期，苏联海军曾经雄极一时，可具备与美国海军在大洋上一决雌雄的能力，特别是黑海舰队，曾拥有各型舰艇800多艘、作战飞机200多架，以及部署有大量的防空导弹，总兵力近8万，实力达到了顶峰。但是，苏联解体后，随着俄罗斯的国力衰退，海军长期一蹶不振，力量受到了重大打击。特别是在水面舰艇方面，由于苏联时代研制大

---

① 刘丹：《黑海于当代俄罗斯之要义》，《俄罗斯学刊》2017年第6期，第72页。

型水面舰艇的造船厂大多都在乌克兰境内，这就导致俄罗斯并不具备建造大型水面舰艇的技术实力，再加上受到西方国家长期的经济封锁和战略打压，俄罗斯自身工业制造及配套能力根本无法批量建造类似美国"阿利伯克"级这样超过8000吨级的大型现代化水面战舰，而只能在4500吨级的新型护卫舰上尽量提升作战性能，以弥补日益老化的水面舰艇部队。

对于黑海舰队来说，很多年来在水面舰艇方面一直乏善可陈，大部分舰艇已经服役近40年，且因为缺少军费，舰艇只进行最低限度的保养，各种电子设备和武器系统老化严重，战斗力急剧下降。而随着"刻赤"号巡洋舰等老旧舰艇的陆续退役，黑海舰队也一直没有得到有效的补充，基本上没有像样的新舰艇服役，大型水面作战舰艇极其缺乏。

此次俄罗斯海军决定在黑海地区部署"戈尔什科夫"级新型护卫舰，应当说是解决上述困境的一个重要举措。"戈尔什科夫"级护卫舰是俄罗斯在苏联解体之后建造的一款最大也是最先进的水面作战舰艇，被称为俄版"宙斯盾"护卫舰，综合作战能力非常强大。整个船体使用隐形技术建造，并整合了各种俄罗斯现有最新型装备和系统，主要武器配置包括28管"鲁道特"垂发系统以及16管反舰导/巡航弹垂发系统，可以携带超过190枚的各型防空导弹，可谓是现代水面战舰中"小舰扛大炮"的典型代表。此外，该舰还装备有"口径"巡航导弹和"锆石"高超音速导弹，这些都是俄罗斯领先于西方国家的独特优势领域，可极大提高该舰的远洋作战能力，使得该舰成为守护俄罗斯海疆的重要利器。

根据俄罗斯海军计划，一旦该舰如期部署后，将在很大程度上缓解黑海舰队大中型作战舰艇不足的问题，再加上目前舰队已服役的至少4艘可携带8枚"口径"巡航导弹与24枚防空导弹的"格里戈洛维奇"级护卫舰，以及6艘可具备发射"俱乐部-NK"导弹能力的"基洛"级潜艇，黑海舰队的整体实力将大幅提高，可迅速弥补黑海舰队同西方对手的实力差距，增强与北约海军对抗的筹码。

极大增强俄罗斯黑海地区优势地位

对俄罗斯来说，黑海有着特殊的意义，不仅是其贯通各大洋的重要通道和咽喉要塞，而且还具有显著的政治象征意义。历史上，彼得大帝为了贯彻俄罗斯帝国的"南进战略"，在黑海沿岸的沃罗涅日河口建立了俄罗斯历史上第一支海军力量，并在之后将近200年的时间里，逐步取得了黑海的制海权，"对当时的地区和欧洲局势都产生了深刻的影响"。[①] 因此，俄罗斯一直将黑海视为自己的内海。根据1936年签署的《蒙特勒公约》，规定非黑海国家的军舰只能在黑海水域停留不超过21天。

但是，二战结束后，美国海军第六舰队，也就是俗称的"地中海舰队"，成为美国最强大的军事部队之一，多次与苏联在大西洋和黑海的毗邻水域进行较量。冷战结束后，以美国为首的北约集团不断加快东扩步伐，陈兵俄罗斯边境地区，并在黑海海域不断试探，对俄进行军事威胁。特别是2014年俄罗斯"归并"克里米亚后，北约更是进一步加大了在黑海地区的活动，不仅经常开展针对俄罗斯的海上演习，还派遣各类侦察机前来侦查，并出动军舰进行所谓的"自由航行"。据俄罗斯国防部统计，北约军舰在2019年曾经13次驶入黑海水域。[②]

对于北约的这些动作，俄黑海舰队一直是严防死守，日夜进行全程监视。例如，2021年7月多个北约国家组成联合海军舰队进入黑海举行军事演习行动，并在空战和生化武器战等方面进行了全方位的实战演习，对此，俄罗斯军队立即出动包括苏-27战斗机在内的海空力量进行全程严密监视；2021年11月美"波特"号驱逐舰进入黑海后，俄黑海舰队也迅速派出舰船伴航并监视其在该地区行动。

此次俄罗斯配备"戈尔什科夫"级导弹护卫舰，将会大幅增强对北约的威慑能力。例如，美国在曾经是华约组织成员国的波兰和罗马尼亚部署了先进的陆基"宙斯盾"反导系统，让俄罗斯处在了更加危险的境地，而此次该舰装备的"口径"巡航导弹射程完全可以达到美国在这两国的军事基地。此外，美国通过遍布全球的节点组成了所谓的全球反导系统，将海

---

① 王冰冰：《透视沙皇俄国对黑海海峡的争夺》，《国际关系学院学报》2009年第4期，第15页。
② 《2019年曾13次驶入黑海水域！美驱逐舰驶入黑海 俄派军舰监视》，央视网，2020年4月14日，https://www.360kuai.com/pc/9254134fcd22e08f9?cota=3&kuai_so=1&sign=360_57c3bbd1&refer_scene=so_1，访问日期：2021年10月15日。

军总共3套陆基"宙斯盾"反导系统中的2套都部署在欧洲;而"锆石"高超音速导弹是一款具备9倍音速的先进武器系统,其速度之快令全世界现有任何防空系统都望尘莫及,完全可以打击在该地区部署的陆基"宙斯盾"反导系统。而这两者组合起来则更是威力巨大,再加上舰上装备的相控阵雷达,可完全实现对该地区的海空监控能力,使黑海舰队在该地区获得前所未有的实力优势,彻底改变黑海地区的军事力量对比与平衡,同时也将进一步夯实俄罗斯在黑海的地位,使俄罗斯在黑海地缘政治中扮演更重要的角色。

未来黑海地区的安全博弈将会更加激烈

大国力量对抗和博弈是影响国际安全形势的重要因素。特朗普上台后,进一步加大了对俄罗斯在政治和军事上的遏制和打压的力度。2017年12月,美国发布《国家安全战略报告(2017)》,明确将俄罗斯视为战略竞争对手,随后采取了一系列激烈的举措,使得美俄对抗不断升级。特别是美国不顾俄罗斯和国际社会的强烈反对,以"俄发展和测试新型导弹"为由,[1]执意退出了《中导条约》,然后迅速在全球部署反导系统,打破了美俄之间原有的战略稳定和平衡基础,这些都引起了俄罗斯的高度戒备。此次俄罗斯决定在黑海地区部署新型护卫舰队,在一定程度上也可以视作对美国上述举措的一种非对称回应。

此外,北约对俄罗斯释放的善意置若罔闻,频频挑衅,也使得俄罗斯更加认清了西方国家的真实面目。新冠疫情期间,俄罗斯呼吁各国军队团结抗疫,主动停止了在北约边境的军演,并下令打开军机的应答器,以便于北约军队在雷达上监控搜索,释放善意信号,但北约毫不理睬,我行我素。2020年3月17日,北约出动3.7万军队,集结在俄罗斯边境,展开冷战以来最大规模的"欧洲防卫者-2020"军事演习。3月23日,意大利和加拿大海军各一艘护卫舰,结伴从土耳其博斯普鲁斯海峡、达达尼尔海峡进入黑海,遂行所谓的"航行自由";美国海军"波特"号驱逐舰进入黑

---

[1] 耿鹏涛:《〈中导条约〉终结的原因》,《战略决策研究》2021年第4期,第58页。

海，更是挑衅意味强烈，这些都是推动俄下决心在黑海部署先进舰船的重要动因。

但是，在双方实力对比的发展趋势上，俄罗斯海军的整体实力在短期内还是无法扭转劣势。例如，针对俄罗斯在高超音速武器领域处于世界领先的地位以及部署高超音速导弹所带来的威慑，美国已经开始加大在该领域的追赶力度。2021年10月，美国在夏威夷进行了一次高超音速导弹的试射活动，使得双方的差距在不断缩小。此外，受到经济与技术能力的影响，俄罗斯也很难按计划有效地实施新舰建造计划。据俄罗斯专家称，如果要使黑海舰队充分运作发挥效用，至少需要补充一个支队的护卫舰和新型巡洋舰、大型反潜舰等现代化舰艇，但这对于俄罗斯目前的舰船建造速度来说，是一个不太乐观的目标。例如，"戈尔什科夫"级新型护卫舰的建造工作就并不顺利，首艘从2006年2月开始建造，一直到2018年7月才正式服役，历时12年时间；而原定的6艘"格里戈洛维奇"级护卫舰至今也只完成了3艘，这些都将迫使俄罗斯近期内在黑海方向只能进行被动的近海防御。

总之，从未来发展来看，由于以美国为首的北约国家与俄罗斯在地缘政治、意识形态、国家形象认知等各方面存在巨大差异，双方的结构性矛盾在短期内将很难化解。为了增强与俄罗斯对抗的优势，提高对地区事务的主导权，北约还将会继续加大与俄罗斯在"后苏联空间"的争夺，进一步压缩俄罗斯的战略空间。[①] 而俄罗斯为了捍卫自身的安全与利益，也必将会毫不示弱，采取针锋相对的回击措施。可以预测，在黑海地区，双方的对抗强度还将不断增大，未来地区博弈也会更加激烈。

---

① 沈莉华：《后苏联空间武装冲突浅析》，《西伯利亚研究》2022年第1期，第49页。

俄罗斯在苏丹设立军事基地，欲重振"大洋海军"雄风

2020年11月20日，俄罗斯与苏丹签署最新协议，决定将在红海沿岸的苏丹港建立一座用于补给和修理的俄海军物资保障点，包括一个海军后勤中心和维修厂，允许同时部署包括核潜艇和大型军舰在内的4艘军舰和300人规模的兵力。[①] 这是苏联解体后俄在非洲设立的首个海军基地，也是继叙利亚塔尔图斯海军基地之后，俄在前苏联地区外的第二个海军基地，标志着其在重振"大洋海军"雄风上迈出了重要一步。

俄苏军事合作深化发展

长期以来，俄罗斯与苏丹保持着稳定而又紧密的军事合作关系，俄欲在苏丹建立军事基地一事酝酿已久。早在2015年，时任苏丹总统巴希尔就曾主动邀请俄在苏建设军事设施，并于2017年11月首次访俄时与普京总统就相关细节进行了磋商。2018年底，两国又签署了简化两国军舰入港程序的协议草案，为俄在苏丹建立海军基地打下了法律基础。2019年4月，苏丹政权更迭以后，新政府依然把俄罗斯作为其军事支持和援助的重要来源，双方签署了为期7年的军事合作协议。根据协议，俄不仅向苏丹出售和援助武器装备，还向其派驻军事顾问指导军队建设。

此次俄军进驻苏丹港，是两国军事合作深化发展的一次再升级。从地理位置来看，苏丹港不仅基础设施比较完善，而且战略位置很重要，位于红海中部，扼守着连接印度洋和地中海的重要运输通道，从大西洋穿过苏

---

① 柳玉鹏:《苏丹拟修订协议，俄罗斯红海重要军事基地面临失去风险？》，《环球时报》2021年6月4日。

伊士运河、红海、曼德海峡再到印度洋的途径都经过这里，大量能源要沿着这条通道运输。如果俄海军能常态化部署在苏丹港这个战略支点，犹如楔入了中东的"后院"。俄海军可在此进行停靠休整、舰船维修和物资补给，并可直接经曼德海峡迅速前出亚丁湾、阿拉伯海乃至波斯湾，实现其在地中海和红海地区常态化的兵力部署。俄在苏丹港驻军有助于增强其海上力量从红海到印度洋的投射能力和作战能力，构建起俄海军扼守苏伊士运河两端的有利战略格局，从而打破美欧在中东事务上的垄断权，进一步提高俄在中东及邻近地区的影响力，确保俄罗斯的战略优势。[①]

加快重返"印度洋"地区的步伐

俄罗斯在历史上就是一个非常执着于大洋梦想的国家。苏联时期，鼎盛时期的苏联海军除拥有北方、波罗的海、黑海和太平洋四大舰队外，还建立了印度洋分舰队、地中海分舰队，在亚非拉拥有31个国家海军基地的使用权，是一支能够在全球海洋执行任务的战略性军种，拥有在大洋对抗美国的能力。

但是，随着苏联解体，这一切也成为泡影，曾一度声名显赫的苏联舰队变成了往日强大的一道可悲暗影。今天的俄罗斯海军，恢复远洋能力已经是困难重重，要和美国争夺大洋控制权更是难上加难。为此，俄罗斯确立了雄心勃勃的"重返大洋"目标，普京就任总统后宣称："我们不能容忍俄罗斯战舰只能在俄罗斯领海上航行这一局限。我们必须向各大洋进发，我们的舰艇该出港了。"[②]

但是，要想成为一支强大的远洋海军，俄罗斯就必须借助海外基地全面提升军事投射力，从而实现"全球到达"，彰显战略意志。然而，受制于地理原因，俄罗斯出海口数量极为有限，且距离也很远，再加上冬季海水冻结等问题，俄罗斯没有一个畅通无阻的不冻港，这就意味着其没有稳定的出海口，极大限制了军事力量的向外投射，也使得俄军几个重要舰队

[①] 孙德刚、王亚庆：《美国战略收缩背景下俄罗斯中东政策》，《当代世界》2019年第9期，第37页。

[②] 贾易飞：《多维度构建——俄罗斯海军战略评析》，《俄罗斯学刊》2020年第4期，第22页。

之间的配合极为困难，一旦战事爆发，容易被敌方各个击破。为了改善这种地缘政治困境，寻求在他国"暖水港口"设立海军基地便成为俄罗斯的优先选项之一。

此次俄罗斯在苏丹建立军事基地，是其向"重返大洋"目标迈出的重要一步。在此之前，俄罗斯曾试图通过在吉布提建立基地来覆盖印度洋战略方向，但由于种种原因相关谈判没能取得进展。此次苏丹同意俄罗斯建立军事基地，可谓是"雪中送炭"，将为俄提供一个尽快进入印度洋的新入口，届时黑海的塞瓦斯托波尔港、地中海的塔尔图斯海军基地，以及红海的苏丹港海军基地，将形成一个遥相呼应、不断延伸的基地体系，使得未来的俄罗斯可以更加容易向印度洋方面投送力量。俄罗斯《国家军火库》杂志专家列奥科夫称，在苏丹建立军事基地，是其向印度洋方向进军的重要一步，也是其时隔20年重返印度洋大棋局的关键举措。[①] 近年来，"印太"地区的战略地位不断上升，"印太"地区正在成为地缘政治争夺日益紧张的地区，可以预见，俄罗斯将会以苏丹基地为跳板，更为积极地参与"印太"地区事务，从而使得跌宕起伏的"印太"地区局势"迎来新一轮博弈"。

大洋海军梦想任重道远

从未来发展来看，虽然俄罗斯在苏丹建立军事基地会使俄海外军事战略布局得到显著优化，同时也有助于俄罗斯打破美国和北约长期以来的战略围堵，但是，由于受到历史和现实因素的制约，该基地所能发挥的作用还将非常有限，俄实现海洋大国梦想还将面临诸多挑战。

首先，美国的制海权思想由来已久，控制重要海上通道是其长期以来固守的观念，美国对俄罗斯的海洋扩张一直保持高度警惕。近年来，美国除了领导北约在欧洲地区打压俄罗斯，压缩其生存空间外，还不断推进深化"印太战略"，甚至将其太平洋司令部改为"印太司令部"，以从更大范围对俄罗斯进行围堵。对于俄罗斯来说，虽然其继承了苏联的大部分衣

[①] 沈诗伟：《俄罗斯重返红海的背后》，《世界知识》2021年第4期，第60页。

钵，具有颇强的军事实力，这次也是主动出击，积极寻求从外围打破美国的封锁，在战略上无疑是正确之举。但是，俄罗斯的综合国力毕竟与美国相差太大，拥有的海外军事基地几乎均位于前苏联地区，无法在各大洋都实现常态化部署。尽管此次俄罗斯与苏丹达成协议，在红海地区找到了落脚点，但俄海军势单力薄，缺乏关键基地体系和驻军规模支撑，根本无法与美军相抗衡，因此其处处受美围堵打压的劣势局面短期内无法扭转。

其次，2020年由于美国深陷大选混乱局面，无力顾及其他，才使得俄罗斯有机会与苏丹达成了协议，并紧急开工建设，但随着2021年美国选举的结束，美国必然会对此作出反应并采取相应举措。新一届的美国总统拜登一直对俄罗斯持有比较负面的看法，在竞选期间就将俄罗斯定义为敌人，从其个人对俄罗斯的态度以及其外交团队过往的做法基本能够推断出，美俄关系未来将会更加紧张，军事对抗也会进一步加剧，这将会对俄罗斯的海外力量拓展构成极大制约。

最后，从俄罗斯当前的经济实力来看，能否有效支撑海洋大国梦想也存在较多变数。由于受到新冠疫情肆虐和全球经济低迷的影响，本来财政就捉襟见肘的俄罗斯更是入不敷出。除了正常的军事训练与装备采购外，其有限的军费还要维持在叙利亚的反恐行动、在纳卡地区的维和行动，并要继续完善在克里米亚、北极以及塔尔图斯港等军事基地的基础设施建设，这些都将会对未来苏丹港的军事基地建设带来掣肘。不久前，俄财长还要求国防部削减10%的军队员额，以缩减国防预算，减轻国防负担。在这种情况下，俄罗斯想要拓展新的战略方向，重振大洋海军梦想，都将会是力不从心。

俄罗斯战略火箭兵服役新型武器，加强战略力量威慑手段

2020年7月31日，俄罗斯战略火箭部队司令谢尔盖·卡拉卡耶夫上将宣布，新型洲际弹道导弹"萨尔马特"已经开始服役，乌茹尔导弹兵团启动换装"萨尔马特"洲际弹道导弹的准备工作，未来还将按照《2016—2021年战略火箭兵建设和发展计划》，继续使用"萨尔马特"液态燃料重型导弹系统和配备高超音速战斗部的"先锋"导弹系统，使得俄战略火箭兵整体作战能力更上一层楼。[1]

俄罗斯战略核力量由"三位一体"战略核武器构成，其中超过65%的核武器由战略火箭军装备，在维护国家军事安全、确保国家利益和发挥世界大国作用方面发挥着不可替代的作用，被称为俄罗斯核战略的"杀手锏"。冷战结束后，俄军实施了多次大规模军事改革，但战略火箭兵在改革中几乎未受影响，其受重视程度可见一斑。随着国际安全形势日趋复杂，特别是美国退出《中导条约》后，俄罗斯将更加注重战略核力量的建设与发展，将战略火箭部队作为俄罗斯维护国家安全的重要基石，使之成为守卫国家主权的坚盾和绝地反击的利剑。

大国地位的战略支撑

俄罗斯战略火箭兵创立于1959年12月，最初被称为战略火箭军，是俄罗斯的一支独立的常备武装力量，地位非常特殊，总兵力一度达到50万人，军官都是在全军严格挑选。该军装备尖端、技术精良、物资供应极有

---

[1] 《俄上将宣布"萨尔马特"入列战略火箭部队，开始就锁定美国本土》，搜狐网，2020年8月2日，https://www.sohu.com/a/363997394_120022692，访问日期：2021年12月10日。

保障，一开始便是苏军中的"骄子"。苏联解体后，俄罗斯地缘安全形势发生了重大变化，将自身定位由世界级超级大国转变为欧亚强国，对面临的安全威胁认知也发生了变化，认为战略火箭军已经失去了"潜在对手"，因此在21世纪初由军种降格为兵种，改称战略火箭兵。

但是，随着近年来国际形势的日趋复杂，特别是美国不断加强军事力量建设和北约持续东扩，使得俄罗斯面临的安全挑战和压力越来越大，"对威胁认知的演变与俄美两国的利益冲突之间有着相互塑造的关系"，[①] 不得不再次将战略核威慑力量作为发展的重中之重。据报道，俄罗斯正在加强对所有战略核武器的更新换代，计划在2020年将现代化率达到70%，并更加强调导弹的隐身突防能力，对导弹环境适应性、快速发射能力也都提出了严苛要求。

目前，俄战略火箭兵下辖三个导弹集团军，共12个导弹师，拥有大约400枚配备各种型号和级别弹头的洲际弹道导弹。此次卡拉卡耶夫上将特别提到的"亚尔斯"导弹是一套全新洲际弹道导弹系统，携带有分导式多弹头，采用现代伪装手段，大大提高了地形隐蔽性能，并配备有最新型的通信和电子战设备，具有强大的作战打击能力，正逐渐取代"白杨"成为俄罗斯战略火箭军未来导弹部队的核心装备。除了研制和服役新型武器装备外，俄罗斯还加强了战略火箭兵的阵地防御梯次配置，通过使用无人侦察机、雷达和光电侦察系统等先进预警侦察手段，有效防范敌人通过空降兵、恐怖团伙或单独恐怖分子对其实施的攻击、渗透，大大提高了俄战略火箭兵的整体防御能力，使其能够更好地执行核遏制任务，真正发挥大国的战略支撑作用。

导致美俄新一轮"核对抗"

回顾冷战期间美苏之间的军事竞赛，主要就是围绕核武器和运载手段展开的，而战略火箭军自成立起，就一直是苏联战略核力量的中坚，为维

[①] 宋伟、于优娟：《俄罗斯对美国战略认知的演变及其政策效应》，《国际安全研究》2020年第2期，第73页。

持美苏战略核平衡发挥了重要的作用，最终迫使美国于20世纪80年代签署了《中导条约》，一定程度上缓和了美苏两国的激烈对抗。

但是，近年来，随着俄罗斯新型导弹的不断研发和服役，美国认为自己受《中导条约》的限制过多，其核武库相对陈旧，已经无法继续保持在核战略领域的优势地位，为此宣布将退出《中导条约》，这引起了俄罗斯的强烈不满和警惕。俄罗斯认为，一旦美国退出《中导条约》，即意味着美国将会"毫无限制地扩充核武器"，特别是会在欧洲部署更多可以携带核弹的中程导弹，这样会打破目前的核力量平衡，给俄罗斯"带来新威胁"。[①]为此，俄罗斯一方面寻求多种手段，积极挽救《中导条约》，另一方面也做好了美国退出《中导条约》的准备，积极加强战略核力量建设，寻求"用力量说话"。12月17日，卡拉卡耶夫上将对媒体宣布，俄战略火箭兵将继续建造针对美国的高配版"萨尔马特"洲际弹道导弹，该导弹弹头8吨，射程16,000公里，能绕地球半圈，基本覆盖了美国全境，除了尽快"批量生产"外，该型导弹还将向核常兼备型发展，以提高战略武器的可用性。而且，俄还将为该型导弹配备一款代号为"前锋"的高超音速滑翔器弹头，不仅速度高达20马赫（6.8公里/秒），而且具有很强的机动性，可以在1小时内打击1万公里内的目标，从而使美国部署在全球的反导系统完全失效，从而达到对美国构成极大震慑的效果。

除加大新型武器装备研发的力度外，俄罗斯还在积极准备战略火箭兵的"全面战斗使用"。据有关报道称，近年来俄战略火箭兵一直在积极探索核导弹实战化的可行性，不断降低其使用门槛，并通过定期举行突击检查和训练等手段，不断提高俄战略火箭兵的战斗指挥系统向战略武器传达命令的执行力、导弹系统的技术可靠性，以及发射部队遂行作战任务的专业性，其目标都是直接指向美国，这些举措必然会招致美国的反击，采取与俄罗斯针锋相对的措施，从而使得美俄的博弈不断升级，形成新一轮更高层次的"核对抗"。

---

① 邹治波：《美国退出〈中导条约〉的当代含意与影响》，《国际经济评论》2020年第1期，第31页。

弥补实力差距的现实选择

苏联解体后，俄罗斯经济急剧下滑，军事力量发展缓慢，特别是在常规武器上，已经完全失去了胜算，与美军的差距逐渐拉大。即便是近年来开始大力推进军事力量建设，但"冰冻三尺，非一日之寒"，多年形成的差距非一朝一夕所能弥补，在这种情况下，优先发展核战略力量成为俄罗斯应对窘境的一种很现实的选择。

从国防投入来看，尽管近年来俄罗斯国防开支不断缩水，但拨给战略火箭兵的军费和装备并没有裁减。2017年10月30日，俄罗斯国防部副部长尤里·鲍里索夫在接受媒体采访时明确表示，根据《2018—2027年国家武器装备计划》，俄将重点发展战略核力量和高精武器，拨款额度初步定为3150亿美元，平均每年将采购价值315亿美元的武器，占据了年度国防预算的很大比例。[①] 2017年12月15日，俄战略火箭部队司令卡拉卡耶夫上将重申，战略核力量是俄联邦及其盟国的安全保障，能够保证俄执行国内和外交政策的独立性，强调俄联邦财政在2020年前必须要保证对战略火箭兵的拨款，以完成该部队装备的更新换代和相关基础设施的升级，这些都充分展现了发展战略核力量是俄当前国家政策的优先方向。

在这样的政策支持下，战略火箭兵在各方面建设上都取得了较大成就。例如，从2010年起，俄罗斯就开始对核武库进行更新换代，目前已拥有20枚"亚尔斯"井基导弹和90枚"亚尔斯"车载机动发射导弹，说明俄罗斯已经基本摆脱苏联时代老旧的核威慑力量，真正拥有了作为大国地位基石的新装备，而新一代陆基洲际导弹、潜射洲际导弹也已经研发亮相，成熟批量生产将是早晚的事情，而为了提高战略核武器的机动性，俄还重启了巴尔古津铁路洲际弹道导弹，即用外观与普通货运火车一样的特制列车搭载着核导弹，沿俄罗斯国内铁路行驶以执行战斗值班任务。此外，俄战略火箭兵部队还将配发包括机器人、无人机、新型通信器材、工程机械、电子战和"三防"设备等的各种先进保障设备，这些都能确保其

---

① 孟光：《俄新版〈国家武器装备计划〉先行解读》，《军事文摘》2017年第19期，第25页。

发展水平处于俄军建设的最前沿。

虽然俄战略火箭兵作为俄军的"宠儿",具有光明的发展前景,但由于受到主客观因素的制约,也面临着不少困难。例如,虽然俄罗斯继承了苏联遗留下来的绝大多数战略核力量,但这些导弹的寿命和质量整体上还是不如美国,特别是"白杨"等老式液体/固体洲际导弹已经超期服役,需要尽快更换或升级。这些武器的更新换代虽然在技术上没有多大问题,但存在非常大的经济压力。由于俄经济持续低迷,从而导致军费开支始终较低,近年来只能满足军队40%~50%的需求,尽管战略火箭兵的经费保障处于优先地位,但能获得的实际数额还是非常有限,在这种情况下要落实执行《2016—2021年建设和发展计划》,无论如何都是异常艰巨的任务。

俄罗斯"亚森-M"级核潜艇性能提升，成维护大国地位重要利器

2020年11月2日，俄罗斯2020年度国家最高科技奖评选结果揭晓，这项荣誉被授予"亚森-M"级核潜艇研发团队，以表彰他们在核潜艇静音性能领域的杰出贡献。[①] 获奖团队来自俄罗斯原子能集团下属企业阿夫里坎托夫机械制造试验设计局，出于保密需要俄未公开获奖细节，但据透露，该项技术使得"亚森-M"级成为全球隐蔽性最好的核潜艇，抹平了与美国20年的差距。此次获得殊荣的"亚森-M"级攻击型核潜艇，除了继承苏俄潜艇一贯的高航速和超大潜深外，还特别注重隐身降噪技术和多功能用途，成为俄震慑海洋的重要利器。

俄战略核潜艇：美海军的最大噩梦

冷战结束后，俄罗斯常年经济不振，已经无力打造一支强大的水面舰艇部队，而且作为传统的陆权大国，俄对打造远洋水面舰艇没有足够热情。因此，核潜艇作为"三位一体"海基核力量威慑体系的主要实现形式之一，成为俄罗斯在众多战略武器中最受青睐的对象，其战略意义在某种程度上甚至已经超过了航母。

近年来，美国等西方大国越来越钟情于浅水海区作战，在俄罗斯近海海域活动频率开始明显增加，使得后者深感安全威胁加大。在海军整体状况相当不佳，水面舰队严重萎缩，无法和美国竞争的窘迫情况下，俄罗斯把有限的资源都集中到水下潜艇的建设上，不遗余力地发展作为国防支柱

[①]《俄核潜艇刷新静音性纪录，获国家最高奖项，抹平与美国20年差距》，快资讯网，2020年11月2日，https://www.360kuai.com/pc/9025cc2934c4a6fa8?cota=3&kuai_so=1&sign=360_57c3bbd1&refer_scene=so_1，访问日期：2021年11月19日。

的核潜艇力量,以力保水下核力量的二次核反击的可靠性。[①]

从目前的状况来看,俄罗斯海军现役共有37艘核潜艇,其中包括11艘战略核潜艇、8艘巡航导弹核潜艇和18艘核动力攻击核潜艇,其中"亚森"级是俄罗斯迄今为止建造的最先进的核潜艇型号,具备多样化的打击能力,包括潜伏渗透和常规反舰反潜作战能力,是一款多用途核潜艇,主要用于对抗美国最先进的"海狼"级和"弗吉尼亚"级攻击型核潜艇。

此次获得殊荣的"亚森–M"型,完全按照现代化设计方案建造,在武器装备、信息系统和动力装置等许多方面使用了最新的独特研发成果。例如,在武器装备上,该艇配备了世界最大口径的650毫米重型鱼雷发射管,并采用模块化垂发导弹系统,包括10座五联装"口径"巡航导弹单元,可以发射射程达500公里的"口径"巡航导弹,打击敌军陆上要害目标,也可根据作战需要更换为8座四联装"缟玛瑙"超音速反舰导弹单元,用于摧毁300公里外的敌军大型水面战舰,具备了一定程度上的战略打击能力。

此外,该艇在现代化设备、材料还有艇体结构等方面都做了大幅度优化,如在艏部采用双壳体并应用新型声呐系统和消声瓦,以降低噪声,并装备了新型推进器,反应速度较快,推力较大,综合效率较高,下潜深度可达520米,具备超越常规核潜艇的机动能力,再加上全艇采用现代化电子设备,可快速有效地跟踪探测锁定多个远距离目标,从识别目标到攻击目标一般只需10—15秒的时间,这些优异的性能使得西方媒体将俄军"亚森"级核潜艇取绰号为"美海军最大噩梦"。

根据俄《2020年国家军备计划》,俄军目前已下水和在建的"亚森"级潜艇有6艘,分别为"喀山"号、"新西伯利亚"号、"克拉斯诺亚尔斯克"号、"阿尔汉格尔斯克"号、"彼尔姆"号和"乌里扬诺夫斯克"号,未来还计划在北方舰队和太平洋舰队分别列装4艘"亚森"级攻击核潜艇和4艘"北风之神"级核战略潜艇,组成新一代水下主力舰队,这无疑会极大提高俄罗斯海军的威慑能力,并使西方国家面临更大的挑战。

[①] 赵月白:《多举措建设世界强大海军——俄罗斯海军2020年能力建设回顾》,《船舶经济贸易》2021年第3期,第27页。

战略武器：维护大国地位的重要保障

　　面对当前的世界军事竞争形势，加快推进取得突破的先进技术，迅速输入到军用领域，已经成为俄罗斯提升军事技术核心能力的重要手段。特别是在2014年俄罗斯与西方关系变得紧张之后，俄罗斯更是把军事现代化作为重中之重，先后发布了《2025年前基础性与关键性军事技术清单》《2025年前保障国防安全而进行的基础性、前瞻性、探索性研究的优先方向清单》《2016—2025年国家武器装备计划》《2018—2027年国家武器装备计划》等系列规划，这些核心能力建设上的种种措施为俄武器装备的发展提供了支撑和指导。

　　随着俄罗斯在常规力量与美国等西方国家的差距越来越大，战略武器已经成为俄慑止强敌入侵、维持大国地位的重要保证。从俄目前的武器装备现代化的内容来看，俄罗斯将其装备现代化的重点主要放在空天防御装备、高超音速武器以及人工智能技术方面。[1] 这些先进技术是俄罗斯近年来的科技创新成果，也是俄武器装备现代化工作的重点。

　　首先，在空天武器装备方面，俄空天军部队一直在努力研发尖端飞机以取代苏联时代遗留下来的老旧战机，并在升级远程轰炸机编队和研发新型先进飞机方面取得了快速进展。俄远程航空兵司令科比拉什中将2019年12月22日称，俄空天军正在研发的第五代战略轰炸机将采用隐身技术，能够携带多达30吨的有效载荷，航程为1.25万公里，预计将于2025年首飞。此外，俄罗斯还计划在2040年之前开发第六代轰炸机。

　　其次，在高精端武器方面，俄军目前已经研发装备了"匕首"和"锆石"高超音速导弹，成为世界上唯一部署高超音速武器的国家。这两款导弹的飞行速度可提升至音速的10倍，射程超过2000公里，有核常兼备能力，几乎可以突破当前所有的导弹防御系统而很难被拦截，此外，俄军还正在研发关键技术，以确保提升导弹的飞行速度、射程和制导精度。[2] 而

---

[1] 易鑫磊：《俄美高超声速武器的发展态势与战略影响》，《俄罗斯研究》2021年第2期，第169页。

[2] 赵立业：《透视俄罗斯高超音速武器发展》，《军事文摘》2019年第15期，第42页。

在战略导弹方面，俄罗斯也将择期展示新型"萨尔马特"洲际导弹。该型导弹采用最新型超重型液体推进，可携带10枚重型或者15枚轻型核弹头，并通过井下发射，以有效提升导弹的生存概率，同时采用双重制导系统，导弹飞行轨迹以惯性抛物线为主，在与弹体分离后可各自按自身飞行轨迹从多个不同方向对目标开展识别攻击，并在飞行过程中还可做到不规则机动，使得轨迹更加不可预测，预计到2020年投入运行。

最后，俄罗斯还积极发展新概念武器，包括扩大生产无人机，激光、高超音速武器以及能够完成各种作战任务的机器人系统。2019年12月26日，俄罗斯武装力量总参谋长瓦列里·格拉西莫夫表示，装备"佩列斯韦特"移动式激光系统的部队已于12月投入战斗值班。这是一种自主战斗激光系统，也是全世界唯一能对飞行器造成杀伤的战斗激光装置，能独立发现和跟踪可见光谱段的目标，摧毁小型无人机和光学侦察、监视及目标指示装备，未来可有效实施对空防御。此外，俄罗斯正在积极研制的"波塞冬"无人潜航器以及"海燕"核动力巡航导弹也即将面世。正如俄罗斯总统普京在2019年12月24日出席国防部扩大部务会议时所表示的，俄"三位一体"核武器现代化水平已经达到了82%，俄在发展先进武器和设计新武器方面拥有强大优势，并在历史上首次领先于世界，这些都将极大地震慑战略对手，可以有效地捍卫俄罗斯的国家安全。

美俄竞争：战略武器竞赛大幕已经拉开

长期以来，美俄一直围绕军事优势地位展开激烈竞争。特别是2018年以来，以美国为首的西方国家采取了一系列恶化国际形势的举措，如美国单方面宣布退出《中导条约》，《新削减战略武器条约》前景充满不确定性；北约在靠近俄罗斯边境的活动越来越频繁，北约2019年在靠近俄罗斯边境进行的空中与海上侦察活动比往年分别增加三分之一和24%，并且在欧洲进行了40次具有明显反俄倾向的重大演习，这些都让俄罗斯坐立不安，俄对战略威慑体系平衡可能被打破深感忧虑。

为了有效应对国际军事竞争和欧美的战略打压，一方面，俄罗斯快速更新武器装备库，如2019年俄军共接收了143架战机、624辆装甲车、1艘潜艇和8艘水面舰艇，2020年还将有22枚洲际弹道导弹、106架新飞机、565辆装甲车、3艘潜艇和14艘水面舰艇入役；另一方面，俄罗斯积极加强战略力量建设，特别是作为俄执行战略核遏制任务主要力量的战略火箭部队。该部队常年处于高度战备状态，每天有约6000名战略火箭兵在执行战斗值班任务，能够随时执行总统发布的战斗命令。2019年俄战略火箭部队进行了200多场演习，2020年还将保持类似的演习力度并继续强化同其他兵种的协作。

尽管俄罗斯在武器装备现代化和战略力量建设上取得了不菲的成就，但综合实力与美国相比仍有不小的差距。首先，在质量上，尽管俄军不断提高武器装备的现代化率，但受制于经济实力等相关因素，"含金量"却大打折扣，其很多新装备武器并不是完全换代升级，而是对同代装备的更新替换和性能提升。其次，在数量上，俄罗斯入役的新型武器装备也远远比不上美国。例如，美国当前最先进的F-35战斗机目前以150架/年左右的速率加速生产，到2023年F-35总生产数量将达到1148架，2046年预计将达到3579架，这一点是俄罗斯望尘莫及的。最后，俄罗斯在作战理论和作战概念研究方面还相对薄弱。目前，美国的作战理论、作战概念不断创新，第三次"抵消战略"、多领域作战、网络中心战、分布式杀伤、分布式防御、拒止环境协同作战、云作战等新型作战概念相继提出，对于美军装备发展起到了非常好的牵引、支撑作用。[①] 因此，俄罗斯在重视装备发展的同时，也需要加强对作战理论和作战概念的研究，从而确保拥有打赢未来战争的实力。

---

① 李磊等：《美决策中心战概念研究》，《战术导弹技术》2021年第1期，第34页。

俄罗斯延长《新削减战略武器条约》，但未来仍将充满变数

2021年1月29日，俄罗斯总统普京正式签署延长俄美《新削减战略武器条约》的法案，规定将条约延长至2026年2月5日。[①] 在此之前，美国政府也表达了寻求延长该条约的意愿。国际社会普遍认为，延长《新削减战略武器条约》的期限，可以保持俄美战略关系的透明性和可预测性，对于推进核裁军进程、维护世界战略稳定都具有积极的意义。

《新削减战略武器条约》是目前俄美间唯一有效的能对双方核武器规模进行限制的主要军控条约。该条约不仅对美俄各自部署的战略核弹头和战略运载系统作出了明确的数量限制，同时还通过构建双边视察和监督制度，进一步加强了美俄在核军控和防扩散等冷战后国际安全领域的双边合作。

正是由于条约在美俄双边的军控结构中发挥着重要作用，因此是否延期"直接影响全球战略稳定与核军控机制的前景"，[②] 引发了国际社会的广泛关注。如果条约不能如期延长，必将会对美俄核军控和国际安全产生重大影响，很可能会使世界上两个最大的核武器国家重新回到1972年之前那种没有任何法律对双方的军备水平进行约束或核查的状态，同时也将会对国际核不扩散机制带来巨大冲击，使得全球迎来新一轮的战略武器军备竞赛，导致巨大安全隐患。

实际上，美俄双方都有延期《新削减战略武器条约》的愿望，希望以

---

① 《俄罗斯总统普京签署延长〈新削减战略武器条约〉法案》，澎湃新闻网转载俄罗斯总统网，2021年1月30日，https://www.thepaper.cn/newsDetail_forward_10999259，访问日期：2022年3月9日。

② 李喆、罗曦：《美俄延长〈新削减战略武器条约〉的考量及影响》，《世界知识》2021年第5期，第36页。

此来保持自己和对方的战略力量平衡，而不愿出现双方核军控机制受到严重破坏的境况。在此之前，俄美双方就延长《新削减战略武器条约》举行过数轮谈判，但由于分歧较大，并未取得实质性进展。具体来说，美希望延期后的《新削减战略武器条约》能扩大到所有的新武器，将俄罗斯庞大的被称为"战场"或"战术"核武器的小型核武器也纳入限制范围之内，而俄罗斯则坚持对这些武器的限制应在"另一轮谈判"和对条约进行修订的情况下进行，同时要求把导弹防御、太空武器、网络武器和常规武器也纳入在内。此外，美国在特朗普政府时期奉行的是"单边主义"政策，在裁军谈判上持强硬态度，以一贯秉承的"极限施压"做派，拖延续约谈判，企图凭借美国在核领域的技术优势，谋求对全球的绝对战略优势，使得美俄在军控和裁军领域的冲突上升，这些都是影响该条约顺利延期的掣肘因素。

与特朗普不同，拜登一直是军备控制条约的支持者，认为加强军控符合美国家安全利益，在竞选期间，拜登誓言要推翻特朗普任期内制定的部分外交政策，对美国退出《中导条约》表现出强烈的反对，上台后立即采取了一系列重返国际协定的举措。尽管拜登对俄罗斯没有好感，在执政之初就计划对俄罗斯采取潜在惩罚行动，但还是希望通过军备控制保持与俄罗斯的战略稳定。此外，由于特朗普政府时期频繁破坏国际军控体系，先后退出《伊朗核协议》《中导条约》和《开放天空条约》，特别是2019年8月宣布退出《中导条约》后，引起了国际社会的剧烈震动。[①] 美国盟友也希望美国在对俄核威慑的同时能展开理性对话，达成对国际军控安全有利的协议。此次延期《新削减战略武器条约》，也是拜登政府在军控领域做出的重大外交政策决定，一方面可以检验能否通过军控合作推动美俄关系的发展，同时可以以可靠的方式对俄战略核力量加以限制，试图将该条约打造成两国实施战略武器平衡核军控结构的关键支柱；另一方面也希望以此改变特朗普政府的外交乱象、重新构建多边外交新格局，并以此向盟友和国际社会展现其对军控问题的承诺，维护同盟体系并重塑美国的信誉。

---

① 纪悦：《延期〈新削减战略武器条约〉，普京坐等拜登入席》，《世界知识》2021年第2期，第38页。

总体来说，在目前美俄处于对抗关系的背景下，延长该条约的意义极为明显。但是，我们也要看到，尽管美俄两国在《新削减战略武器条约》延期上达成了一致，也并非意味着两国彻底解决了在军控方面的矛盾分歧。从未来发展来看，由于美俄之间的结构性矛盾在短期内难以解决，双方在乌克兰、叙利亚、化学武器和网络安全等问题上的分歧难以弥合，美俄关系整体上还将持续紧张，很难出现实质性改观。在这种情况下，军控谈判仍将会是双方削弱对手、谋取自身战略优势的途径和筹码，延期后的《新削减战略武器条约》也将成为美俄核军控博弈的一个新焦点，未来关于新条约内容的谈判还将会是一个艰苦的过程，双方在包括核军控在内的诸多问题上还将会冲突不断。

俄伊在印度洋举行联合军演，防务合作向海洋拓展

2021年2月15日，伊朗与俄罗斯军队在印度洋北部开始举行代号为"海上安全带演习"的联合军演，其中伊朗派出了上百艘的舰艇，包括2艘潜艇、5艘作战舰和百余艘导弹巡逻艇，俄罗斯则派出了1艘驱逐舰、1艘补给舰和1架直升机。据俄罗斯媒体称，双方演习的目的是加强地区安全并扩大双边合作。[1]

俄罗斯是伊朗传统的盟友，两国在中东事务上有着共同的利益，特别是在叙利亚问题上，两国立场一致，紧密配合，取得了卓有成效的战场胜利，"俄伊关系对中东政治格局具有重大的影响"。[2] 此次俄伊在印度洋地区举行联合军事演习，是双方在当前国际安全形势下加强军事合作的重要举措，也是两国彼此支持应对国际挑战特别是应对美国威胁的共同之举。对于俄罗斯来说，通过强化与伊朗的合作可巩固和保障自己在中东地区的既得利益；而对于伊朗来说，面对美国的制裁和中东一些国家的敌对，也迫切需要俄罗斯的帮助，才能摆脱当前安全危机，让美国不敢轻举妄动。从未来发展来看，拜登上台后美俄矛盾还会继续激化，美对伊的军事打压也会持续，在共同对抗美国的战略目标驱动下，伊朗与俄罗斯之间的合作还将会进一步拓展与加深。

---

[1] 《俄驻伊朗大使馆：俄伊在印度洋的海军演习已经开始》，网易网转载俄罗斯卫星通讯社，2021年2月16日，https://www.163.com/dy/article/G2V8BT0L0514EMD3.html，访问日期：2021年11月13日。

[2] 王晋：《美国影响下的俄罗斯与伊朗关系》，《阿拉伯世界研究》2021年第2期，第17页。

伊朗：有效反制美海上军事遏制态势

伊朗是中东地区大国，也是目前中东地区少数的敢于对美国说"不"的国家，特别是在美军策划暗杀伊朗军方高层苏莱曼尼后，更让两国关系降入冰点，矛盾更加尖锐。如今的伊朗成为美国在中东的"劲敌"。

为了迫使伊朗屈服，美国对伊朗进行了全方位的遏制和打压，进行了大量军事部署。例如，从2020年5月开始，美国就大幅扩大在伊朗周边的军事存在，包括将一个核航母打击群开进波斯湾，派遣了一支B-52战略轰炸机群驻扎在中东最大的空军基地——乌代德基地，同时还往中东增加部署了多套"爱国者"导弹系统。近日，美海军在将其核动力航空母舰打击群撤离中东之时，又派出了"马金岛"号两栖攻击舰打击群穿过霍尔木兹海峡，开始在波斯湾进行战斗巡航行动。这是美国海军搭载有F-35B战斗机的两栖攻击舰在中东的第二次行动。由于F-35B具备良好的雷达隐身能力，就伊朗本身的防空能力而言，还不具备探测和打击该战斗机的能力，因此对于伊朗的防空威胁是巨大的。当前伊朗的安全局势可以说是危机环伺。

面对美国的强大军事遏制与打压，伊朗一直坚持强硬态度。尽管伊朗从整体军事力量上来说无法和美国媲美，但其综合实力也绝对不容小觑，具有非常扎实的工业基础，特别是导弹技术比较先进，伊朗是世界上为数不多可以自主研发弹道导弹的国家，并且经常进行弹道导弹的试射活动，是"中东地区的传统强国之一"。[1] 据伊朗官方的媒体报道，就在联合军事演习举行之前，2021年2月14日伊朗陆军还进行了智能弹道导弹的试射，准确命中了300千米外的目标。此外，目前伊朗还拥有多款各种射程的弹道导弹系统，可以覆盖中东全境的美军基地，对驻扎在中东的美军构成了强大威慑。

此次伊朗在印度洋举行军事演习，也是对当前美国咄咄逼人的海上遏制态势的一种有效反制。而俄罗斯海军舰艇编队远道而来参加演习，也给

---

[1] 刘晓峰：《伊朗陆军军事实力大起底》，《军事文摘》2018年第19期，第11页。

伊朗提供了强有力的支持,如同是雪中送炭,让伊朗信心倍增、如虎添翼,变得更加硬气。伊朗明确表示,此次军事演习证明了俄罗斯是伊朗最可靠的战略盟友,并称这次海上演习还将会有针对美军航母和两栖攻击舰等作战力量所进行的反潜作战等演习科目,目标就是针对长期驻扎在该海域的美军海上战力,这明显是给未来美国在中东地区的行动划出红线,意图让美国在采取军事行动时有所忌惮。

俄罗斯:迂回突破北约的军事封锁线

俄罗斯自2014年克里米亚事件以后,一直受到美国等西方国家的制裁,至今也没有完全解除。拜登上台后,宣称重返联盟战略,并在就任伊始,就分别与英法德等北约主要国家领导人通电话,谋求制定统一反俄政策,意图联合北约盟友对俄罗斯进行军事反制。就在2021年1月,美国向黑海派出了3艘舰艇,这是近3年来美军首次在黑海地区部署3艘军舰,其中两艘驱逐舰还与北约预警机一起进行了"指挥控制和海上多领域"行动,这些都被俄罗斯视为直接军事威慑,压缩了其战略空间。在这种情况之下,俄罗斯急需寻找一个突破口来反击,以更好地撕开北约国家对俄罗斯的战略围堵。

"敌人的敌人可以成为朋友。"由于伊朗被美国制裁了40多年,与俄罗斯同病相怜。正是有了这种共同的目标和利益,两国抱团取暖,合作有了坚实的基础。近年来,俄罗斯在涉及伊朗问题上立场坚定,毫不含糊。例如,美国在单方面退出伊核协议后,俄罗斯就坚决反对美国的退出并支持伊朗留在伊核协议内;在美国和伊朗剑拔弩张后,俄罗斯明确警告美国,不允许对伊朗动武,而美国至今不敢对伊朗动武,俄罗斯的支持起到了关键作用。此外,虽然美国的防空能力对于伊朗来说看似十分强大,但在俄罗斯面前就"捉襟见肘",俄罗斯多次表示要向伊朗提供防空支援。此次俄罗斯与伊朗在印度洋举行联合军演,就是向外界释放一个信号,即俄罗斯对北约国家的军事围堵,不是没有牌可打,在俄罗斯的防空支援之下,伊朗那些近战能力极强的舰艇攻击将会使美军难以应对,同时,伊朗所处的霍尔木兹海峡水深不够,独特的地理环境与位置也不利于美国大型战舰力量的发挥,这些都将会对美国在中东地区的战斗力产生大大的限制。

总体来说,此次俄罗斯与伊朗联合在印度洋进行海上演习,可以说是深思熟虑,具有"一箭双雕"的效果,即一方面不会太过刺激美国为首的北约国家神经,为未来俄罗斯与北约对话留下了余地;另一方面也可以通过该演习展示俄伊强大军事力量,以对北约产生威慑,并通过在中东地区的迂回战术撕开封锁线,化解其在欧洲地区的安全压力,让北约对俄罗斯的全面围堵策略破产,展现了非常高明的战略博弈技巧。

俄伊关系:未来防务合作将不断拓展

实际上,历史上俄罗斯(苏联)与伊朗曾有长期积怨,两国关系一直波折起伏。直到苏联解体以后,俄罗斯实力大幅衰落,对伊朗的渗透和影响大为减小,才为两国关系改善创造了条件。而2011年叙利亚危机爆发后,叙利亚"逐渐演变成俄罗斯、美国、伊朗及沙特等域内外国家博弈的竞技场"[①],也为俄伊合作创造了机会。俄罗斯为了保护在叙利亚的军事基地和在中东地区立足,一直支持阿萨德政府。而伊朗出兵叙利亚,一方面是支持同为什叶派的阿萨德政府不被美以推翻,避免自身被孤立,另一方面则可以将自己的军事力量直接投放到以色列周边地区,直接威慑以色列。正是俄伊两国的联手,才彻底扭转了叙利亚战场的局势,取得了战场胜利,这也为后来两国关系的不断升温奠定了基础。

随着面临的共同威胁,特别是来自美国压力的不断加大,俄罗斯与伊朗的防务合作开始趋向机制化。2019年7月,伊朗海军司令侯赛因·汗扎迪宣布,伊朗武装部队总部和俄罗斯国防部签署了扩大双边合作的谅解备忘录,以加强两国之间的军事合作,尤其是海军方面的合作。在伊朗历史上,与俄罗斯签订军事备忘录还是第一次,这可以被看作是两国在国防领域加强合作的一个转折点。

根据备忘录,俄罗斯和伊朗将在后续的几个月时间内,在印度洋、波

[①] 方堃:《从叙利亚危机看俄罗斯与伊朗的复杂关系》,《集宁师范学院学报》2019年第3期,第52页。

斯湾及霍尔木兹海峡等海域举行联合海军演习。此次俄伊两国在印度洋举行联合军演，就是落实该备忘录计划的一项具体举措，两国的合作范围由传统的中东内陆区域开始向海洋方向拓展。伊朗并宣称，根据联合国第2231号决议和伊朗核问题全面协议，国际社会对伊朗武器的禁运令也已到期，伊朗可以根据自身防卫需求，从任何来源采购任何必要的武器和装备，在"与周边国家发展关系的同时在世界大国中寻求平衡"，[①] 也给俄伊两国的防务合作提供了新的领域。伊朗外交部发言人赛义德·哈提卜扎德已经公开宣称，将会在联合国安理会解除对伊朗常规武器禁运以后加强武器采购力度，并将俄罗斯视为主要军事和防务伙伴之一。从未来发展来看，由于在相当长一段时间内，美俄博弈还会继续展开，美对伊的军事打压也会不断强化，在共同对抗美国的战略目标驱动下，俄伊之间的相互需求还将继续，防务合作也将会得以进一步拓展和深化。

---

① 范鸿达：《伊核协议恢复履行谈判与伊朗外交政策展望》，《当代世界》2022年第6期，第32页。

美俄全球军事对抗升级，但竭力避免"擦枪走火"

新冠疫情暴发后，美俄两个超级军事大国非但没有实现握手言和，反而掀起了更为激烈的军事对抗，频频通过前沿部署、抵近侦察、武力炫耀等方式向对方施压示强，展开了激烈的军事博弈。美俄激烈交锋，不仅使得双方爆发军事冲突的风险进一步加剧，也对全球安全与稳定构成了严峻的挑战。

美俄缘何频频在军事上斗法？

从深层次来看，美俄军事对抗急剧升级根源主要还是"双方长期的敌对关系和在全球诸多问题上的战略冲突"。[1] 美国出于巩固全球霸权的需要，一直持续打压俄罗斯，加速推进对俄罗斯的战略围堵。例如，美国在罗马尼亚等国部署反导力量，在欧洲加快军事人员和武器装备的更换频度，多次与盟友在俄罗斯周边开展大规模联合演习等，这些都在压缩俄罗斯的战略发展空间，大大加剧了双方对抗的激烈程度。而俄罗斯是一个尚武的国家，素有战斗民族之称，尽管国力远不及苏联，但面对美国的打压，还是发出了非常强硬而清晰的信号，那就是只要涉及本国利益和战略空间问题，俄方都会坚决捍卫，毫不妥协。

因此，从这个角度来说，美俄军事对抗加剧的现象并不是偶然的，而是两国长期矛盾累积和现实对抗需要的必然结果，同时也反映出一个核心问题，即当前美俄之间基本信任已严重缺失，存在很深的战略互疑，双方

---

[1] 维克多·米辛、原玥：《世界多极竞争中的战略稳定新框架》，《国外社会科学前沿》2021年第8期，第35页。

都是希望通过展示"拳头"的力量而不是政治谈判来取得和解,从而导致2020年以来美俄之间军事对抗白热化,总体趋势越发激烈。

美俄明争暗斗发生了怎样的变化?

实际上,自冷战结束后,美俄之间的明争暗斗就一直没有停止过,已经呈"常态化"趋势发展,但与以往不同的是,2020年的军事对抗出现了一些新的特点。

首先,两国军事对抗的频率更高。例如,仅在2020年8月,两国在黑海、波罗的海、巴伦支海以及鄂霍次克海等区域上空就发生了近十起军机"交锋"事件。特别是在8月18日和19日,美国连续两天出动P-8A"海神"巡逻机和RC-135战略侦察机,同时出现在黑海和波罗的海上空,抵近俄罗斯边境进行侦察活动,这种频次是以前从来没有过的。

其次,两国军事对抗的领域不断拓展,水下、空天等维度对抗逐渐增多。2020年8月25日,美军"海狼"号核潜艇罕见亮相,停靠在挪威北部港口城市特罗姆瑟,"海狼"号号称美海军最强核潜艇,是原本连基本行踪都严格保密的神秘潜艇,如今大摇大摆地出现在俄海军北方舰队"家门口",而与挪威海紧邻的巴伦支海,是俄海军北方舰队弹道导弹核潜艇和攻击型核潜艇的主要活动区域,对俄施压意图明显。而两天后,俄"鄂木斯克"号核潜艇也在美国阿拉斯加附近"冒头"。美俄两国核潜艇分别在对方近海出现,说明冷战期间的"后院战略"正在从海上向水下转型。而且,这次两国出动的是攻击型核潜艇,下次还不排除会出动弹道导弹核潜艇的可能性,在对方家门口形成战略威慑打击能力。在空天领域,美国利用《中导条约》"松绑"之机,频繁试射洲际导弹。不久前,美军利用宙斯盾驱逐舰试射标准-3IIA反导拦截弹,成功拦截了洲际导弹。而俄罗斯则也针对性地强化反导作战能力建设,不断试射新型反导拦截弹,采用锆石高超音速导弹等进行强力反制,打破美军构建起来的海基反导系统和陆基反导拦截系统。俄罗斯国防部副部长克里沃鲁奇科已经表示,将于2020年底前接收首批S-500防空导弹系统,并在2023年前部署3个团数量的S-400防空导弹系统和4套S-350防空导弹系统。

再次，两国军事对抗的范围不断扩大，已经不再局限于欧洲、中东，开始向"印太"、北极等地区拓展。特别是北极地区，是俄罗斯的传统势力范围，俄罗斯在北极地区军事实力的越发加强让美国忧心忡忡。2020年6月9日，美国发布了《维护美国在北极和南极地区国家利益的备忘录》，要求研究发展可携带防御性武器的极地核动力破冰船，以应对来自俄罗斯的威胁风险。[①] 8月26日，美国国防部长埃斯珀在夏威夷州亚太安全问题研究中心发表讲话时也称，美国将向"印太"、非洲等地区加大兵力部署，以便能够在世界任何地方对抗俄罗斯。

最后，在美俄军事对抗中俄罗斯的反应更加主动和强烈迅速。长期以来，俄罗斯由于自身实力有限，一直在与美国的对抗中处于下风，处于被动应付的局面，但在2020年面对美军的挑衅行为时，俄罗斯选择了第一时间的对等报复。例如，2020年6月10日，针对美军B-52战略轰炸机在俄边境地区模拟对俄北极军事设施实施大规模核打击的挑衅举动，俄也派出了4架图-95战略轰炸机飞临美国边境，演练摧毁美阿拉斯加军事设施科目。在面对美军在黑海和波罗的海地区的军机挑衅时，俄罗斯针锋相对地派出多批战机进行拦截和驱离，显示出毫不退让的强烈决心。

双方互相侦察和试探是否有可能引发激烈冲突？

虽然2020年以来美俄斗法频繁，对抗此起彼伏，有可能会出现擦枪走火的情况，但是爆发激烈冲突导致对抗失控的可能性并不大。

首先，美俄军事对抗在历史上是常见的，特别是双方关系恶化时，军舰军机对抗的情况更是时常发生，主要是以实现相互威慑、施加压力为目的。双方对于这种"猫捉老鼠"式的游戏套路已经"轻车熟路"，在跟踪与反跟踪、拦截与反拦截过程中，都表现得比较专业和克制，都给予对方一定的回旋空间，小心翼翼地维持着彼此心照不宣的游戏规则，甚至已经形成了一种"默契"，表现出的不仅是战术上的较量，更是一种心理上的

---

① 王晨光：《盘点：特朗普政府的北极政策"遗产"》，国观智库网，2021年1月22日，https://www.grandviewcn.com/ shishipinglun/527.html，访问日期：2022年4月9日。

较量,是在"相互测试对方的神经"。

其次,目前美俄在政治层面的沟通还算比较顺畅,并已形成了具有较高可操作性的军事冲突风险管控模式,从而使得军事对抗在总体上还处于有效政治管控中。实际上,从冷战开始,美苏两个超级大国间就一直以避免军事摩擦发展成为直接冲突作为博弈目标,在针锋相对较量的背后,两国高层对于冲突可能导致的严重后果都有着客观认知,建立了多层次多级别的沟通渠道,历史上也成功化解了多次危机,并未使事件呈现出螺旋式上升对抗的态势。

最后,美俄两国都是军事强国,都拥有强大的常规军力和恐怖的核武库,这让对方在采取强硬行动之前必须三思后行。在2020年的美俄军事对抗中,尽管对抗程度和频率都在不断增加,却基本没有引起擦枪走火,无论是"异常接近"还是"展露武器",都只是"示强"的表现而并非"战斗"行动,一个重要的原因就是双方强大核武库导致核平衡发挥作用,保证了两国的军事对抗更多的只是战略博弈和政治角力,而不会激化为直接军事冲突。

总体上来说,"斗而不破"仍将是美俄军事对抗的"常态"。未来美俄将会继续在对抗中求妥协,在摩擦中打交道。但是,也不排除如果这种游戏玩得过火,稍有不慎发生撞击或擦碰等"擦枪走火"的严重后果。只有两国彻底转变冷战时期的对抗思维,不再依靠展示拳头来赢得相互尊重,才是真正解决"危险游戏"隐患的根本途径。

拜登时代的美俄军事博弈走向何方?

拜登上台后,对于未来两国军事博弈的走向将具有重要的影响。由于拜登一直对俄罗斯持有比较负面的看法,在竞选期间就将俄罗斯定义为敌人,从拜登个人对于俄罗斯的态度以及拜登外交团队过往的做法基本能够推断出,美俄关系在拜登上台之后将会更加紧张,军事对抗可能更加激烈,"无法避免彼此对峙施压的局面"。[①] 在俄罗斯已经成为美国所面临的

[①] 冯绍雷:《从特朗普到拜登:美俄关系新变化》,《当代世界》2021年第2期,第12页。

"体制性挑战者和对手",双方结构性矛盾难以调和、战略互信严重缺失的背景下,美俄的军事对抗仍将延续较长时间,对抗强度或将达到新高度。

从影响来看,毫无疑问,美俄的军事对抗将会对地区和全球安全形势产生较大负面影响。首先,欧洲安全局势将会继续恶化。美国下一步很可能将逐步恢复在欧洲地区的大规模演习活动,把削减的驻德美军部分前推至波兰等一线地区,并强化欧洲北约国家的核威慑能力。而俄罗斯也将会进一步强化波罗的海舰队和西部军区的力量配备,在欧洲方向举行大规模军事演习,持续开展抵近侦察和力量展示行动,以期在欧洲塑造更为利己的战略环境和军事态势,这样带来的一个后果就是使整个欧洲更加分裂,迫使诸多国家"选边站",地区安全风险持续上升,安全环境也可能进一步恶化。

此外,美俄都是具有世界影响的洲际型国家,又分别是海权国家和陆权国家的代表,其军事对抗还将会危及整个世界的和平与稳定。未来,美俄还将加紧对极地、太空、网络等领域资源和作战优势的争夺,持续推进在核威慑、高超音速武器、人工智能和无人技术等领域的军事研发和应用力度。美国将会对俄推行"强力遏制+有限合作"政策,[1] 综合运用技术优势和盟友体系,继续推动前沿军事领域的军备竞赛,加快无人自主平台、战略反导系统和战术核力量的研发部署,以期对俄形成更大的战略和军事优势。而俄罗斯对此也不会坐视不理,将以发展非对称和强威慑战力为依托,在缩小与美国欧洲方向常规军力差距的同时,通过发展高超音速武器和战略核力量等对美形成震慑,这些都将会给全球安全带来更大的不稳定性,引发其他国家对自身安全的担忧,加快自身军力建设,从而使得全球军备竞赛愈演愈烈。

---

[1] 柳丰华:《俄美关系的走向及其影响》,《国际问题研究》2021年第2期,第68页。

第二篇 周边安全

美印太司令部申请"威慑资金"，寻求地区军事优势

2021年3月，美国印度洋—太平洋司令部向美国国会提交了一份"威慑资金"报告，要求在2022年至2027年期间增加大约270亿美元的支出，内容包括购置部署新型武器、建造新设施以及与美国在印度洋—太平洋地区的盟友开展更密切的军事合作等。[①] 此举是美国会在《2021年国防授权法》中确立针对中国的"太平洋威慑计划"后军方提交的首份提案，意在通过强化在"印太"地区的军力建设，对"印太"地区形成直接战略威慑和威胁，这将对地区的安全形势和战略格局构成重大的冲击。

寻求巨额资金，强化"印太"部队军力建设

美军印太司令部是美"全球六大战区中覆盖区域最大的战区"，[②] 自2018年5月成立以来，印太司令部一直认为其当前在该地区的前沿兵力结构和部署情况不足以应对所面临的复杂威胁，因此在积极寻求资金支持以增强该地区的军力建设。2020年4月，美国印太司令部司令戴维森曾向美国国会提交了一份总额200亿美元的"希望清单"，内容涉及部队结构、区域军事合作和基础设施投资三个方面，要求美军提升联合部队的杀伤力，改进兵力结构及部署态势，强化与盟友及伙伴的合作，加大演习、试验和创新力度及加强后勤和安全保障，以增强美军在该地区的战略威慑能力。

从此次印太司令部提交的"威慑资金"报告内容来看，主要还是延续了这份"希望清单"的项目，并且更加详细具体。例如，美军认为，目前

---

① 《美媒：为对抗中国，美国印太司令部申请270亿美元"威慑资金"》，新华网，2021年3月3日，http://www.xinhuanet.com/mil/2021-03/03/c_1211048672.htm，访问日期：2022年4月16日。
② 石江月：《印太美军迎来新司令》，《军事文摘》2018年第13期，第75页。

在关岛部署的"萨德"防御系统所配备的 AN/TPY-2 雷达能力较弱，无法提供 360 度的防护。因此需要建立造价高达 16 亿美元的"360 度持续综合防控能力"。同时，美军还需要在太平洋的关键位置建立雷达站，部署更多更强大的雷达监测设施。例如在帕劳部署高频雷达系统和天基雷达群，从而在关岛地区建立一体化防空系统和反导网，全面强化在"印太"地区的打击能力和防空。此外，在打击能力方面，美军认为必须在"印太"地区部署具有精确打击能力的远程武器，才能够承受敌人"先发攻击"的分散式打击，为此，印太司令部在报告中要求加强发展射程超过 500 公里的陆基远程火力和精确打击武器，构建"沿第一岛链生存力极强的精确打击网络"。同时，报告还强调要强化后勤补给和盟友体系，对装备、弹药、燃料等物资的提前部署，基础设施的优化改善，以及集体防御安全能力与合作等方面提出了详细的规划。

总体上看，美印太司令部此次提出的"威慑资金"报告，并非一时之兴起，而是着眼于美军在该地区的长远布局需要，强化对潜在对手威慑能力的战略举措，报告罗列的重点项目都是美军在"印太"地区的"关键需求"，基本涵盖了作战需要的各方面。不难看出，如果报告列出的项目和资金全部落实，必然会助推美军在"印太"地区的战略预警、防空反导、精确打击、机动作战等能力的进一步提升，帮助美军实现在该地区遂行陆海空天网全域作战、诸军种联合作战及与盟友伙伴协同作战的行动，从而提升美国在"印太"地区的军事实力和影响力。

聚焦大国竞争，不断加快扩军步伐

近年来，美国先后出台了《国家安全战略报告》（年度报告）、《国防战略报告》、《印太战略报告》等一系列战略文件，其重心都是聚焦于大国竞争，要求美军为大国竞争做好准备，在"政治动员、作战思想、装备研发、力量结构等各方面开启了应对新兴军事大国的转型准备"。[①] 美国认为，其

---

① 祁昊天：《疫情下美国总体安全态势演进：大国竞争、经济压力与军事转型》，《国际政治研究》2020 年第 3 期，第 167 页。

相对于潜在对手的军事优势正在削弱,需要采取相应的措施重夺优势与主动权。因此,美国通过推出"印太战略"、建立印太司令部、深化四边机制等一列具体举措,在"印太"地区部署先进军事资产,贯彻新作战理念,以遏制和抵消对手的军事能力和影响力。

在美国的全球军事战略中,印太司令部举足轻重,其前身太平洋司令部是美军成立最早、规模最大、覆盖区域最广的联合作战司令部,负责监督美国在整个亚洲和印度洋地区的军事力量,并把美国的军事触角从太平洋向西延伸,从南极到北极、从美国西太平洋沿岸到印度洋都是它的作战行动范围,编内有近37.5万军人和文职人员,拥有5艘航母、约200艘舰船和近1100架飞机。

从战略意图来看,美国决定把太平洋司令部改名为印太司令部,主要目的包括从海上控制东亚和南亚,增强对亚洲事务特别是地区热点问题的介入能力,遏制大国崛起,同时进一步巩固地区同盟关系,通过加强与日本、韩国、澳大利亚、菲律宾和泰国的联盟关系,扩大与印度的防务伙伴关系,拓展在"印太"地区的军事存在,从而确保美国在"印太"地区的军事优势,并借此分摊美国在该地区的军费开销。实际上,自印太司令部成立以来,美军就没有停止过增兵的步伐,一直不断优化在"印太"地区的兵力部署,加强在该地区的力量建设,初步实现了以诸多军事基地为依托的静态部署和以海空兵力持续存在为体现的动态部署。

此次印太司令部提出"威慑资金"报告,实质上是对上述混合兵力部署模式的进一步深化和优化。虽然该"威慑资金"报告中所提出的多个项目都是原来计划已经存在或者正在执行的项目,比如一些雷达和反导设施的发展计划,以前就存在,只不过现在被重新归类出来,纳入"太平洋威慑计划"里,而根据美国现有的国防预算资金和多年来"口惠而实不至"的做法,再加上美国政权已经更替,拜登政府是否愿意充分有效地为"印太"地区投入过多的资源,还面临诸多不确定性。

总体上来说,美国的"印太战略"实际上是一个寻求绝对军事优势的霸权计划,体现的是以美国价值观为核心主导地区局势,利用域内同盟遏制"竞争对手"的战略意图,因此,美军一直通过高度活跃的军事行动来实现维持美国霸权地位的目的。在这种情况下,印太司令部提出"威慑资金"报告,将会打破该地区现有的军力平衡,进一步刺激相关国家提升防御能力,从而导致整个"印太"地区的安全形势处于一种比较紧张的状态中,并可能引发新一轮的地区动荡与不安。

美军欲建太平洋海军特遣部队，
专注应对地区大国竞争

2021年6月15日，美国政治新闻网站报道，美国正考虑在太平洋地区设立一支永久性海军特遣部队，以对抗该地区大国"日益增长的军事实力"。[①] 同时，该计划还将涉及为太平洋的军事行动创立一个代号，使国防部长在大国对抗方面能够额外分配更多资金和资源。报道还称，英国、法国、澳大利亚等国也可能参与其中。

近年来，美国海军为获得在亚太地区的力量优势，采取了诸多举措。据外媒报道，此次美国在太平洋组建海军特遣部队，是仿照北约在冷战时期的做法，即在欧洲建立一支常备的"大西洋海军部队"。美军此次考虑组建这支太平洋海军特遣部队的主要目的是加强自身在太平洋地区的海上力量建设，以谋求其在这一地区的霸权优势，同时向美国国会申请更多预算，实施新的"海上控制"战略。[②] 这项计划彰显了拜登政府欲加强与太平洋地区"特定大国"对抗的强硬立场，并发出拜登新政府将"认真应对"该地区大国竞争态势的信号，其背后的用意值得关注。

着力增强亚太海上作战态势

冷战时期，为了适应两极对抗格局的需要，北约建立了一支专门的海军特遣舰队部署在大西洋以对抗苏联，其目的是作为一支快速反应部队可以迅速对各种危机作出反应。这支舰队总体规模大约有6至10艘舰船，来自多个北约国家，包括驱逐舰、护卫舰和后勤补给的船只，其作战用途也

[①]《警惕！美媒：美拟在太平洋建"海军特遣部队"，"对抗中国"》，凤凰网，2021年6月17日，https://news.ifeng.com/c/878bAQU0XAg，访问日期：2022年5月19日。

[②] 李大光：《美国"海上控制"战略剑指何方？》，《中国军转民》2021年第24期，第73页。

与一般的水面舰艇编队差不多,例如防空、护航、反潜等。这支部队通常部署周期为6个月,大约半年轮换一次,大部分时间都是在该地区开展航行、参加预定的演习以及进行友好的港口停靠。

随着近年来美国全球战略重心不断向太平洋转移,美国开始考虑如何谋求和维护在亚太地区的海上霸权优势。实际上,目前美国海军在西太平洋地区已经拥有了一支强大的海上作战兵力,作为美国海军第七舰队的任务区,美军在该区域常年部署或者前沿部署一个以航母为核心的航母打击群和一个以两栖攻击舰为核心的远征打击群,可以做到随时对地区事务进行干涉。但在拥有如此明显的海上力量优势的情况下,美军仍计划增加新的常备性海军作战部队,反映出它内在的一种担忧,即这两支战斗群力量在太平洋区域的优势已经大大减弱,必须要增加第三支常备的海上兵力,以缓解在海上与大国进行战略对抗或者战略竞争的压力。

为此,美国总统拜登提名担任下任助理国防部长的埃利·拉特纳声称,要使美军具有一种持久的"有作战能力的前进态势",以阻止所谓大国发动"侵略",并称这种"分散式、适应性强的前沿态势必须与新的作战理念相结合,与现代化、高能力并且随时能打仗的部队相结合,与强有力的盟国和伙伴国军队相结合,这样才能威慑对手避免误判,或在必要时作出反应"。而在此之前,美军已经提出的"多域战"理论,将目标对准俄罗斯、伊朗等国"日益增强的反介入/区域拒止能力",[①]并已经成立了陆军特遣部队。此次美军成立太平洋海军特遣部队,也是落实该多域战理论的一项重要举措,使地区竞争对手面临着同时来自海军和陆军的联合打击,使美军的航母打击群可以在更近的海域采取军事行动,削弱这些国家已经拥有的一些能力,破坏其反干预作战能力。

积极拓展盟友海上力量体系

在海军特遣部队的力量组成方面,目前美军方面只是透露组建一支海军特遣部队的想法,具体这支部队的兵力编成还未对外公布,目前尚不清

---

① 刘朔邑、李博:《美军"多域战"概念探析》,《国防科技》2018年第6期,第108页。

楚这支海军特遣部队是否将包含美国之外国家的舰艇，五角大楼也尚未正式通知美国国会这一计划。

但根据媒体公开报道的相关信息，美国咨询公司特里莫斯集团分析师杰瑞·亨德里克斯日前表示，由于英法等国正在加强其在太平洋的海上军事存在，一支高效的太平洋地区特遣部队应该包括英国、法国等欧洲国家的舰艇，再加上有北约在冷战时期建立"大西洋常备海军部队"的范例，英法两国最近向太平洋地区频繁派遣军舰，可能成为该特遣部队的固定成员。

此外，日本和澳大利亚舰艇也会受邀加入这支特遣部队，特别是澳大利亚既有意愿也有动机。近年来，澳大利亚根据自身对未来国家安全所应关注重点的判断，对美国所谓"印太战略"的不断深化表现出了高度的战略默契。例如，在《2020年国防战略更新》中，澳大利亚就强调要将"印太"地区作为未来国防规划的重点方向，主张发挥其"印太"地区支点国家的特殊作用。而美国也高度重视地缘战略价值和地区影响力不断上升的澳大利亚，将其作为"印太战略"体系构建的关键支点国家，力图打造一个以澳大利亚为主体的南太平洋基地群。

近年来，美澳两国防务关系不断深化，在外交磋商、定期对话、联合演习、情报共享和技术转让等方面都建立起了密切的合作机制。例如，两国已经确定每两年举行一次"护身军刀"联合演习，以战略预警、导弹防御和"反介入/区域拒止"作战等为演练内容，不断增强两军的协同行动能力和作战能力。此次拉特纳在华盛顿对美参议院军事委员会讲话时也宣称，像澳大利亚这样处在最前沿的国家也应在这支拟议的常备军中发挥关键作用。因此，在美国的暗示和明示之下，澳大利亚被邀请加入这支常备军的可能性非常大。

但是，澳大利亚加入美国的海军特遣部队后，也将会成为一项成本极其高昂的决定，澳方不仅要对澳大利亚军队的定位和职能作出重大调整，将人员和设施进行大规模重新部署，同时由于要配合美国在更大范围的区域内展开大规模军事行动，允许美国在澳大利亚部署更多诸如隐身战斗机、大型水面舰艇和核潜艇等先进装备，将使澳大利亚成为美国在"印太"地区的重要驻兵、军火和后勤物资补给点，澳将被绑上美国的"战车"，这些不仅会给澳大利亚自身的国家安全带来重大风险，而且还会极大地改变该地区的力量平衡，导致形成更具对抗性的地缘战略构架，从而为该地区的安全形势增添不稳定性因素。

更加专注应对大国对手的竞争

拜登政府上台后，在应对所谓的"大国竞争"方面仍然不改初衷，在印度洋—太平洋地区动作不断。例如，据美国海军学会（USNI）网站2021年3月25日报道，美国特种部队司令部司令理查德·克拉克上将向美国参议院军事委员会透露，该司令部将与亚太地区盟友合作，针对地区大国竞争对手进行信息战，通过在信息、电子、网络等领域发起进攻，并配备远程精确武器，如高超音速导弹，用于打击陆基和海基目标，为美军在与他国军队发生冲突时扫清道路。[1] 此外，美国《外交政策》杂志网站2021年6月8日报道称，美国印太司令部要求国会在其军费预算中增加近10亿美元，声称要为"该地区可能发生的军事突发事件"做准备。[2]

此次关于组建这支海军特遣部队的建议，是源自美政府国防部长奥斯汀发布的一项内部指令，要求五角大楼内的一个大国竞争特别小组采取行动，以更好地应对大国挑战构成的安全威胁。为此，特朗普政府时期的五角大楼官员埃尔布里奇·科尔比表示，"特遣部队和指定的行动向我们表明，他们将加强在西太平洋部队投入的精力和力量"，指出如果特遣部队专注于西太平洋，无论是明确的还是隐喻的都会发出一个明确的信号，即未来美海军在亚太地区的行动将更加专注于大国竞争。

从未来发展来看，虽然在"大国竞争"的旗号下美国可能会继续推进这支海军特遣部队的组建，但在推进实施过程中或将面临重重阻力。例如，美军在计划组建特遣部队时还要求建立一个正式的规划程序，以为这项任务提供额外预算授权和资源，此外目前美国海军总的兵力规模也是有

---

[1] 张海潮：《美国特战司令部针对中国新成立一支特遣部队，要搞"非常规战争"》，环球网，2021年3月26日，http://mil.huanqiu.com/article/42SjmMatf65，访问日期：2022年2月15日。

[2] 《美印太司令部要求增加10亿军费，扯上"威慑中国"》，环球网，2021年6月10日，https://military.china.com/news/13004177/20210610/39659464.html，访问日期：2022年2月15日。

限的,如果要在太平洋地区新增一支部队,势必就会削减其他区域的兵力和作战舰艇,破坏现有的力量部署平衡,而兵力和舰艇的抽调会带来摩擦和分歧,这些都将会引发国防部内部的矛盾。此外,美国欲吸纳盟国舰艇加入这支部队的做法也面临着问题,到底哪个国家有能力有意愿冒着自身和地区安全环境恶化的风险去支持美国的这个部署,这些都是这支部队未来会面临的现实问题,也将会令该特遣部队在未来能否顺利组建产生较大变数。

美军在关岛推行"敏捷作战部署"，增强体系抗毁性

2021年1月27日，美国媒体报道，为防止关岛安德森空军基地在未来的冲突中被摧毁，美军的F-35和F-16战斗机将在关岛的丛林机场起飞进行演习，通过推行所谓的"敏捷战斗部署"战术概念，增强基地的作战体系抗毁性。[1]

近年来，美国在世界各地建立了规模巨大、功能齐全的海空军基地群，军事存在不断强化。但是，随着其他大国军事实力特别是远程打击能力的快速发展，美军担心一旦爆发大规模军事冲突，其大型空军基地恐将面临灭顶之灾，为此，建设灵活机动的中小基地群、完善基地多样化保障手段，建立简陋的基地以达到最低作战要求，就成为其应对新安全威胁的首选途径，同时美军还陆续提出了"敏捷作战部署""分布式打击""动态武力运用"等作战概念，意图将力量广泛分布在不同的地理空间，随时在多个地区迅速转移，实现兵力分散、火力集中的效果，提高其生存和抗打击能力，同时也可以迫使对手同时应对大量目标，使敌人的防御和进攻计划复杂化，从而继续保持其在世界各地的军事优势地位。

加强关岛基地建设，实现打击能力"点面结合"

关岛位于太平洋西部，是"美军西太平洋作战体系重要战略支点"，[2]部署有战略轰炸机和攻击核潜艇等重兵利器，同时也是美军西太平洋地区航母舰队出发基地，可同时入驻包括2艘核动力航空母舰在内的30余艘各

---

[1] 《怕中国摧毁关岛基地，美F-35将进丛林演习，美媒：前所未有的任务》，环球网，2021年1月30日，https://baijiahao.baidu.com/s?id=1690283009117452707，访问日期：2021年10月15日。

[2] 叶清琳等：《美关岛基地战略前景分析》，《国防科技》2017年第5期，第60页。

型作战舰艇，具有重要的战略意义。

目前，美军已经把关岛建成了一个综合性大型军事基地，拥有规模巨大、功能齐全的海空军基地群。其中，安德森空军基地位于关岛北缘帕提角和阿墙角之间，约占关岛总面积的三分之一，现主驻联队是太平洋空军第36联队。根据美国五角大楼官方提供的数据，该基地可同时入驻包括F-35、F-22、F-16等在内的各型战斗机120余架，B-2、B-52H和B-1B等各型战略轰炸机60余架，C-17大型军用运输机、KC-135R高空加油机、E-2预警机、E-3预警机等各型保障飞机40余架，可实施威慑飞行和战略侦察，为美国印太司令部执行常规和战略区域训练提供保障，同时也为在整个西南太平洋和印度洋范围内因演习和突发事件而进行的军事部署提供支持。

随着所谓"印太"地区安全形势的不断变化，关岛作为美军在太平洋的重要战略枢纽，已经成为美国"印太战略""菱形布局"策略的核心。近年来，美军进一步加强关岛基地的建设，意图将其由一个前沿性后勤支持中心向多功能作战保障基地转变。2020年12月，美国印太司令部司令菲尔·戴维森在国会作证时表示，加强关岛防御系统建设是落实美"印太战略"的首要任务，美国将致力于扩大其位于太平洋深处机场的规模和部署能力，甚至是建造新的机场，以便在发生大国冲突时能够迅速占据主动。根据计划，美国海军还将于2026年在关岛部署陆基"宙斯盾"作战系统，构建多层次立体"关岛国土防御系统"，来实现美军打击能力的"点面结合"。

推动"敏捷战斗部署"，增强作战体系抗毁性

此次美军实施F-35和F-16战斗机在关岛丛林机场起飞的演习，一个重要的目的是实践和完善其正在推行的所谓"敏捷作战部署"战术，即让对保障设施依赖较大的战斗机迅速适应简陋的机场，在特殊时机完成预定作战任务。

"敏捷作战部署"概念最早是2017年由美空军提出的，其内容是改变将机群集中部署在大型机场的传统兵力配置模式，实施"化整为零"的分布式作战部署，从而增强美军作战体系的抗毁性。具体来说，就是要

求部署在大型空军基地的机群，在战时能够向美国及盟友的军用或民用机场迅速转场疏散，以规避对手中远程火力的突击，同时依托大型基地和大量"睡莲"基地，既可从多个基地起飞后组成大编队，从正面与对手直接较量，又能以小编队多方向、多批次发动偷袭，实现机动灵活的打击模式。[①]

与传统大规模编队部署模式相比，"敏捷作战部署"战术更加强调的是让小股作战飞机从简陋的或其他非传统的位置上行动，因此对于机场装备的要求更灵活。目前，美空军正在积极研发实现"敏捷战斗部署"概念的关键保障装备，包括必要的通信、电源、检测、加油等设备，以及快速跑道修复材料，是一套模块化、轻量化、通用化的航空保障装备，平时这些装备保存在大型空军基地，一旦出现威胁，将迅速空运至展开地点，快速将其变成临时性空军基地。如果这些保障装备服役后，"敏捷战斗部署"战术将更具有便于隐蔽机动、灵活反应能力突出和有利于创新机动打击样式等优势，使对手"制空于地"的难度加大。

2019年3月6日，美日澳空军举行了首次多国"敏捷作战部署"演习，美海军陆战队派出1架F/A-18战斗机和1架C-130运输机，演示了如何在前沿简易机场有效运作并保证作战能力，同时强调盟国可在短期训练后掌握相关能力并提升人员任务技能及多国联合作战水平，其核心是通过全球到达和灵活部署提供快速响应能力与空中作战能力，实现多国作战装备和作战人员之间的无缝集成，是检验"敏捷战斗部署"战术可行性的一次有效尝试。

2020年6月，布朗出任美国空军参谋长后，进一步加快推动"敏捷作战部署"的进程，不再追求前国防部长马蒂斯制定的军用飞机80%战备完好率目标，而是通过综合衡量任务执行率、训练时间、部署周期等指标，来考评空军力量的战备能力。与此同时，美军还开始采取一种被称为"动态武力运用"的作战概念，其目的是通过军事力量的动态部署和编组，使相关重大军事部署变得不易预测，从而让美国有能力在短时间内向全世界

[①] 孟浩瀚、程宇博：《化整为零，分布作战：美空军敏捷作战部署概念的现状和展望》，《军事文摘》2022年第11期，第25页。

投送力量，而不会给敌方太多预警时间，与"敏捷作战部署"概念形成了相互补充。从未来发展来看，美空军对"敏捷战斗部署"的推进步伐还将进一步提速，其快速反应能力和全球打击能力也将进一步提高。

优化基地群态势部署，支撑作战体系深化

近年来，随着美国推行"印太战略"力度的加大，对"周边强国"军事能力显著提升也表现出了强烈担忧。2020年4月，美印太司令部司令戴维森在提交国会的1253号议案中，提出要在2021年至2026年扩充200亿美元军费，用来增加印度洋—太平洋地区的军力部署，目前这份议案已经通过了国会两院的审批，正在逐渐实施之中。

从军事部署角度看，美国在所谓"印太"地区军事存在的大致轮廓与结构已在逐步形成。美军通过一方面改造老旧基地，另一方面寻求建立新基地，积极打造出了"少量永久性大型基地+大量临时性前沿小型基地"的新型基地群，使其成为美国维护全球霸权和实施全球战略的重要支撑点。根据2019年12月美国国防部公布的海外军事基地结构报告，美军的海外基地数量已经从鼎盛时期的1000多个裁撤至不足500个，但在"印太"地区的军事基地数量不但没有减少，反而还在增加，足以体现对这一地区的重视。[①]

例如，在西太地区，美国由于担心对手大国越来越严峻的导弹威胁可能会对关岛基地的飞行作战行动造成破坏，为防不测，正在计划于距关岛以北160千米处的天宁岛再建造一处后备空军基地。该基地在安德森空军基地以北约160千米处，可以容纳最多12架空中加油机，每年可进行8个星期左右的军事演习，还可同时入驻包括B-2、B-1B、B-52H等40余架重型战略轰炸机，上百架包括F-22、F-35、F-16、F-18等在内的各型攻击战斗机以及近20架包括电子战飞机、预警机和大型军用运输机等在内的各型辅助战斗机，其机场指挥能力和雷达探测能力以及飞机部署能力等甚至将全面超越关岛安德森空军基地，不但能极大扩充美军位于太平洋深处的机

---

① 杨敏、刘毅：《美国海外军事基地的扩张与调整》，《军事历史》2021年第2期，第102页。

场的规模，而且更重要的是，能将之作为关岛基地的重要"备份"，减小指挥中枢的集中程度，降低敌侦察发现和集中毁伤概率，成为美军新的战略支点，一旦发生地区冲突，分散部署在关岛和天宁岛的舰机便可同时向对手发起进攻，从而构建起"地理上更加分散、行动上更加自由"的部署态势。

此外，在"印太"地区美国还加强了与伙伴国家间的合作关系。目前，美国已经与印度达成后勤协议，允许各自的武装部队使用对方的军事设施，同时美国还在与澳大利亚合作建设巴新马努斯岛的隆布鲁海军基地，这些都是美国依据巩固第一岛链基地群、加强第二岛链关键节点、拓展战略性后备基地整体思路进行的战场部署，意图通过形成冲绳—关岛—帕劳—马努斯岛链的"V"形威慑，不断推动"分布式打击""敏捷战斗部署"新战术概念的深化，从而提升其在这一地区所谓的"战略性前沿威慑水平"。

美军在关岛部署26架隐身战机，寻求大国对抗新模式

随着"印太战略"的不断深化，美军围绕新的作战理念和作战模式，不断举行各种军事演习，并根据不同作战对象和作战目标对演习规模和内容进行调整。2021年7—8月，美国陆军和空军以关岛为中心，举行了一次大规模联合演习，旨在"让对手难以猜测美军如何在冲突期间进行防御和攻击"。[①] 在此期间，美国陆军还与日本自卫队开展了联合空降训练。

此次美国陆军和空军在关岛举行大规模联合演习，其主要意图是验证"灵敏战斗部署"作战概念及这种新型作战模式的成效，通过多样化军事力量部署展示"战略灵活性"，来威慑任何可能挑战美国地位与利益的潜在对手，同时显示其维护西太平洋稳定的能力与决心。在当前大国对抗不断深化的背景下，美国举行这种以检验新作战概念为目的的大规模军演，可能进一步恶化地区安全局势，打破脆弱的地区战略平衡。

验证作战新概念，适应多样化作战需求

近年来，美军的作战理论花样不断翻新，接连推出"全球一体化作战""多域作战""分布式作战""马赛克战"等一系列新概念，军事演习也更加注重对这些新作战概念的验证，通过采取陆、海、空与海军陆战队联合作战以及其他作战模式，应对未来可能出现的全球作战、大规模杀伤性武器威胁和各种不确定状态的低强度冲突等挑战，"在促进军队建设乃至指导打赢局部战争方面发挥了重要作用"。[②]

---

① 《美日在关岛大规模试验演习陆空军联合作战新概念》，智邦网，2021年8月2日，http://www.i-zb.com/27453.html，访问日期：2022年3月26日。

② 焦亮、祁祺：《美军作战概念创新发展问题分析》，《军事文摘》2021年第5期，第54页。

在此次演习中，美国空军和陆军主要验证的是一种"敏捷作战部署"作战模式，这是美军近年来提出的一种新型战争概念和作战方式，具备灵敏、弹性、分散、快速等诸多特点。在演习中，美国陆军出动了4000人的可以迅速部署到战区的部队，演习内容包括空降快速作战、陆海空多域作战、"阿帕奇"武装直升机实弹演习、快速运输"斯特瑞克"装甲车、"复仇者"防空导弹系统和"海马斯"高机动性火箭炮系统等，其目的在于检验和锤炼美战区陆军和野战军向太平洋机动部署陆上作战部队的能力，遂行指挥控制和延伸至大洋洲的全域作战。而美空军则进行了史上规模最大、最全面的"敏捷作战部署"演练，派出了26架F-22A隐身战斗机、12架F-15E战斗机和4架C-130运输机以及约800名空军人员，分散到关岛和天宁岛上的4个基地，重点演练分散式快速空中力量部署来夺取制空权。

美军此次演练所要验证的"敏捷作战部署"战法实际上是这几年美军一直在探索的重要理念与思路，主要意图是避免未来大型基地在战时可能成为集火攻击的靶心，实现最大程度保存有生力量。为此，此次演习要求陆军与空军、海军陆战队和海军进行更深层次的联合作战，可将大批战机快速和"不可预测"地分散部署到太平洋广阔区域上的多个基地，确保在空中、陆地、海上、太空和网络空间以及"灰色地带"等所有领域击败对手。从此次演习的作战方式与流程来看，可以看出"敏捷作战部署"模式完全符合美国国防部近年来所推行的"多域战"思路，通过快速、安全地共享情报和目标数据，在海上、空中、太空和网络空间以及陆地上紧密集成分布式的打击火力，在增强战斗力的同时兼顾生存力，以更加适应未来战场复杂环境，实现向多样化战争模式的转型。

实施联合空降训练，深化美日防务合作

拜登政府上台后，试图打造所谓"以价值观为基础"的新型盟友体系，通过与盟友优势互补，将盟友力量纳入其作战体系中，增加整体打击力量规模和作战能力。在西太平洋地区，加强与日本的防务合作关系成为美国构建新型军事盟友体系的重要内容，正"逐步内化于美日澳印'四国安全

机制'及西方'盟友圈'构建之中"。① 根据美日同盟条约的规定，两国积极构建在指挥关系、作战行动等方面的一体化联合作战体系，不断拓展联合军演的科目内容。

众所周知，空降部队向来是快速干预行动的急先锋，在战争中可以发挥独特的作用，对联合作战体系要求也比较高，不但需要制海权、制空权，还需要进行陆上突击，是美军"多域作战"理念的一个重要体现。在此次演习中，一个重要的亮点就是美国陆军与日本自卫队实施了联合空降训练。据报道，两架美C-130运输机搭载100名日本陆上自卫队成员和150名美军伞兵组成混合空降部队，从日本起飞在关岛进行空降演习，一起模拟对岛屿环境的快速部署和占领。这次空降演习是日本陆上自卫队首次飞往关岛与美军进行的联合空降演练，意图通过这种紧密协作的形式，把两支作战部队融为一支部队，实现真正意义上的广域作战，从而将美日联合作战推向一个新水平。

以关岛为核心，寻求大国对抗新模式

毋庸置疑，应对大国崛起及所构成的威胁与挑战是美国当前军事战略调整的重点，也是美军近期频繁举行军演的目的之一，即获取以可靠方式击退大国对手可能军事威胁的能力。为此，美军在演习中非常重视新型作战理念和战法的运用，积极探索和构想新型作战方案，并采取多种预案来应对可能出现的大规模冲突，这些都使得美军近年来举行的军演具有浓厚的大国对抗色彩。

从对抗区域来看，西太平洋已经成为当前美国进行大国竞争的重点区域。从地缘政治和军事等方面考察，不论是美国的"印太战略""海洋控制"，还是"太平洋威慑计划"和"分布式杀伤链"战法，都表明"美国把与中国战略竞争的方向放在海上，特别是西太平洋"。② 美国防务界已有不少人公开声称下一场大规模战争"应该发生在太平洋，特别是西太平洋

---

① 吕耀东：《拜登政府与美日同盟的发展趋向》，《当代世界》2021年第2期，第25页。
② 滕建群：《论大国竞争背景下美国对华海上博弈》，《太平洋学报》2022年第1期，第92页。

地区"。其中"岛链"战略一直是美国进行大国对抗的重要思路。美国把太平洋上的一个个群岛和岛屿"串成"三条岛链,在每条链上都有"重兵把守",以实现对大国的层层围堵与遏制。

作为"第二岛链"的核心,关岛军事基地一直是美军西太平洋作战体系的重要战略支点,也是美军在西太平洋最大的海空军基地,战略地理位置十分重要。特别是在近年来随着亚太地区国家军事实力不断发展,突破"第一岛链"的能力不断增强,使得"第一岛链"在遏制和围堵大国上越来越形同虚设,美国开始向"第二岛链"收缩,不断加强对关岛基地的军力部署与建设,以大国对抗为内容的各种军事行动也越来越多。例如2021年2月,美国和日本就围绕"敏捷战斗部署"理念,在关岛周边组织开展"多能人员"训练。

此次美军陆军与空军在关岛再次举行以"敏捷作战部署"为目的的大规模联合演习,一方面显示了其更加重视关岛的战略地位,试图把关岛基地打造成其新作战概念实践的战略母港;另一方面也说明它对关岛在大国对抗背景下可能面临越来越大安全威胁的异常焦虑。由于目前亚太地区大国的综合国力、军队规模、军事理论、精神面貌、训练水平,以及武器装备的系统性和先进性等都与过去30多年来美军所遇到的所有交战对手根本不同,远远不是同一个量级,一旦美军与地区大国发生冲突,可能会出现这些国家使用远程导弹,特别是巡航导弹和弹道导弹对关岛固定目标发起大规模火力打击行动的情况,从而使得美军所谓的强大空中优势将成为一堆废铁,甚至进一步丧失对"第二岛链"的控制。

基于这种考虑,加大在关岛的"敏捷作战部署",实现该地区军事力量的弹性、分散与快速分布,已经成为美军在关岛及周边地区试验的新型作战模式。例如,此次演习美军集结的几十架F-22"猛禽"战斗机,在从夏威夷和阿拉斯加两个方向机动至关岛及周边地区后,不再像以前那样只部署在安德森空军基地这一美国空军在第二岛链上最重要的机场里,而是启用了二战后废弃的关岛西北机场以及民用关岛国际机场、塞班国际机场、天宁岛国际机场等,实现了这些基地与关岛军事基地的相互联系和保障,从而在关岛及周边地区形成了一个基地群效应,以更好地应对来自大国可能的远程打击。

从未来发展看，随着大国竞争对抗的不断升级，美军还将会继续探索应对大国作战的新思路。在此次演习前夕，美国太平洋空军副司令乔恩·托马斯和太平洋陆军司令查尔斯·弗林等高级将领举行了一次电话会议，认为"我们的对手在长期研究美国、我们的盟友和伙伴在必要时使用武力的方式""我们不能坐失战机，也不能给他们这个乘虚而入的机会，因此我们准备以不同的方式运作"，表示"要通过具备各种能力的部队——从强行进入到机动部署，拥有快速出动，以及通信、网络、电子战、情报、安全部队援助等，可以快速和大规模地部署，在整个地区执行任务"。[①] 在这种思路的影响下，美军未来可能会将"敏捷作战部署"进一步向澳大利亚、日本甚至韩国方向拓展，通过向这些地方进行兵力部署、调动和集结，实现"快打快收、快来快走"的弹性模式，从而达到威慑和制胜大国的目的。

[①] 《大陆攻台，美军能否快速出动？美军司令答复意味深长》，凤凰网，2021年8月1日，https://news.ifeng.com/c/88MZAp7O0IE，访问日期：2022年5月19日。

美双航母现身菲律宾海，
西太力量部署"报复性反弹"

2020年6月21日，美国海军"罗斯福"号和"尼米兹"号航母编队齐聚西太平洋的菲律宾海，展开了联合训练活动，内容包括防空、海上监视、海上补给、"防御性"空战、远程打击、多兵种协作等科目。① 而与此同时，"里根"号航母战斗群也已离开日本横须贺母港，开始在冲绳东南海域航行，未来在西太地区可能会出现"三航母相聚"的情景。

当前新冠疫情的持续发展对美军地区军力部署构成了严重影响。尤其是美国海军，在应对新冠疫情方面由于措施不力，不仅丑闻频发，而且自身形象严重受损，战备水平和作战能力也都在急剧下降，对于美军和盟友的信心都是沉重的打击，特别是作为战略力量的航母战斗群，在西太部署"停摆"达两个多月，已经成为美军自二战结束以来在西太地区从未有过的"力量真空"，引起了美军高层的高度关注。此次美海军不顾新冠疫情严重，通过采取异常高调的行动，强行派出"罗斯福"号和"尼米兹"号两艘航母云集菲律宾海域实施联训，可以被视为是一种重大信号，表明美军已经开始采取措施来弥补在西太地区的军力缺陷，一方面对其军队士气进行鼓舞，另一方面也向周边盟友传递明确信号，即美国在西太平洋地区的作战力量足以维护地区的安全稳定和应对外来挑战。从未来发展来看，美军还可能会采取更多的举措，从而使得其在西太地区的力量部署出现"报复性反弹"。

---

① 中国国防科技信息中心：《美国海军"罗斯福号"和"尼米兹号"航母在西太地区进行联合军演》，搜狐网，2020年6月24日，https://www.sohu.com/a/403800555_313834，访问日期：2021年11月25日。

恢复"舰队优化反应"部署模式

航母编队是衡量一个国家整体军事实力的重要标准，也是一个大国综合实力的象征。目前，美军的航母舰队是空中、水面和水下作战力量高度联合的海空一体化机动作战部队，主要配有"宙斯盾"防空驱逐舰、反潜巡洋舰和攻击型核潜艇等护航兵力，具有灵活机动、综合作战能力强、威慑效果好等诸多特点，在世界各地的作战运用上发挥了极大的效用，是"美海军实施前沿存在的重要力量"。[1]

此次美军出动在菲律宾海域演习的"尼米兹"号和"罗斯福"号航母编队均隶属美海军第七舰队，作战实力非常强大。其中"尼米兹"号编队由导弹巡洋舰"普林斯顿"号、导弹驱逐舰"特雷特"号、"拉尔夫·约翰逊"号等军舰组成，搭载第17舰载机联队，实行满编部署，共拥有F/A-18战斗机、E-2预警机、E/A-18G电子战飞机、海鹰直升机等约80架战机，该联队已经在加州基地完成隔离和恢复性训练。"罗斯福"号编队则在停靠关岛阿普拉海军基地进行疫情整顿后再次出海，该编队由导弹巡洋舰"邦克山"号，导弹驱逐舰"罗素"号、"拉斐拉·佩拉尔塔"号等军舰组成，搭载的是第11舰载机联队。按照计划，该航母编队在菲律宾海演习结束后将奔赴"印太"地区进行部署。

除了上述在菲律宾海开展双航母编队作战演练的航母战斗群外，6月8日，"罗纳德·里根"号航母战斗群也离开了母港横须贺，率领第15驱逐舰中队的7艘阿利·伯克级驱逐舰和搭载第5舰载航空联队的约80架战机，开始向冲绳东南海域方向航行。值得注意的是，目前"里根"号航母已经开始启用新换装的CANES网络系统（海军下一代船载信息基础设施），可为40多种指挥控制和通信情报系统提供通用计算环境支撑，拥有比未改装航母更高的联合作战效率。未来"里根"号在与"尼米兹"号和"罗斯福"号汇合形成三航母编队后，将会在西太地区形成极大的战略威慑。

---

[1] 陈练：《海上巨无霸今昔：美国航母编队的发展与构成》，《军事史林》2018年第3期，第29页。

从实践来看，美国海军在应对亚太地区的热点冲突时也曾多次出现过三航母战斗群情形。例如，2010年12月，为了应对朝鲜半岛事态，美国派出了"里根"号、"卡尔·文森"号和"华盛顿"号三艘航空母舰前往实施威慑；2017年11月，美国海军"里根"号、"尼米兹"号和"罗斯福"号3个航母打击大队也齐聚西太平洋。不过，当时这3个编队只有"里根"号是在这一区域巡航部署的，而"尼米兹"号当时正准备返回美国本土，"罗斯福"号则要前往地中海方向。[①] 此次三航母的部署则大不一样，这三艘航母都是直属于美军印度—太平洋司令部第七舰队，是在美军印太司令部指挥下的统一行动。"里根"号和"罗斯福"号目前的任务都是在西太平洋进行巡航，而"尼米兹"号虽然进行的是"环球"海上安全行动，但其行程的头一站便是西太平洋海域。因此这三艘航母的任务更具针对性，在西太平洋的存在也相对更加持久，既可以进行比较复杂的演习或者作战行动，也可以在几个战略方向上对西太平洋区域产生影响，标志着美国海军自2018年以来针对"竞争大国"实行的"舰队优化反应部署模式"又恢复到了新冠疫情暴发之前的水平。

强力"秀肌肉"提升美军士气

过去一段时间，美军的航母纷纷出现新冠病例，尤其是"罗斯福"号航母，成为新冠疫情暴发式传播的一个重灾区，近半数人员被检测出感染新冠病毒，全舰人员下船隔离而且舰长被撤职，在关岛停泊了长达55天之久。而随后美国海军公开的该舰疫情报告所揭露出的防疫措施疏漏更加令人咋舌。例如，围绕着是否需要测试全体舰员，是否需要所有人尽快上岸，是先测试还是先上岸等问题，海军作战部、海军司令、太平洋舰队、第七舰队、编队等各个层级均一片混乱，暴露出的不仅是一两个人的判断失误，而是在突发疫情面前整个体系的措手不及，使得恐慌与颓废情绪在军中一度广泛蔓延。这也让美军在世界面前大失颜面，对于美军士气也是

---

① 姜浩峰：《"三航母东亚大派对"是一个怎样的剧本》，《新民周刊》2017年第45期，第24页。

一个重大的打击。

此次美国海军在新冠疫情还没有被完全有效控制的情况下，迫不及待地出动三个航母战斗群奔赴前线，一个重要的目标就是通过"秀肌肉"，显示美国海军已经摆脱新冠疫情的困扰，可以在短时间内完成复原工作，来证明美军的实力依旧不容小觑，从而改变国际社会对美军特别是航母战斗力下降的怀疑。例如，"里根"号在出航初始便宣告"这是美国应对疫情最强有力的象征"，美国印太司令部作战行动部门负责人科勒尔少将在接受美联社采访时说："这次西太平洋地区演习，是对美国太平洋舰队特有能力以及对美国维护地区安全与稳定所作承诺的一个强有力的证明。"

填补"力量真空"为强势回归西太造势

截至2020年6月，美国在西太地区共有37.5万名军人，包括海军作战舰员的60%、陆军的55%和近66%的海军陆战队员。[①] 但是，受新冠疫情的影响，美军部署在亚太地区的航母几乎全部染疫，被迫待在基地或船厂进行隔离，使得美海军在该地区一下处于战略真空状态，辽阔的西太海域甚至一度出现只有一艘"美国"号两栖攻击舰而无任何航母巡航的尴尬局面。虽然"美国"号两栖攻击舰也可以搭载F-35战斗机，但毕竟有点势单力薄，难以实现有效震慑，从而使得美国的亚太战略遭受二战结束以来最为严重的冲击。

此次美军急切地派出航母编队再次进入西太地区，一个重要的目的就是要尽快结束这种"力量真空"的尴尬状态，在结束航母"空白窗口期"的同时，也替换早已"人困马乏"的"美国"号两栖攻击舰，让其返回日本基地休整。"尼米兹"号航母编队指挥官詹姆斯·科克少将称，"尼米兹"号虽然被迫提前一个月进入部署周期，但舰员和舰载机飞行员以超常速度完成了战备等级转换、出海前的疫情隔离等工作，在这一过程中，舰员、水兵和舰载机飞行员都已完成部署前的海上训练认证，以确保抵达任务区

---

① 胡波：《如何看当前中美在西太海上的军事摩擦风险》，《世界知识》2020年第17期，第25页。

后就能立刻进入实战状态。而从未来可能出现的三个航母战斗群的作战力量来看，将拥有十余艘大型水面战舰和近200架的攻击战斗机，其作战能力将超过亚太地区绝大多数国家，可以完全改变美国在西太地区近两个月的"力量真空"局面。

此外，这次美国海军迫不及待地出动如此庞大的航母战斗群，另外一个重要目标也是希望藉此来强调美国对这一地区和其他盟国的所谓"承诺"。目前，美军已经在亚太地区的所谓"核心国家"部署有大量高科技和新型武器装备，如在关岛安德森空军基地驻扎有大量战略轰炸机，在韩国和日本也分别部署了"萨德"和陆基"宙斯盾"反导系统。同时，随着美国"印太战略"的不断深化，美军还积极发展与印度和澳大利亚的防务合作关系，力图将在"亚太"地区的绝对优势拓展到"印太"地区。但这种努力都被新冠疫情所阻挡，使得很多国家特别是美国盟友对美海军能否有效维护地区安全的能力产生了较大质疑。为此，詹姆斯·科克少将称："我们的行动，是一个强有力的信息，表明我们致力于亚太区域的安全与稳定。"① 而此次"尼米兹"号航母编队在结束菲律宾海域演习后，将赶赴"印太"地区以继续深化与该地区盟国和伙伴的合作，这些都充分体现出美国对于深化"印太战略"的坚定不移。

但是，我们也要看到，在当前新冠疫情还没有完全得到控制的情况下，美国海军抱着"先开到前线再说"的态度，仓促派出航母编队进行相关军事部署，有可能得不偿失。例如，据媒体消息，6月18日，美海军在进行常规训练时，一架从"罗斯福"号航母上起飞的F/A-18F战斗机，突然在菲律宾海域坠毁。② 这充分反映出美军航母编队在新冠疫情恢复阶段力不从心的窘境，也表明了在没有有效的疫情防控措施的条件下，"大病初愈"的航母要想恢复和维持战斗力还是一件复杂棘手的工作。

---

① 《外媒：美军双航母编队在菲律宾海军演，对中国秀肌肉》，新浪军事网，2020年6月22日，https://mil.news.sina.com.cn/zhengming/2020-06-22/doc-iirczymk8376453.shtml，访问日期：2021年11月15日。

② 《刚重新返回部署半个月"罗斯福"号航母突发舰载机坠海事故》，中国南海研究院网，2020年6月19日，http://www.nanhai.org.cn/info-detail/23/9529.html，访问日期：2021年11月15日。

美军B-1B轰炸机远程赴日联训，疫情期间仍"秀肌肉"

2020年4月22日，美国空军1架B-1B"枪骑兵"战略轰炸机从本土南达科他州埃尔斯沃思空军基地起飞，经过近30小时的飞行抵达日本三泽空军基地，并与美国空军的6架F-16战斗机、日本航空自卫队的7架F-2战斗机和8架F-15战斗机一起，在三泽基地附近开展联合演练，充分体现了美国空军所宣示的其在疫情期间仍具备使用战略轰炸机在全球范围内实施远程战略打击的意图。[①]

远程战略打击力量是美国维护世界霸权地位的重要手段，美军正在采用"系统家族"的全新概念发展"下一代远程打击系统"。[②] 随着近年来美国"印太战略"的不断深化，在"印太"地区举行的联合军事演习日趋频繁，规模也不断扩大。此次新冠疫情的暴发，对美国航母在内的战略力量造成了较大影响，并在一定程度上对美国的海外军事行动构成了制约。美军的此次远程奔袭行动是由美国印度—太平洋司令部与美国战略司令部轰炸机部队联合举行的一次军事行动，一方面是强力宣示了其在疫情期间仍然具有全球远程打击的能力，另一方面也是其"动态武力运用"新作战概念的一次实践。

有效展示美军的全球远程战略打击能力

B-1B"枪骑兵"轰炸机是美国20世纪80年代研发的一款超音速后掠

[①] 《本土出动！美媒：美B-1B轰炸机赴日联训展示动态武力》，《参考消息》2020年4月24日。

[②] 范张勋、刘程：《全球打击——美军"下一代远程打击系统"》，《军事文摘》2019年第8期，第54页。

翼战略轰炸机,是当时世界上第一款真正服役的超音速战略轰炸机,最快速度接近2马赫,有效作战半径达5500公里,可至少携带（单独计算）80枚MK80系列低阻力通用炸弹或水雷、20枚JDAM系列制导炸弹、30枚CBU系列集束炸弹、10枚巡航导弹等多型弹药,被认为是目前世界上威力最强大的战略轰炸机,与B-2"幽灵"、B-52"同温层堡垒"一起,被称为美国空基核威慑的"三驾马车"。历史上,B-1B轰炸机在美军对外军事行动中发挥了重要作用,多次赴世界各热点地区进行战略威慑。

此次全球新冠疫情的暴发,对美国军事力量,特别是战略威慑力量造成了重大打击。根据美军发布的信息,美军航母舰队、驻外基地、特战部队、新兵训练中心等地区的确诊病例都在持续增加。美军已有多艘航母因为病毒传播被迫暂停执行作战任务。例如,"罗斯福"号航母在出现大规模疫情后,被迫停靠关岛,绝大多数舰员下船隔离,丧失了战斗力,而其他航母也陆续出现了确诊病例,使得美国在二战结束后第一次出现了太平洋上无航母的"空窗期",这对美国的形象和美军的士气都造成了沉重打击。

关岛是美军在太平洋的一个重要军事基地,驻扎关岛的轰炸机一直是美国在该地区力量投送和威慑能力的基石。此次出于对关岛当地疫情发展的担忧,美国空军于4月17日宣布,将停止向关岛安德森空军基地不间断地轮流派驻战略轰炸机,并将原本部署在关岛的5架B-52H战略轰炸机在没有轮换机队的情况下飞离关岛空军基地,结束了美国空军自2004年以来从未间断执行的"轰炸机持续存在任务"。① 这一举动又造成了美军在太平洋地区陷入既无航母又无战略轰炸机可用的局面。这不仅引起美军高层的极度不安,也使得盟国对于美国能否继续承担相应防务责任忧心忡忡。

此次美国打着"维护地区安全稳定"的名号,从本土紧急派出战略轰炸机远程奔赴日本开展联合演练,实际是美国为了应对上述尴尬局面而在疫情期间强行"刷存在"和"秀肌肉"的一项重要举措。正如美国太平洋空军司令查尔斯·布朗将军所言,美国虽然暂时停止了海外军事行动,但仍拥有强大的全球远程打击能力,可以从全球范围内征调战略打击力量,

---

① 张亦驰:《美16年来首次撤走关岛所有轰炸机,将削弱对亚太威慑》,新浪网,2020年4月21日,https://mil.news.sina.com.cn/world/2020-04-21/doc-iirczymi7474432.shtml,访问日期:2021年12月20日。

应对无形的全球威胁和打击任何军事侵略行为，因此仍然是一支具有致命性、创新性和可互操作性的作战力量。而B-1B战略轰炸机的这一优秀表现，也让美军再次动摇了退役该机型的决心。美国空军副总参谋长等高级官员均在不同场合表示，美军将不再继续退役B-1B轰炸机，而是为其配备高超音速武器和远程防区外打击武器，努力恢复和提升其作战能力，从而更好地让其维护美军全球空中霸权的优势地位。

持续推进美军"动态武力运用"作战模式

近年来，为了应对所谓的"大国竞争对抗"，美军除了大力发展高超音速武器、防区外打击武器、中程弹道导弹等防区外远程打击武器，还在积极探索更多新的作战概念，如，"突出一体化威慑，加快动态武力运用，全谱优势、全维敏捷、全域作战转型"等，[①] 并以此调整军力部署和运用模式。根据美国《国防战略报告（2018）》所提出的要实现战略可预测性和作战不可预测性的目标，美军开始越来越多地采取一种被称为"动态武力运用"的作战概念。该概念要求美空军能够在得到临时通知并几乎不让敌人获得提前警告的情况下，向世界各地投送军事力量和进行重大军事部署，从而实现所谓"战略可预测性"和"作战不可预测性"的完美结合，对潜在对手形成极大威慑。

在该新型概念形成之前，美国空军一直执行的是一种"轰炸机连续驻扎"行动模式，即确保至少有一支远程重型轰炸机特遣队随时驻守在具有战略意义的基地，以应对该地区可能出现的紧急情况。为此，2004年美国空军向关岛安德森空军基地派出了B-52H轰炸机、B-1B超音速轰炸机和B-2A隐身轰炸机，执行为期6个月的驻扎，驻扎在关岛的轰炸机一直是美国在该地区进行力量投送和构建威慑能力的基石。而随着"动态武力运用"新型作战概念的提出，美国空军开始转变其作战力量的部署模式，使其具有更大的作战灵活性，特别是进一步充分发挥战略轰炸机全球远程投送能

---

① 郑杰光：《应对疫情挑战，能力建设呈现新特点》，《国防科技工业》2021年第12期，第2页。

力,以保证其在美国本土和海外地区进行作战。

为此,美国空军开始停止向关岛安德森空军基地不间断地派驻战略轰炸机的做法。4月17日,美国空军宣布,将原本针对潜在对手而在关岛开展活动的5架B-52H战略轰炸机在替换机型没有到位的情况下撤回本土。而在此之前,美国空军已经在试验性地向太平洋地区及欧洲不太常见的部署地点进行远程派遣轰炸机。美国战略司令部女发言人、空军少校凯特·阿塔纳索夫称:"我们要将轰炸机永久驻扎在美国,照我们选择的时机和节奏在'印太'地区活动。"[①] 而此次美军从本土出动战略轰炸机远程奔赴亚太实施战略威慑,也是其对新的"动态武力运用"作战理念的一次重要运用。

从本质上来看,美空军从"连续驻扎行动"转向"动态武力运用",其实质就是把以前的固定地点部署兵力,改变为随机地点部署兵力。这种模式一方面可以加强对敌人的反侦察,使对手不易掌握美军战机部署的动向,另一方面也可以将作战力量进行前沿部署,特别是以小编组形式灵活机动地部署到对手周边,在出其不意地对敌进行打击的同时,也可防止被对手的火力打击集中摧毁,因此具有很强的灵活性和更大的威慑效果。

努力塑造美"印太"地区军力部署新模式

与以往许多重大战略都由总统亲自主导不同,此次特朗普政府提出的"印太战略"更主要是由军方负责实施和推动,因此该战略在内容上更加重视军事合作,特别是美军在2018年5月将"太平洋司令部"更名为"印度洋—太平洋司令部"后,"印太战略"的"军事化"色彩更加浓厚。[②] 目前,美国已经将强化和盟友以及合作伙伴的军事合作视为实施"印太战略"的优先任务,并把举行联合军事演习作为实现该战略意图的重要途径,不仅实战特征越来越明显,同时还呈现出类型多元化、频度繁密化和功能战略

---

① 《本土出动!美媒:美B-1B轰炸机赴日联训展示动态武力》,《参考消息》2020年4月24日。

② 杨震等:《"印太战略"框架下的美日海权合作》,《国际关系研究》2020年第6期,第112页。

化等诸多特点。

此次美军派出的B-1B战略轰炸机抵达日本后,将与6架美国空军F-16战斗机以及7架日本航空自卫队的F-2战斗机、8架F-15战斗机一起组成机群,在三泽基地附近开展联合演练。这实际上也是美国印太司令部和战略打击司令部组编轰炸机特遣部队执行训练任务的重要部分,表明了美军在落实"印太战略"方面的举措越来越深入,与盟友的合作也在不断强化。实际上,此次演习是美军与日本自卫队在新冠疫情暴发后开展的第二场以战略轰炸机为核心的双边演习。早在2020年2月3日,美国空军的两架B-52轰炸机、6架F-16战斗机已经在三泽基地附近与日本超过45架战机开展了整合演练。当时,这些美军轰炸机是从关岛的安德森空军基地和北卡罗来纳州的米诺特空军基地起飞的,美国太平洋空军在演练后发表声明称,与日本的训练飞行展示将有助于"我们和盟友的团结,以及显示共同维护印亚太地区和平与安全的决心"。针对此次从本土派B-1B赴日参训,美太平洋空军司令部司令查尔斯·布朗宣称:"将B-1B战略轰炸机从本土投入战场,可以确保我们与日本方面的双边互操作性,让我们能够整合各种飞行行动,为应对印度—太平洋地区迅速增长的威胁做好准备。"

此外,在"有原则的现实主义"[①] 和"美国优先"的新版国家安全战略指导下,美国还正在努力构建一种以日本和印度为东西两翼,以澳大利亚为连接两洋南锚的美日澳印"四边机制",从而更好地发挥盟友的支持作用。为此,除了与日本加强演练外,美军与澳印也建立了密切的防务合作关系。例如,2017年11月27日,美国空军的两架B-1B"枪骑兵"战略轰炸机抵达澳大利亚安伯利空军基地,参加了在这里举行的"闪电聚焦"多国联合军演;2020年2月24日,美国总统特朗普又首次访问印度,达成了30亿美元的武器采购意愿,推动两国防务合作上升至一个新水平。[②] 随着美日澳印"四边机制"的不断深化,远东"小北约"框架正逐渐呈现。

总体来说,在未来很长的时间内,"印太"地区将是美国军事战略的关

[①] 刘雨辰:《"有原则的现实主义":特朗普政府的外交学说及其影响》,《江南社会学院学报》2019年第2期,第53页。

[②] 《特朗普今起访问印度,美印将签署30亿美元军事采购协议》,中国新闻网,2020年2月24日,https://www.chinanews.com.cn/gj/2020/02-24/9103119.shtml,访问日期:2021年12月5日。

注焦点。在"动态武力运用"作战概念的指导下,美国将进一步加强在该地区的军事力量部署和使用的灵活性,并通过与盟国和伙伴国家之间构筑的联合运作态势,提高集体作战能力,使之最终成为美国塑造地区乃至全球力量新模式的主要手段,同时也有助于其实现与大国对抗的新构想。

美澳强化军事合作，
欲建"太平洋统一阵线"

2020年6月24日，美国宣布将向澳大利亚部署RQ-21"黑杰克"无人机，以支持其海军部队轮换。①这些无人机将被用来监视远程作战空间，并向部队指挥部传递信息。轮换部队主要由来自加利福尼亚州的29棕榈树的美国海军陆战队、来自加利福尼亚州彭德尔顿营的战斗后勤第5营和来自冲绳的第3海军陆战队远征部队的一个指挥分队组成。

在美国的亚太同盟体系中，美澳同盟一直是个薄弱环节，所处的地位和发挥的作用远比不上美日同盟和美韩同盟。但由于澳大利亚位于印度洋—太平洋交汇之处，其特殊的地理位置使其当之无愧地成为美国在亚太地区的战略"南锚"，②发挥着越来越重要的作用。从军事价值来看，澳大利亚不仅可提供相关基地设施为美国前沿军力使用，而且还可通过实施联合军事行动向美军提供战略支援，从而为维护美国在亚太地区的主导地位提供重要支撑。

推动美澳军事合作不断深化

美国与澳大利亚的军事同盟关系由来已久，澳历届政府都把与美国的同盟机制作为其防务政策的压舱石。澳大利亚由于其特殊的战略位置和强大的地区影响力，加之与美国的文化相似性，多年来一直同美国保持着密切的军事合作关系。

---

① 《RQ-21无人机：美国海军陆战队首次在澳大利亚部署》，网易网转载比利时国防全球安全军工业网，2020年6月29日，https://www.163.com/dy/article/FG8OMTFK0511PT5V.html，访问日期：2021年12月25日。

② 许善品：《走向失衡：澳大利亚平衡外交新动向》，《太平洋学报》2020年第8期，第56页。

早在二战时，澳大利亚作为美对日作战的前沿基地，澳军与美军在亚太地区并肩作战。1951年9月两国签署《澳新美安全条约》，标志着美澳军事同盟正式形成。长期以来，澳大利亚作为美国的传统盟国，成为美国实现亚太战略甚至全球战略的重要依靠，也是美国介入亚太事务的重要工具和围堵其潜在对手的重要盟友，澳在美国的亚太安全战略中有着越来越重要的作用。

2014年8月，时任美国国防部长哈格尔和国务卿克里联袂访问澳大利亚，签署了一系列军事合作协议。根据这些协议，在未来25年内，澳大利亚将把达尔文基地作为美军永久性的军事基地，允许美国海军陆战队和空军在此训练和驻扎，并计划于2017年部署2500名美军陆战队员。[①] 此外，美国还在澳大利亚北部建立了联合军事训练中心，部署了更多的轰炸机和包括"全球鹰"在内的情报监视侦察飞机，并不断扩大在澳大利亚的军事卫星控制设施。

在军备采购方面，美国近年来大幅度降低了对澳军售门槛，澳大利亚有近50%的武器装备进口自美国。目前，美澳已经签署了72架的F-35隐形战斗机的采购合同，并决定对现有的F/A-18"超级大黄蜂"战斗机进行升级改造，以进一步提高其制空和对陆、对海作战能力，并逐步构建以E/A-18G"咆哮者"电子战飞机为中心，由"楔尾"机载早期预警和控制飞机、侦察机和无人飞机等组成的信息作战体系，全面提升信息作战能力。未来，美国还将陆续向澳大利亚出售8架C-17A"环球霸王"重型运输机、12架C-130J"大力神"改进型运输机、10架C-27J"斯巴达人"运输机、10架CH-47F"支奴干"直升机，不断提高空中投送和支援保障能力。

除了购买武器外，美澳还加强了在军事训练、联合演习、情报共享和技术转让等方面的合作，双方在战略规划、战役推演、军事协同、地区合作、技术转让、后勤保障等方面都建立起了密切的合作机制，不论是"澳新美安全同盟"机制还是"澳美部长级会议"机制均得到了强化。[②] 2012年8月，澳大利亚少将理查德·珀尔被任命为美国太平洋司令部陆军副司

[①] 慕小明、刘力：《澳大利亚在中美"两边下注"的战略考量》，《中国青年报》2016年5月5日。

[②] 陈洪桥：《美国亚太再平衡战略下的美澳合作》，《当代亚太》2014年第1期，第58页。

令，负责美国太平洋战区陆军的训练以及美军与东南亚国家及澳大利亚、新西兰等国军队的交流与合作。[1] 这是美国军队历史上首次由外国人担任高级指挥官，体现了美澳两国极不寻常的关系。美澳还定期举行防长和外长"2+2"会谈，就重要国际问题和军事行动进行交流与磋商。此外，美澳还加强海空联训，不断提升美海军在澳附近海岸的行动频率，增加联合演习、联合训练和联合行动的次数，拓展双方安全合作的新领域，尤其是加强在反恐和网络空间安全方面的合作，以共同应对双方所面临的各项安全挑战。

美国亚太安全同盟体系更加完善

目前，美国"印太战略"正在不断深化，对南海争端的介入力度也在不断加大，美军迫切需要寻找合适的军事基地作为依托。据《悉尼先驱晨报》称，美国目前看中的澳大利亚军事基地有5处，分别是位于澳大利亚西北角的霍尔特海军通信站、达尔文市的库纳瓦拉海军基地、西澳大利亚州的斯特林海军基地、昆士兰州汤斯维尔市的拉瓦拉克陆军基地和澳北部的布拉德肖野外训练场，这些基地拥有完善的装备设施、充足的物资供应以及熟练的维护人员，可以满足美军在距离本土很远的地方部署部队的需要。此外，澳大利亚还拥有广袤的土地和海洋，美国可以在此部署诸如隐形战斗机、大型水面舰艇和核潜艇等先进装备，并使用大范围的武器靶场，进行大规模训练，是美军日常训练和轮换的最佳选择。如果可行的话，美国计划将澳大利亚打造成其在亚太地区的最重要的驻兵、军火和后勤物资补给点。

为此，美国一直积极与澳大利亚协商使用其军事基地的问题。2016年3月9日，美国太平洋空军司令洛丽·罗宾逊宣布，美国打算派出远程重型轰炸机和空中加油机驻扎在澳大利亚北部达尔文和廷德尔空军基地，并进行常规轮换工作，这将为太平洋司令部提供在亚太地区进行全球打击和

---

[1] 《美军任命澳大利亚将领出任陆军太平洋副司令》，中国新闻网，2012年8月22日，https://www.chinanews.com.cn/gj/2012/08-22/4123667.shtml，访问日期：2021年12月19日。

威慑的能力，并使得美国出兵南海更加便捷。从地理位置来看，达尔文和廷德尔基地距中国大陆4500公里，距南海约3000公里。如果将B-1B战略轰炸机部署于此，一方面可以规避弹道导弹的打击，另一方面还可与关岛基地和迪戈加西亚基地形成犄角之势，从而对整个"印太"地区形成战略威慑。

此外，为了拓展美国的亚太安全同盟体系，澳大利亚还积极参与美国与亚太地区其他国家的联合军事演习。2016年4月5日，澳大利亚首次派出80名军人参加了美菲在南海地区举行的"肩并肩"联合军演；4月15日，澳大利亚又首次允许日本海上自卫队军舰与潜艇停靠港口，从而构建起美澳日、美澳日韩、美澳新、美澳日菲等多边军事同盟关系链条，将美国的亚太同盟安全关系由双边拓展到多边，极大完善了当前美国的亚太安全同盟体系，并使得澳大利亚成为美国控制太平洋和印度洋的战略支点，进一步深化和拓展了其"亚太再平衡战略"的实施。

大力提高澳大利亚的地区影响力

长期以来，澳大利亚一直试图在亚太地区乃至全球范围发挥更为重要的作用，其战略规划不局限于国土防御层面，还包括确定澳大利亚周边地区和与其战略利益相关的领域，同时应对其他国家及非国家行为体给澳大利亚带来的各种挑战。2016年2月25日，澳大利亚发布新版《国防白皮书》，计划增加9艘护卫舰和12艘近海巡逻舰，并将潜艇由6艘增加到12艘，同时提高F-35"联合攻击战斗机"的采购数量；[①] 此外，澳大利亚还计划加强对军事情报的监视和侦察，增强军队太空战、电子战和网络战的能力，建立现代化信息系统，全面升级澳大利亚国防基础设施，干预地区事务的"胃口"越来越大。

从美澳同盟建立的基础来看，由于澳大利亚与美国拥有共同的意识形态、文化价值观和安全利益，因此历届政府均把美澳同盟机制作为其防务

---

① 王璐菲：《澳大利亚〈2016年国防白皮书〉列出澳军能力建设目标》，《防务视点》2016年第5期，第5页。

政策的压舱石,在安全问题上一直坚定扮演着美国的可靠盟友角色。历史上,澳大利亚几乎参与了所有由美国主导的在朝鲜、越南、海湾、伊拉克和阿富汗的战争,并协助美军在南海进行了长达数十年的活动。澳大利亚认为,加强与美国的军事合作关系,不仅可以增强其自身实力,维护其国家安全,而且还可以提升澳大利亚的国际地位,有助于在亚太地区扮演更为重要的角色。

美澳构建"绝密防御合作框架"，达尔文成新增长点

2020年7月27日，澳大利亚外长玛丽斯·佩恩和防长琳达·雷诺兹抵达美国首都华盛顿，与美国国务卿蓬佩奥及国防部长埃斯珀展开"2+2"磋商，并于会后发表联合声明，宣布将以澳大利亚北部港口城市达尔文为中心，构建一项最新"绝密防御合作框架"，以强化两国联合军事训练的力度与深度，并承诺在该地区以及印度洋"加强和规范海上合作"。[①]

近年来，随着美国"印太战略"的不断深入，迫切需要寻找更多合适的军事基地作为依托，澳大利亚由于地缘位置特殊，战略价值不断上升，已经成为美国推动"印太战略"体系构建的关键支点国家，两国防务关系不断深化，在外交磋商、定期对话、联合演习、情报共享和技术转让等方面都建立起了密切的合作机制。此次美澳不顾全球新冠疫情严重，专门举行高级别部长会谈，并决定构建最新"绝密防御合作框架"，极大显示了两国对未来防务合作新框架的重视。但从未来发展来看，该框架的构建将使"印太"特别是南海地区的问题更加复杂，并导致形成更具对抗性的地缘战略构架，极大增加了地区安全的不稳定性因素。

达尔文港地缘优势明显，成为美澳防务合作新增长点

达尔文港是澳大利亚北领地的首府，在第二次世界大战期间曾是盟军重要的军事基地，也是唯一经受过战争洗礼的澳大利亚城市，拥有重要的出口港口和军事基地，战略和军事价值非常突出。

[①] 《有意针对中国，澳将与美国建立"绝密防御合作框架"》，新浪网，2020年8月2日，https://mil.news.sina.com.cn/china/2020-08-02/doc-iivhvpwx8769963.shtml，访问日期：2022年5月9日。

早在2011年，奥巴马政府提出"亚太再平衡"战略时就瞄上了达尔文港。经过长期的谈判与协商，2014年8月美澳签署了一份关于允许美军使用达尔文基地的军事合作协议。根据这份协议，在未来的25年时间里，澳大利亚将允许美国海军陆战队和空军在此进行训练和驻扎，最高可部署2500名美军陆战队员。2016年3月，美国太平洋空军司令洛丽·罗宾逊又宣布，美国将派出远程重型轰炸机和空中加油机驻扎在澳大利亚北部达尔文和廷德尔空军基地，并进行常规轮换工作。

为了更好地发挥达尔文基地的作用，澳大利亚近年来不断加大对基地的建设投入。2019年12月，澳国防部决定投资7.15亿美元以升级基地的重要军事设施。澳大利亚防长佩恩称，投资将主要用于升级达尔文的库纳瓦拉海军基地，以及附近的拉腊凯亚军事防区，包括新建能停靠直升机航母的码头、扩建或升级基础设施和加油设备等。根据计划，该项目将于2023年完工，届时基地和防区将能容纳更多的美国军舰。此外，在此次美澳联合声明中，美国还宣布将在该市建一个商业模式运营的战略燃料储存系统，并将此作为加强美国"燃料弹性供应的重要步骤"，进一步体现该地区作为重要能源储备的功能。

总体来看，此次美澳决定在达尔文构建"绝密防御合作框架"，是自2012年美国海军陆战队在达尔文市驻扎以来，双方防务合作关系的一次大发展。可以预测，如果该框架能如期构建并投入运行，达尔文基地的战略地位将会得到进一步提升，成为美澳同盟军事合作的新增长点。

美寻求更多的军事基地，企图改变地区力量态势

目前，随着美国"印太战略"的不断深化，迫切需要寻找更多合适的军事基地作为依托。据报道，除了达尔文军事基地外，澳大利亚此前已经向美国开放了中部地区的松口（Pine Gap）联合情报和通讯站，并计划在北部海岸距离达尔文港不远的地方再建一个新的深水港，供美国海军陆战队使用。此外，澳大利亚还将在靠近印度洋的西澳地区修建能够驻泊美军大型核动力航母的基地，在北部临近两洋的交汇处修建用于在两洋地区进行大范围战略侦察的"全球鹰"基地和可供数万名美国海军陆战队驻守的

大型军事要塞，以及在东部毗邻群岛天然屏障地区修建美军核潜艇基地。

这些大型军事设施明显具有兼顾两大洋的特性，旨在加强美澳两国在两大洋的军事攻防能力。如果投入使用，美国将可以在更大范围的区域内进行大规模训练，并在澳大利亚部署更多诸如隐形战斗机、大型水面舰艇和核潜艇等先进装备，将澳大利亚变成其在"印太"地区最重要的驻兵、军火和后勤物资补给点，这将不仅降低美军在澳大利亚地区部署的脆弱性，同时还能够强化美国在南太平洋的军事存在和力量投射能力，极大改变该地区的力量态势对比。

未来的美澳合作范围将继续深化，但并非亲密无间

澳大利亚与美国是盟友关系。对于澳大利亚来说，由于自身实力有限，其国家安全、军队建设、国防研究和技术开发等在很大程度上都依赖于美国的帮助。目前，澳大利亚有近50%的武器装备是从美国进口的，两国已经签署了72架F-35隐形战斗机的采购合同，并决定对现有F/A-18"超级大黄蜂"战斗机进行升级改造，以进一步提高制空和对陆、对海作战能力，并逐步构建以E/A-18G"咆哮者"电子战飞机为中心，由"楔尾"机载早期预警和控制飞机、侦察机和无人飞机等组成的信息作战体系，全面提升信息作战能力。

随着美国"印太战略"的不断深化，澳大利亚还根据对未来国家安全所应关注重点的判断，对美国"印太战略"表现出了高度的战略默契，紧密配合美国，不断扩大在"印太"地区的军事活动范围。例如，在最近发布的《2020年国防战略更新》中，澳大利亚就强调要将"印太"地区作为未来国防规划的重点方向，主张发挥其"印太"地区支点国家的特殊作用。[①]

而对于美国来说，则是看中了澳大利亚特殊的地缘位置和地区影响力，将其视为实现地区乃至全球战略的重要依靠，力图打造一个以澳大利亚为主体的南太平洋基地群，使其变成围堵中国包围圈的一个重要环节。

---

① 肖欢:《澳大利亚国防战略的调整及对印太安全形势的影响》,《外语学刊》2021年第1期,第52页。

美澳近年来非常重视两国之间的联合演习，将其作为深化军事合作关系的重要内容。例如，两国已经确定每两年举行一次"护身军刀"联合演习，以战略预警、导弹防御和"反介入/区域拒止"作战等为演练内容，不断增强两军的协同行动能力和作战能力。2020年7月21日，美国又在关岛附近的菲律宾海举行了大规模海上演习，澳大利亚派出了包括"堪培拉"号两栖攻击舰打击群在内的5艘舰艇参加，以配合美国的行动，产生了较大的地区震慑力。

在此次美澳举行的"2+2"磋商会谈中，一个重要的议题就是讨论如何在"印太"地区和全球范围构建和深化所谓的"牢不可破的盟友关系"，并决定成立一个双边小组，专门协调"印太军事联合行动"。此外，两国还决定加强在弹道导弹、高超音速防御技术、电子战和太空战等众多新型防务领域的合作，并计划签署多项加强军事合作、发展国防技术的协议。

从未来发展来看，为了共同应对各项安全挑战，美澳两国还将继续扩大合作的领域和范围，并呈现出日益地区化和焦点化的趋势。但是，澳大利亚在积极发展与美国的防务合作关系的同时，也会对美国保持一定的警惕和距离，特别是近年来特朗普政府采取的"美国优先"政策和单边主义倾向，使得澳大利亚对美澳同盟关系的未来产生了极大的不确定感，不会与美国走得太近。例如，截至目前，澳大利亚仍然不接受美国在澳大利亚建设永久性军事基地，而是仅限于允许美军无偿使用其军事基地；在南海问题上，虽然澳大利亚经常在嘴上帮美国说话，但在实际操作上却按照自己的计划行事。在此次"2+2"会谈中，澳大利亚就抵制了美国让其在南海争议海域举行"航向自由演习"的要求。澳外长佩恩称，虽然美澳两国是亲密盟友，但并非在所有问题上的观点都完全一致，表示澳大利亚所做的一切决定或判断都必须要符合自身的国家利益与安全，"澳大利亚的立场由我们自己决定"，[①] 这些都凸显了澳大利亚在处理对美关系上还是保持着一定的理性和克制，也表明了澳大利亚未来不会将自己盲目绑定在美国的战车上，成为美国全球遏制战略的"马前卒"。

---

① 龙玥：《澳外长访美，态度突然暧昧：无意伤害与中国的重要关系》，观察者网，2020年7月29日，https://m.guancha.cn/internation/2020_07_29_559379.shtml?s=wapzwyxgtjdt，访问日期：2021年12月18日。

美放松对印度无人机的出口，美印防务合作升温但难以结盟

2020年10月27日，在印度与美国外长加防长的"2+2"会谈上，美国宣布放松对印出口先进无人机的限制，允许印度大量购买美国通用原子公司研制的MQ-9"死神"无人机，据称总数达30架，总价值达30亿美元。[①] 在此之前，美国已经批准向印度出口MQ-9B无人机，使得印度成为首个购买该型先进无人机的非北约国家，此次美国宣布放松对印度的出口限制，标志着两国防务关系又上了一个新台阶，同时也体现出了美国希望把印度拉入其全球战略布局的深层次考虑。

提高印度海洋态势感知能力

随着世界无人机技术的蓬勃发展，印度早就有引进或自主生产无人机的计划。2016年11月，印度自行研制的无人机"武士-2"成功首飞，但各项指标仍明显落后于同时代的其他产品，距离服役更是遥遥无期。为此，印度开始将目光转向了国外采购。但由于其传统武器进口国俄罗斯在无人机领域方面技术落后，因此美国成了其青睐的重要对象。

MQ-9B是美国通用原子公司在MQ-9"死神"无人机基础上升级的多用途察打一体无人机，2012年开始研制，2016年11月首飞，计划于2018年开始交付该机的生产型。印度此次购买的是美国海岸警卫队定制的版本，其特点是增加了对海搜索雷达等专用模块，主要用于在开放海域和近岸水域监视，最大平飞速度约为389千米/小时，可在上万米高空持续巡航

---

① 《美国放松无人机出口限制，印度可能会采购MQ-9"收割者"无人机》，快资讯，2020年8月2日，https://www.360kuai.com/pc/94cc52b210b88d60a?cota=3&kuai_so=1&sign=360_57c3bbd1&refer_scene=so_1，访问日期：2021年5月15日。

超过35小时,2019年5月,该机甚至创造了长达48.2小时的巡航纪录,可以说是当今世界上最先进的海上无人机,具有出色的海上侦察能力。

根据计划,印度军方在购买MQ-9B后,将其部署到安达曼群岛一带。该地区位于孟加拉湾和安达曼海之间,是印度在东南亚的战略前哨,可以控制整个孟加拉湾和马六甲海峡的西段航道,被认为是监视中国海军的绝佳位置。在这里,印度海军部署了大量的巡逻艇、导弹快艇、登陆艇,经常以演习为名游弋在马六甲海峡和安达曼群岛之间。

印度认为,目前中国在印度洋最为活跃的力量是潜艇部队,每年都有多艘常规潜艇或核潜艇在印度洋巡航,而要在广袤的大洋中搜寻水下目标,具备长时间巡航能力的飞机必不可少。之前印度曾购买过美制P-8I"海神"巡逻机,但后者飞行成本较高,且搜寻时间也无法和远程控制的无人机相比。此次印度获得MQ-9B无人机后,可与"海神"联手,共同在安达曼群岛附近搜寻潜艇,抑制域内外国家海军在南亚地区的活动,并通过监视印度洋和太平洋的交界地区,大大增强美印海军在印度洋—太平洋地区的海洋态势感知能力。

继续将印度视为美国的主要防务伙伴

冷战时期,印度是苏联的合作伙伴,与美国关系比较疏远。苏联解体后,美印两国逐渐靠近,特别是自2014年莫迪上任以来,两国加速靠拢,虽然没有正式结盟,但相继签署了《十年防务框架协议》《后勤交流备忘录》等一系列文件,美国也给予了印度"非北约盟友主要防务伙伴关系"地位,[①] 为两国防务合作开辟了更大空间。随着美印防务关系的不断深化,两国开展了包括武器转让、联演联训、反恐行动、军事交流等各种形式的军事协作,基本涵盖了军事合作的全领域。

在美印防务关系不断升温的情况下,印度向美国采购武器的数量和质量也不断"水涨船高"。据不完全统计,自2008年以来,印度已与美国签

---

① 肖军:《从"主要防务伙伴"关系看新时期的美印安全合作》,《南亚研究季刊》2017年第4期,第23页。

署超过150亿美元的军购合同，其中包括C-130J军事运输机、C-17军事运输机、P-8I反潜巡逻机、AH-64E武装直升机以及导弹等众多高性能尖端武器装备。

此次美国批准向印度出口的MQ-9B无人机项目，实际上早在奥巴马当政时期就已经开始，但一直未获美国批准。特朗普政府上台后，奉行"美国第一"的对外政策，使得印度非常担忧美国会因特朗普因素而弱化对印度的"兴趣"，因此把美国是否批准此项军售计划视为检验特朗普政府时期两国防务合作前景的一次重要机会。此次美国在两国"2+2"会谈中批准该笔交易，实际上就是在回应印度政府对美印军事合作前景的试探，给印度吃一颗"定心丸"。

众多分歧难以掩盖

从未来发展来看，虽然美印通过军事采购，凸显了两国国防关系的深化，而此次莫迪访美也颇有成果，但仍然无法掩盖双方在许多议题上存在的分歧。

对于美国来说，其主要目的是希望把印度拉入其全球战略布局，让印度扮演战略博弈"棋子"的角色，但由于理念不同，美国与印度仍然在很多国际问题上无法达成一致。例如，在伊朗问题上，特朗普和莫迪的观点大相径庭。此外，截至目前，特朗普政府还没有勾画出完整的南亚战略，对于印度的战略定位也没有做出清晰的界定，这些都将会影响美国对印度政策的制定。

对于印度来说，其深化与美国的防务合作关系的最主要目的还是引进先进技术，提高本国武器装备水平，并利用美国来防范大国竞争，维持其在印度洋和南亚的霸主地位，因此对美国"印太战略"表现出"谨慎的积极"。[1] 总的来说，虽然目前印美都有扩大合作关系的意愿，但由于两国的

---

[1] 连波：《摇晃的"楔子"：美国"印太战略"下的印度战略行为探析》，《南亚研究》2021年第1期，第1页。

战略侧重点并不一致，并且相互戒备的心理还很强，因此在短时期内不可能发展成为像北约那样的牢固军事同盟，两国关系的未来发展仍然将坎坷不平。

美国推动深化"四边机制"，"亚洲版北约"能否成型？

2020年11月3日，由美国、日本、印度和澳大利亚共同举行的"马拉巴尔–2020"演习在孟加拉湾拉开帷幕。演习内容包括水面战、反潜战、防空战、跨甲板飞行和武器射击训练等。而在此之前，由该四国组成的所谓"四边机制"已经互动频频，打得火热。10月27日，美日在菲律宾海、日本本土举行代号为"利剑–21"的大规模联合军演，参演人数接近5万。10月19日，美日澳三国又在南海举行了联合演习，作为"马拉巴尔"演习的"预演"。[1]

在当前中美关系不断紧张、中国周边安全形势不断紧张的敏感时期，这些军演具有特别重要的意义，其演习目的与指向性也备受国际社会关注。为何美日澳印四国置全球新冠疫情肆虐情况于不顾仍然动作不断？"四边机制"是否会如美国所愿，演变成"亚洲版北约"？

美国推动"亚洲版北约"由来已久

推动建立"亚洲版北约"，是美国在亚太地区建立安全同盟的长期战略构想，已历经了半个多世纪的讨论和谋划。2009年，朝鲜半岛局势紧张时，美国就曾构想构建由美国、日本和韩国三国构成的"亚洲版北约"，并举行了多次有针对性的"防扩散安全倡议"（PSI）海上演习，但由于日韩两个国家担心会引起半岛形势的进一步恶化，对此并不是很热心。

但是，美国并不甘心，一直没有放弃这方面的努力。2017年，特朗普

---

[1] 《外媒："马拉巴尔"军演启动，美日印澳派舰参加》，大公网，2020年11月5日，http://www.takungpao.com/news/232112/2020/1105/516950.html，访问日期：2021年1月16日。

政府上台后，提出了"自由开放的印太战略"，将中国视为最大的战略竞争对手，导致中美关系持续下行。同时，日本、印度和澳大利亚由于国内民族主义情绪、领土争端以及政治因素等问题，对于"四边机制"扩容以及军事安全合作升级都表现出了极大的热情。在这种情况下，美国开始着手推动建立以"美日印澳"四边机制为基础的新"亚洲版北约"，将其列为美国在"印太"地区的核心目标，试图以此来建立一个强大的地区性军事组织，按照美国意志来维持霸权，"避免国际上出现权力真空，影响美国重塑持久优势"。[①]

为了实现上述目标，美国一直在积极努力将"四边机制"做实。2017年11月，美日印澳"四边机制"在"中断"10年后恢复，并于2019年9月升级为部长级；2020年10月6日，美日印澳四国举行新冠疫情暴发后的首次面对面外长会谈，美国副国务卿比根明确表示，要将"四方安全对话"视为"类似于北约"的集团。而各国在加强军事情报等领域的合作方面也取得了很多实质进展。例如，日本已经通过修法，允许与澳印进行情报分享，印澳之间签署了《军事后勤支援和防务技术合作协议》，印日之间签署了《物资劳务相互提供协定》，印美之间也签署了《后勤保障协议》。此外，在美印近日举行的外长和防长"2+2"会谈上，两国还签署了新的合作协议——《地理空间合作基本交流与合作协议》，这些都为四国深化安全合作提供了法律和机制保障，"亚洲版北约"已初见雏形。

"马拉巴尔"演习迈出实质性步伐

此次"马拉巴尔"军演的扩大与当前地区安全形势的发展有着非常密切的联系。"马拉巴尔"始于1992年，最初是印度和美国之间的双边操练，演习范围也只限于印度洋地区。但是，从2015年开始，日本正式加入并成为此演习的永久成员之一，"马拉巴尔"演习从双边变成了三边，演习地点从印度洋也逐渐转移到了西太平洋地区，演变为在印度洋和西太平洋海域交替举行，成为覆盖"印太"地区的重要演习之一，折射出了"印太地缘

---

① 袁幽薇：《美日澳印欲打造"亚洲版北约"？》，《半月谈》2021年第7期，第92页。

战略格局演变和大国战略竞争互动的新态势"。①

当前,"马拉巴尔"演习是美印日澳"四边机制"在军事领域合作的一个重要抓手,其目的是通过演习以加强四国在安保层面的合作,提升在先进战术规划、应用和训练,以及促进在地区稳定等方面的合作,加强印太海域感知系统建设,建立起联合海上巡航,完善各方武器平台和军事装备的互操作性等合作体系,在军事安全层面为"四边机制"注入实质性内容。

作为"四边机制"的重要成员国,澳大利亚对"马拉巴尔"非常重视,一直将其视为增强澳大利亚海军作战能力、加强与伙伴国家的合作关系以及拓展地区影响力的重要举措。澳曾在2007年参加过该演习,但由于印度等国的反对退出了。退出之后,澳大利亚也曾多次表达了重返演习的想法,但始终未能如愿,仅于2017年4月首次获得观察员资格。

从原因来看,印度一直是澳大利亚参加"马拉巴尔"演习的重要障碍。印度此前一直不愿将澳大利亚纳入其中,主要原因是担心澳大利亚作为美国的盟友,如果加入演习,很可能就会令印度进一步失去对该演习的影响力,同时会使本来就高度敏感的中印关系弄得更加复杂。但是,随着近期中印边境对峙紧张,印度的立场出现了明显变化,一改此前对澳参训的消极立场,主动邀请澳大利亚加入"马拉巴尔"军事演习,试图以此来探索和深化一个可以作为象征性和实质性支持来源的国家联盟。此次澳大利亚参加"马拉巴尔"军演,更是将两国关系推向了一个新高度。

澳大利亚此次重返"马拉巴尔"联合演习,是其在2007年退出该演习13年后的再次重返,也是美日澳印四个成员国的首次全员演习,标志着四国在军事合作上迈出了实质性的一步,使得该机制正在从一个磋商和协调机制成为一个事实上的军事联盟。

根据媒体透露,这次"马拉巴尔"演习将分为两个部分进行:一个位于安达曼和尼科巴群岛北部的孟加拉湾,另一个位于阿拉伯海,演习目标是实现互操作性,重点是人道主义援助、水面战演习、反潜战、反恐行动、火炮训练和空中监视,其目的是增强四国海上部队之间的互操作性与

---

① 荣鹰:《从"马拉巴尔"军演看大国"印太战略"互动新态势》,《和平与发展》2017年第5期,第48页。

特定互动，提高四国维持海上安全和随时应对任何区域突发事件的能力，并借以宣示参演国家对于建立"繁荣和开放"的印度洋—太平洋海域的决心。而随着参与对象和演练范围的扩大，该演习必将会大大拓展四国在"印太"地区的军事实力与影响力，加速地区安全秩序的演变，从而成为"亚洲版北约"构建的重要推动力。

"亚洲版北约"的发展面临诸多变数

虽然近年来美日澳印"四边机制"不断深化，显示了美国推动构建"亚洲版北约"的行动"比预期更快地推进"。但是，由于日本、澳大利亚和印度在对待安全合作机制上的理念和看法存在较大差异，对于美国推动构建"亚洲版北约"存在着诸多疑虑，存有两面押注的心理，既希望在安全上依赖美国，紧密跟随美国的步伐，但又不愿意涉及大国角逐，无端招致战祸，因此，对美军事合作均有一定投机性质，美国一手导演的"四边机制"向"亚洲版北约"的未来转变仍然存在诸多结构性障碍。

首先，对于印度来说，长期以来一直遵循"不结盟"传统，不会同意结成任何正式的军事同盟，印度"与各国之间都保持平衡外交是其想要呈现的最佳形式"。[①] 因此，印度对于"四边机制"的态度更侧重于策略而非战略——既可借此向中国施压，谋取边境对峙谈判的主动权，又可通过对外展示"遏制中国"的立场换取美国等国在"后疫情时代"对印度的支持，同时又夯实了自身"全球最大民主国家"的"美名"。

其次，澳大利亚虽然一直在积极加强与"四边机制"成员国的军事关系，但在对华问题上一直不愿选边站，即使是在中澳关系急剧下滑之际，澳大利亚也还是希望在仰仗美国的同时能够依旧把握主动，避免彻底沦为美国的附庸。例如，2020年7月28日，澳大利亚外交部长佩恩在与美国国务卿蓬佩奥联合举行的记者会上表示，"我们和中国的关系很重要，我们无意伤害我们和中方的关系"，表明澳大利亚并非在所有问题上的观点都与美国完全一致。

---

① 李莉：《印度偏离不结盟及其动因分析》，《国际政治科学》2017年第1期，第4页。

最后，作为美国在远东地区的"桥头堡"和铁杆盟友，日本虽然在安全上依赖于日美同盟，但由于两国在经贸赤字、驻日美军费用等问题上存在结构性矛盾，从而导致"美日在各领域的利益冲突与政策分歧加重"，[①]因此其亲美政策是有一定限度的，在涉及国家根本利益问题上，并非完全"唯美国马首是瞻"。例如，近期日本首相菅义伟在访问东南亚期间，就公开表明日本政府不会参与"印度太平洋版北约"的决定。日本的这种表态，不仅会使得"亚洲版北约"难以成型，甚至还会影响未来日美同盟关系的发展。

而从当前的亚太局势来看，和当年美欧创建北约的局势不具有可比性，虽然亚洲各国和次区域的安全态势多元化，但并没有类似当年北约、华约建立时那样的对立和矛盾，也很难想象在亚太地区出现两个政治、外交、经贸互不相连的阵营。在这种情况下，美国根本无法协调相关国家像北约那样，基于反苏和反共的安全利益诉求，建立起以应对共同威胁为目标的多国军事同盟体系。

与此同时，美国总统大选结果也对"亚洲版北约"的未来构建产生了重要影响。特朗普政府时期，美国尽管意图构建"亚洲版北约"，但受到"美国优先"理念的影响，美国并没有全力去推动亚太联盟体系的多边化，因为多边联盟意味着美国需要采取更多的具有多边色彩的方式来运作联盟体系，而在双边联盟中，美国可以通过发挥其不对称的实力优势来获取更大利益。拜登上台后，会采取什么样的对外战略，如何对待尚在推进中的"印太战略"，是否还会继续重视和深化"四边机制"，这些还都是未知数，这些都将成为制约美国"亚洲版北约"构建的掣肘因素。

[①] 杨伯江、慕健：《特朗普执政以来美日同盟的演变、矛盾及影响》，《当代世界》2019年第3期，第11页。

美日印澳演习聚焦"大国对抗",实战性进一步增强

2021年10月12日至15日,"四边机制"成员国美国、印度、日本和澳大利亚在孟加拉湾举行了第二阶段的"马拉巴尔"联合海上军事演习。该阶段演习建立在8月26日至29日菲律宾海举行的第一阶段演习所形成的协同、协调和互操作性的基础之上,侧重于水面和反潜、武器发射等实战性演练科目。[①]

此次"马拉巴尔"军事演习是拜登政府上台后举行的首次"四边机制"框架下的军事演习,也是"四边机制"逐步从外交向军事安全领域过渡后举行的第二次演习,在演习范围和演练科目上都出现了新的变化,正"逐渐由普通军事外交转变为结盟性军事外交"。[②] 从未来的发展趋势来看,如果四国在军事安全领域持续加强合作,更加频繁地在"印太"海域举行针对竞争对手的军事演习或海上航行自由行动的话,必将会激化当前的"印太"地区安全态势,成为威胁该地区安全稳定的新因素。

演习覆盖范围不断扩大

近年来,随着国际安全形势的不断变化以及美国"印太战略"的持续深化,"四边机制"框架下的美印日澳军事合作的范围和内涵也在不断地进行拓展。"马拉巴尔"军事演习由美印两国于1992年发起,最初是美印

[①] 《美日印澳结束"马拉巴尔"海上军演,美方称未来更多"志同道合"伙伴将加入》,上观网,2021年10月15日,https://www.jfdaily.com/news/detail?id=414772,访问日期:2021年12月9日。

[②] 张静等:《"马拉巴尔-2020"美印日澳海上联合军演:特点、发展动因及前景》,《中国军转民》2021年第20期,第44页。

两国海军间安排的双边演习，2007年日本海上自卫队首次应邀参加演习，2015年成为参加该演习的永久伙伴，2020年澳大利亚也申请参与进来，使得该演习成为真正的"四方"军演。

在演习地点的选择上，过去的24次演习活动中，有8次在印度东西海岸，5次在孟加拉湾，4次在日本周边海域，3次在阿拉伯海，3次在菲律宾海，1次在波斯湾，以印度洋为主。此次"马拉巴尔"演习是美日印澳在"四边机制"下于西太平洋举行的首次联合军演，也是"四方"所有成员首次在这一区域的集结，其演习范围包括第一阶段的菲律宾海和第二阶段的孟加拉湾，以应对更广泛区域的安全威胁。

从参演兵力来看，此次美印日澳四国都出动了各自的主力军舰。其中，美方参演兵力包括"卡尔·文森"号航空母舰、"尚普兰湖"号巡洋舰、"斯托克代尔"号驱逐舰、"巴里"号导弹驱逐舰、"拉帕汉诺克"号燃油补给舰、海军特种作战部队以及P-8A海上巡逻机等，集结了美西太地区海军力量的主干；日本海上自卫队则派出了有"准航母"之称的"出云"级直升机母舰、"村雨"级驱逐舰、"朝日"级驱逐舰以及自产的P-1反潜巡逻机等，成为四国海军联合舰队中的主要反潜作战力量；印度派出了"什瓦里克"号护卫舰，"卡德马特"号反潜护卫舰、"兰维杰伊"号、"萨特普拉"号导弹驱逐舰，以及P-8反潜巡逻机和一艘潜艇，几乎占据其东方舰队的近一半的力量；澳大利亚虽然是第二次参加"马拉巴尔"海上联演，也派出了包括"瓦拉蒙加"号护卫舰、反潜直升机和特种部队在内的精锐军事力量，规模比2020年有所上升。

值得注意的是，在此次演习开始前，各国军舰还进行了不同程度的前期"热身"。例如，不久前美国"卡尔·文森"号与刚刚结束中东任务后返回亚洲的"里根"号以及英国"伊丽莎白女王"号在南海地区进行了三航母舰队联合演习，为期一周，科目涉及防空、反潜战、战术和通信等多项内容。从2021年8月初起，印度海军派遣了"兰维杰伊"号驱逐舰，"什瓦里克"号护卫舰，"科拉"号和"卡德马特"号轻型护卫舰，以"1驱3护"海上编队的形式，向东南亚、南海和西太平洋进行了为期两个多月的海外部署并参加多场演习。上述这些军舰很多在参加完军事行动后直接加入"马拉巴尔"演习，不仅为后者做了一定的战术铺垫，使得演习科目更加顺畅，也彰显了"四边机制"正在积极发挥地缘政治影响力，强化在"印太"地区安全发挥更大作用的意图。可以预见，随着"四边机制"在军事领域的继续深化，未来"马拉巴尔"演习的范围还将会进一步拓展。

演习内容更加聚焦实战

从此次"马拉巴尔"演习的科目来看，其内容正逐渐向实战方向转变，意图通过模拟未来海上进攻和防御行动，以提高四国参演潜艇防空、对海以及反潜作战等多方面的能力。例如，在第一阶段演习中，参演各国派出海军特种作战部队、航空部队和相应舰艇，重在强化联合海上作战、反潜作战、防空作战、海上补给和海上截击的"标准作业程序"，并展开了实弹实射。第二阶段演习在第一阶段演习形成的协同、协调和互操作性的基础上，紧紧围绕"联合反潜作战和海上特种作战"两个重点科目展开，主要演习内容包括舰机协调的搜潜和攻潜的反潜战，"以复杂的水面、水下和空中行动为主，包括实弹射击演习，反舰、防空和反潜演习等"，侧重于水面和反潜战演习、武器发射的演练，这说明"马拉巴尔"演习正逐渐走向"精细化"，针对性也在进一步增强，以应对非常规海上威胁和加强多维度作战体系与传统海军力量的整合。

此外，与往年"马拉巴尔"演习更倾向于将典型海战行动和非战争军事行动相结合有所不同的是，这次演习的重头戏之一是反潜演习，这也是四国第一次针对弹道导弹核潜艇展开的反潜训练，更强调的是对水下弹道导弹核潜艇实施侦察、搜索和攻击，借助岛链、多国组成的海上编队，从水下、水面到空中，对地区大国对手进行立体围堵，防范大国AIP潜艇和核潜艇突破岛链封锁，遏制大国第二次核反击能力的特征非常突出，充分体现了该演习针对大国对抗和实现有效威慑的战略意图。

四国合作体系难以深化

拜登政府上台后，明确将美国的全球战略重点转向"印太"地区，不断深化"印太战略"，进一步提升"四边机制"的地位，致力于将该机制作为印度洋—太平洋地区安排的一个关键组成部分，意图"推动美日印澳四方安全合作机制化和常态化并走向准军事联盟"。[①] 美国竭力联合"印太"地区盟友与伙伴国推进"印太战略"，意图把四国间的安全合作扩大至"印太"地区，与美国目前的"辐射式"联盟体系等形成战略上的互补。

从时间的选择来看，此次演习的时机也很特殊，是拜登政府上台后举行的首次"四边机制"框架下的军事演习，并发生在拜登政府对"印太"地区展开首次大规模外访之后。2021年上半年，美国国务卿安东尼·布林肯和国防部长劳埃德·奥斯汀先后访问了日本和韩国，奥斯汀随后还前往印度，称印度是"日益重要的伙伴"，表示两国同意在印度洋—太平洋地区"加强合作"。此次美国在"马拉巴尔"联演上展示自身遏制大国战略能力的实力，也是在给其盟友吃"定心丸"，竭力弥补因为阿富汗撤军问题而导致的盟友信任溃散问题，试图继续将盟友牢牢地绑在美国战车之上。

但是，从联盟构建的基础来看，一个联盟不仅需要一种共同感受到的威胁，还需要计算联盟成员国与目标国家之间关系的成本与效益。只有达成最大程度的利益共同化，才能保证联盟体系的顺利发展。此次演习虽然各国表面上看来积极参与，背后却各怀鬼胎，暴露出了很多矛盾。例如，"马拉巴尔"演习一直由美国牵头主办，其目的是通过整合与印度、日本和澳大利亚的合作关系，打造一个军事同盟，从而提升自己对印度洋区域的控制，在"印太"地区构建以美军为主的海洋秩序。

值得注意的是，此次军演日本也派出了相当规模的舰艇编队，并同时担负了反潜科目的主角，其目的是增强其远洋行动能力，并在外交和防卫合作上取得突破，体现了日本对"四边机制"和地区事务主导权的觊觎野心。此外，从目前公开的信息来看，四国在演习前曾就地点、规模和阶段划分出现了诸多矛盾，这些都表明了"四边机制"框架下的"马拉巴尔"军演看似咄咄逼人，但实则各国还是有点同床异梦，很难实现真正意义上的深化发展。

[①] 兰江、姜文玉：《拜登政府的美日印澳四方安全合作构想述评》，《南亚东南亚研究》2021年第2期，第16页。

《美日安全保障条约》签署60年，日本继续深化与美国的同盟关系

2020年1月19日是《美日安全保障条约》签署60周年。作为战后美日同盟的根基，《美日安全保障条约》"从签订之日起就深刻影响着亚太地区的国际关系"。[①] 美日两国通过签署《美日安全保障条约》结成军事同盟，并在过去的60年里不断巩固、拓展和深化双方的军事同盟关系，对地区乃至世界安全都构成了极大的影响，美日两国对于同盟都是各取所需、各有所获，"日本需要美国的军事保护，美国需要日本的后勤支援"。[②] 但随着近年来特朗普对美日安保条约持消极态度、安倍修宪进程不断加快以及美日间关于防卫费用分摊等问题的激烈交锋等因素，美日之间已经在涉及军事安全的问题上出现裂缝，两国虽然在表面维持了军事同盟牢不可破的表象，但却是貌合神离且已经露出端倪，日本对美国的离心力也在进一步加速。如何妥善处理和解决两国同盟体系所面临的诸多矛盾与问题，既考验着美日两国领导人的智慧，同时也对亚太乃至国际局势产生着牵一发而动全身的效果。

《美日安全保障条约》历经风雨沧桑

对于日本而言，《美日安全保障条约》是一部从"不平等"到"准平等"的演化史。1951年，时任日本首相吉田茂与美国政府签署《美日安全保障条约》。这份旧安保条约规定：日本赋予美军驻扎的权利，而驻日美军的主要目的是维护远东地区的安全等。换句话说，日本有义务为美军提供基

[①] 李宇恒：《〈美日安全保障条约〉的缘起与影响》，《历史教学》2017年第6期，第67页。
[②] 刘树良：《美日媾和谈判与〈美日安全保障条约〉的形成》，《东北亚学刊》2015年第4期，第32页。

地，但美军并没有义务保护日本的安全。因此，当时的日本社会一直对此不满，认为这是一个"不平等"条约，这也为此后日本政府推动修改安保条约埋下伏笔。

为了扭转旧安保条约中的"不平等"规定，1960年时任日本首相岸信介与时任美国总统艾森豪威尔签署了新的《美日安全保障条约》，一般称为新安保条约。这份由10项条款构成的安保条约，明确规定了驻日美军的权利与义务，使得美日关系相对"平等"。此后，新安保条约又历经了几次修改，特别是2015年日本通过的"安保系列法案"，规定日本在"特定紧急状态下"可以有条件地行使集体自卫权，将美日同盟关系扩展到双方"无缝合作，并扩大了联盟的范围，包括对区域和全球安全的保护"，同时将合作进一步扩大到网络和太空领域，使得美日同盟关系更加紧密。

与之前相比，修改后的新安保条约具有更大的灵活性，使日本能够灵活地应对各种突发事件，并加强了日本为美军提供各种服务和后勤支持的职能，因此被认为是日本根据自身战略目标变化和美国多样化需求而采取的一项积极举措。而正是在基于新安保条约的美日同盟的"保护"之下，日本彻底走上了"轻军备、重经济"的发展道路。纵观与美结成同盟的60年，日本一直都是在"借船出海"，通过强化美日同盟关系和军事合作，减少对军事防卫的支出，专心发展经济，同时加强日本的防卫能力、实力和地区与国际活动的空间，从而迅速成为具有较强影响力的世界经济大国。

但是，美日同盟对于日本的国家发展进程也有一定的负面影响，这种影响随着时间的推移日益显现。例如，日本在美日同盟中的从属地位，限制了日本外交的正常发展。正是由于美日同盟的存在，使得二战后至今的日俄关系、日朝关系始终难以真正发展，此外，美日同盟也在一定程度上将日本绑在美国的"战车"上，从而制约了日本的国际发展空间。

美日关系面临重大"特朗普冲击"

从二战时相互厮杀的敌人到携手合作的朋友，美日同盟在加快战后美日关系正常化的进程方面发挥了重要的作用，对于美国来讲，从地缘政治和全球战略出发很需要日本这样的铁杆盟友，尤其在美国对华关系发生重大变化的大背景下，日本作为美国在远东地区的"桥头堡"地位一直难以撼动。但是，随着两国矛盾分歧的不断增多，同盟关系也面临着全新的挑战。

实际上，美日同盟自成立以来就一直面临着信任考验。虽然从国际安全理论来说，同盟关系应该是一种地位平等的关系。然而，由于悬殊的综合国力、战胜国与战败国之间的关系，日本和美国始终没有实现真正的同盟地位平等，日本始终处于从属地位。"日本的地位一直在'美主日从'和'日本自主'之间不断地徘徊和更替，但最终无法实现日本在美日关系中完全自主独立的目标。"① 而且，由于美国的蛮横霸道，导致美日同盟几度出现危机。特别是特朗普总统上台后，美方多次对美日同盟的"平等"问题表达不满。特朗普在2016年总统大选期间就主张缩减、撤回驻日美军，就任总统后也持续表达对日本的不满，要求日本也需要肩负起"保护"美国的义务，使得美日同盟面临着前所未有的"特朗普冲击"。

在当前美日同盟面临的诸多问题中，驻日美军费用的分摊最为棘手。目前，在日本驻扎有大约5.4万名美军，分布在85个设施当中。日本每年支付大约20亿美元用以分担驻日美军的费用。此外，日本还要向美军驻扎地政府和民众支付赔偿金、基地租金，以及支持美军调整的新设施费用等。这些费用都是通过美日间缔结的专门关于防卫费用分摊的协定来规定的，为期五年，最新的协定于2020年底前重新谈判。为此，特朗普之前已不断放出风声，多次表示"日本富裕"，要求后者大幅增加防卫费分摊比例。根据前美国国家安全顾问约翰·博尔顿的回忆录，特朗普要求日本在现有的军费分担基础上再增加至四倍，即每年支付80亿美元，引起了日本的强烈不满。

除了在防务费上"漫天要价"外，特朗普还要求日本大量购买美国产的装备产品。虽然日本方面已经采购了大量隐形战机F-35等美国尖端武器，但仍然没有达到美国的标准。为此特朗普对日多次表达了抱怨和批

---

① 金永明：《美日安保体系的历史演进与面临的挑战》，《亚太安全与海洋研究》2021年第5期，第52页。

评,甚至直接宣称美日安保条约是不公平的协议,必须改变。这些表态不仅罕见,而且冲击力巨大,即使没有动摇美日同盟的根基,也会对其未来发展造成一定的裂缝划痕。

未来美日同盟关系难以出现根本性改变

军事同盟从根本上来说是基于国家利益的考量。国家利益指向一旦发生变化,同盟关系的调整也势在必行。美日当年签署《美日安全保障条约》有着浓厚的冷战背景,现在冷战已经结束,世界正在发生深刻变化,特别是近期新冠疫情肆虐,给国际关系体系和战略格局构成重大冲击,这些都将会使美日安保条约发生新的变化。特别是当前美日两国都处在领导人更替(可能)的特殊阶段,对美日联盟的稳定或将产生影响,给同盟关系未来发展也带来新的复杂情况,"美国外交的不确定性、美日韩三边合作的脆弱性以及双边合作中的一些现实限制也构成了对同盟的新挑战"。[1]

日本是一个崇尚强者的等级性秩序国家,在目前美国综合国力仍处于世界霸主地位的情况下,持续加强与美国的合作已成一种趋势。安倍是美日联盟的坚定支持者,其也是日本近代史上任期最长的首相,自2012年执政以来,给日本政治和外交政策带来了不同寻常的稳定。尽管面对特朗普的指责,但安倍仍然主动且频繁地与特朗普接触。例如,面对特朗普提出的纠正美日贸易逆差的要求,安倍就采取大量采购美国武器的方式作为回应。此外,安倍执意推进修宪,希望通过修宪实现日本自卫队与驻日美军的一体化进程。安倍认为,通过深化美日同盟,不仅可以在保护国家安全方面发挥重要作用,还可以此为"掩护"提升军事实力,避免引发舆论压力,更巧妙地实现"正常国家化"。

安倍在其任期内,扩大了日本的军事和外交能力,并通过调整双边安全政策和更紧密地整合军事行动等措施支持美日同盟。2020年8月31日,安倍甚至在宣布辞职后,还主动与美国总统特朗普进行了30多分钟的电话

---

[1] 刘星:《试论美日同盟的新进展与新挑战——日本防务政策的视角》,《现代国际关系》2019年第4期,第30页。

会议，讨论未来美日关系问题，表示即便下一任接任，也将仍然贯彻同盟政策，这种表态给后安倍时代的日本对美政策提供了重要原则和遵循。

而对于美国来说，强力推行"美国优先"的特朗普总统对美日同盟关系直接表达了不满与批评，这在战后美日关系史上是十分罕见的，不论特朗普是出于谈判目的，把外交政策当成交易，还是出于真实想法，都将会对美日同盟的稳定性带来挑战。但是，从长远和本质来看，特朗普也并不是要推翻美日同盟关系，而主要是从本能的利己主义和现实需要出发，利用日本试图紧紧依靠美国的心理，逼迫日本多出钱多出力。此外，中国的崛起也给美日两国关系走近提供了动力，虽然美日两国因为关税、经贸、反导等一系列问题存在利益冲突，但两国在维护国家安全和应对外部地缘政治威胁方面的依赖性在逐渐加深，所以美日同盟的本质并没有出现变化，未来美日关系也很难发生根本性转变。

日本新安保法实施5周年，
美日军事捆绑愈加紧密

2021年3月29日，日本《安全保障相关法》（新"安保法"）实施五周年。从五年来日本采取的诸多解禁自卫权以及与美军拓展防务合作的举措来看，该法案颠覆了战后日本长期坚持的"专守防卫"政策，以对美支援为基轴，与美军事一体化的进程不断加速。

拜登政府上台之后，对外战略做了重大调整，采取了"共同价值观"的盟友政策，进一步深化了美日同盟关系，促使日本更加积极主动地参与海外军事行动和增强自主防卫能力，这无疑会对国际形势尤其是亚太地区的国际形势带来消极影响。从未来发展来看，日本自卫队的海外军事活动范围还将进一步拓展，与美军的一体化进程也将继续加速。

新"安保法"加剧地区不稳定

冷战结束后，尤其是进入21世纪以来，日本右翼势力打着"国家正常化"和"军事正常化"的幌子，急切推动在安全防卫领域的调整和变革，其中一个重要的标志是于2016年3月29日通过了旨在允许行使集体自卫权，大幅扩展自卫队海内外军事活动的《安全保障相关法》，成为"由战后的'专守防卫'向'主动进攻'前进的重要转折点"。[1]该法案由《和平安全法制整备法案》和《国际和平支持法案》两个部分组成，一共涉及11部法律的修正案，其最大核心内容是允许日本行使集体自卫权，放松了发起武力攻击的条件，规定即使日本没有遭受直接攻击，但只要发生其认为

---

[1] 毛倩：《从日本新安保法看中美日的亚太博弈》，《河南师范大学学报（哲学社会科学版）》2016年第1期，第48页。

对其生存构成威胁的事态时,也可以对他国行使武力。同时,该新"安保法"取消了对自卫队活动的地理限制,不再局限于日本周边范围,将支援对象扩大至美军以外的他国军队,派兵性质也从后勤支援变为战场支援。

日本新"安保法"实施5年来,日本自卫队在海外的军事行动范围不断扩大。例如,在该法令施行大约半年后,也就是2016年11月,日本自卫队就迫不及待地准备赴南苏丹参与联合国维和行动"驰援护卫",但由于当地治安形势恶化,行动受到一定限制,最终该任务未能真正执行。此外,日本还以面临安全威胁复杂化为由,渲染外部安全环境的恶化,逐年递增防卫费开支,不断加强高性能武器的采购,并与周边国家频繁举行军演,这些都同日本和平宪法的"不战精神"背道而驰。

总体来看,日本新"安保法"的实施不仅意味着该国放弃战争、禁止行使集体自卫权的"和平宪法"名存实亡,同时也深化了日本自卫队从平时到战时与美军的合作,让日本追随美国更多地介入地区和世界事务,推动日本成为可以随时介入全球军事冲突和纷争的"可战国",参与战争的可能性大大提高。可以说,在新"安保法"的刺激下,日本自卫队已逐渐不是一支防御性的武装力量,而是一支有极强进攻性的军事力量,会对整个亚太地区的安全局势带来很多不稳定的因素。

美日军事一体化将加大"战争风险"

在二战后日本的安全保障体系中,美日同盟的核心作用贯穿始终。日本自卫队自成立以来,始终扮演着美军的附庸角色,这也是美日军事一体化的传统和固有属性。但是,日本新"安保法"的实施,使美日同盟体制获得了更为强劲的"发动机","为增扩美日同盟的行动范围和功能提供了法律支撑,使其成为落实美日安全战略理念的平台和亚太安全网络体系的核心",[1]特别是允许日本自卫队与美军在地位对等条件下展开体系高度融合的联合军事行动,大大提高了日本在同盟关系中的地位。

---

[1] 翟新、王琪:《日本新安保法对美日同盟的双重影响》,《国际问题研究》2016年第2期,第54页。

在新"安保法"实施的5年里,美日军事一体化的不断深化主要体现在四个方面:一是防卫的协调机制基本健全,成立了由美日参谋部/司令部代表组成的"美日联合协调部",具体负责美日联合行动的组织及编组力量的作战;二是作战指挥机构逐步向联合靠拢,经过整合和部署调整,日本陆上、海上、航空自卫队与美驻日三军的指挥机构已经实现了同地部署,可为未来成立联合作战指挥机构提供相对成熟的条件;三是防卫合作分工日渐清晰,通过政策和运用两大层面的调整,美日构建了"无缝、强力、弹性、高效"的同盟协调与联合应对机制,使日本自卫队和美军在作战体系的融合上更加走向深入;四是联合演训融合程度越来越高,日本自卫队与美军之间开展的各类实兵训练和演习每年都有,并呈现出频率次数逐渐增多、参演规模逐步扩大、融合程度越来越高、指向性越来越强等特点。

综合来看,随着驻日美军部署调整的基本完成,美日合作已经在主战装备通用化、联合演训日常化、作战方案预案化等方面取得了实质性进展。据公开报道,2020年日本自卫队以"守护美军舰艇和军机"纳入安保法为理由,与美军协同行动的次数多达25次,刷新了历史纪录。[1] 此外,日本海上自卫队继续向负责防卫"朝鲜弹道导弹"的美海军"宙斯盾"战舰提供海上燃油补给,最新的2艘"摩耶"级万吨驱逐舰搭载有可与美军战机和舰艇实时共享信息的"协同作战能力系统",这些毫无疑问都会为美日军事一体化提供重要的联合基础。而在美日军事一体化不断加深的过程中,日本自卫队将会日渐走向国际军事舞台,更多地施展其军事影响力,更多地以行使集体自卫权的名义对外进行武装干涉,使日本成为一个具有进攻性战略的国家,同时也将使日本更容易受制于美国的全球战略,紧随其在全球范围武力行动,大大增加卷入战争的风险。

---

[1] 《日媒:日本安保法施行5周年,美日军事一体化或扩大》,新华网,2021年3月30日,http://www.xinhuanet.com/mil/2021-03/30/c_1211089523.htm,访问日期:2021年6月19日。

未来美日军事一体化将更加紧密

从战后长期的美日关系来看,美日军事一体化的发展是"两情相悦",互取所需,"将共同促使美日在介入地区与国际安全事务方面发挥更大效用"。[①] 美国出于自身利益及其全球和亚太战略考虑,一直希望日本自卫队在安全领域发挥更大的作用和承担更多的责任,从而在某种程度上成为美军在东亚的主要"帮手",因此不断深化两国的防务合作关系,特别是进入21世纪之后,美日双方的安全合作更趋紧密。

拜登政府上台后,高度重视同盟伙伴关系,最大限度地发挥盟国的力量成为美国的主要策略之一。为此,美国近期加强了对亚太地区盟友的拉拢力度,军政高层于2021年3月份先后出访日本、韩国,并举行美日澳印"四边机制"首脑视频会,意图实现拓展地区军事同盟的企图。同时,美日军事一体化的发展也将使日本在某种程度上更加依赖美国,在美日军事合作中,美国是强势的一方,任何合作紧密化的结果,都会导致强势的一方拥有更大权力,因此,美日军事一体化越深入,就意味着美军在日本拥有更大的权力。

对日本而言,谋求颠覆二战后制定的国际秩序,成为在政治和军事上有自主性的"正常国家"一直是其追求的最终目标。为此,日本必须借助美日同盟的框架,借助美国的军事力量。日本看到,近年来美国出于谋求遏制大国的需要,一直对日本进行军事"松绑",鼓励日本加强防卫,要求日本在全球范围内承担安全义务,日本对此也是心领神会,采取包括实施《美日安全保障条约》等在内的一系列举措以借机强化军力,并借助美国为自己的军事扩张行为寻求合理借口,在随意对外动武的道路上越走越远。

毫无疑问,当前美日的军事一体化符合美日双方的战略利益诉求,未来"美日两军"在联合作战方面将会逐步改变以往各自作战的松散联合状况,稳定地向一体化联合化方向发展。如果说当前的美日联合作战指挥更

---

① 栗硕:《日本安保法制改革与美日同盟的嬗变》,《和平与发展》2018年第3期,第30页。

多是行动上的合、指挥上的分，那么未来的发展方向则是指挥与行动上的全面联合。事实上，在近年的美日联合演训活动中，已经出现了由日本自卫队指挥官指挥美日双方实施相关联合训练科目的情况。如果在实战层面能够实现联合指挥，那么建制性的指挥控制机构的设立无非只是一个形式问题，尤其是在美日指挥控制系统基本兼容的前提下，未来一体化的发展趋势必将会越来越加强。可以预测，未来，美日联合作战水平还将会进一步提高，美日军事一体化的程度还将再度深化。

日本举行全国大规模军事演习，
准备介入未来地区冲突

据日本《产经新闻》报道，从2021年9月15日起至11月下旬，日本陆上自卫队将举行全国范围的"陆上自卫队演习"，该演习将成为日本28年以来最大规模的军事演习。演习期间，日本海上自卫队、航空自卫队以及驻日美军的舰艇也将加入。[①]

日本是二战战败国，根据1947年5月3日的《日本国宪法》（又称"和平宪法"）的规定，日本在防务力量建设和军事行动上都受到诸多限制。但是，随着近年来日本战略野心的不断膨胀，对周边事务的干涉和挑衅力度也开始加大。在美国的支持下，日本的军事化步伐进一步加快，不断突破"和平宪法"的禁区，敏感动作频繁。此次日本举行大规模军事演习，就是以应对周边特别是西南诸岛方向可能面临的安全形势变化为借口，检视和强化日本陆上自卫队的作战能力，为日本介入地区潜在大规模冲突预做准备，这势必会对亚太地区安全形势产生负面的影响。

实现由"专守防卫"向"积极进攻"的转变

冷战时期，日本军事演习主要都是在美日同盟的框架下进行，以与苏联为首的社会主义阵营的两极对抗为主。冷战结束后，日本军演的数量和规模都较冷战时期有所下降，大多以战区性为主，全国规模的很少。据了解，日本上次举行类似规模的演习还是在1993年，此后再没有举行过如此规模的演习，日本军演大多数都是与驻日美军配合的小规模演习。

[①] 《日本陆上自卫队将举行近30年来首次全国范围内的联合演习》，《环球时报》2021年4月17日。

此次日本一次性出动约 10 万人的陆上自卫队进行全国性演习，并演练陆上自卫队在航空自卫队和海上自卫队支援下的三大兵种协同作战，这种所有军种都参与的军事演习在日本军事史上是非常罕见的。而为了实施这次"超大规模"演习，日本动用了国内几乎所有军事设施，包括九州训练场、富士演习场等在内；演习内容也非常全面，包括作战准备程序、部队出动时的粮食装载与配备、作战部队人员与装备运输、预备自卫官召集等。

除了参加演习人员超出以往外，日本此次动用的武器装备也是几十年未有的。陆上自卫队将投入 2 万辆各种军车和 120 架军机，并动用民间的卡车、渡轮和铁路，特别是"征用民间渡轮"环节，意义非常特殊。说明演习有一部分内容是在特殊人为情境下，需要在短时间内迅速征集人员和物资加入演练。此外，演习特别重视行动的准备阶段，如部队出动前的食物准备、队员与武器装备的运输、医疗、通信等，都将成为训练项目。这些都表明了此次大规模军演将着眼于大规模作战的战备，因为通常只有大规模战争才会强调后勤能力上的准备和后备人员及装备的及时增援和补给。如果是擦枪走火似的短暂冲突，一般不会调遣后备人员。

值得注意的是，此次大规模演习还注重新型力量和高科技武器的运用。例如，日本在演习中强调"登岛作战"理念，提出要在 2021 年让两栖部队全面形成战斗力。而就在演习开始前，日本陆上自卫队着手测试首款服役的自杀式攻击无人机，这些都展示了日本对未来战争的理解和对攻击能力的渴望，无疑也让此次军演成为对日本自卫队实现由"专守防卫"向"积极进攻"转变的一种检验。

做好介入大规模地区冲突的准备

二战结束后，日本的防务战略重点经历了从北向南的逐渐调整。在冷战时期，日本的部署重点主要放在北面，应对来自苏联的强大军事压力。冷战结束之后，苏联的威胁不复存在，日本开始加强在西南诸岛方向的军力建设与部署。2016 年 3 月，日本在与那国岛上正式成立了陆上自卫队基地，派驻了约 160 人的沿岸监视部队；同年，日本将陆上自卫队西部方面队的一个普通连队转成两栖部队，部署于西南岛屿，用于实施反登陆作战；2019年3月，日本在鹿儿岛县奄美大岛和冲绳县宫古岛新设了陆上自卫队驻地，部署了日本陆上自卫队警备部队以及地空、岸舰导弹部队，并从美国引进"海马斯"火箭炮发射系统，部署在九州地区，这些都大大增强了日本在西南诸岛方向的军事实力。①

除了加强军力部署外，日本自卫队还频频在西南诸岛举行各类军事演习（包括和美军之间的多国联演），以检验和提升作战能力。2021年1月初，美日两栖部队还举行了名为"铁拳"的联合军演，演练科目包括陆地和海上。此次大规模军事演习日本就是设想在"西南诸岛"发生战事而举行的，旨在强化日本在"西南地区"的威慑与应对能力。

按照日本官方的说法，此次演习是为了应对可能发生的突发性事件，目标锁定为某一国家，模拟战争前后以及中间，日本军队将要如何快速地进行应对。但假想敌是哪国，日本没有公开透露。日本防卫大臣岸信夫称，此次演习是应对"可能面临的岛屿攻击"，但他对"岛屿"的指代并不明确，而是采取了一贯刻意使用的"模糊"策略。

不断提高与美防务的协作水平

二战结束后的70多年里，日本的实力发生了巨大变化，早已不满足于当前的国际地位，一直试图在美日同盟的框架下，借助美国力量以实现其战略目标，成就其所谓的"有影响力"的大国，"最大限度地强化和充实日本的多维度跨域联合防卫能力"。②特别是在当前美国已经从阿富汗撤军，将战略重点从"反恐战争"向"大国竞争"转变的情况下，日本似乎更是看到了借机坐大的机会。日本利用美国希望通过提升美日澳印"四边机制"，深化"印太战略"实施的机会，积极参与各种多边军事演习，并在演习中实践新型作战理念，以此来增强美日同盟的威慑力量和应对能力。

---

① 王欢：《加强"西南诸岛"防卫，日本要在这两地增设基地》，环球网，2019年3月27日，https://mil.huanqiu.com/article/9CaKrnKjkFM，访问日期：2021年6月15日。

② 朱海燕：《日本国家战略视域中的日美同盟——战略定位、政策手段及效果评估》，《国际政治研究》2021年第5期，第81页。

日本在此次的大规模演习当中，有意识地关注和配合美军提出的"太平洋威慑"计划，通过改进兵力结构及部署态势，加强后勤和安全保障，来全面强化与美国的一体化联合打击能力。

在此次演习中，日本还演练了前期美军在关岛演习中使用的"远征前进基地作战"战法，即在太平洋地区发生军事冲突时，将小规模水陆两栖作战力量分散部署在相关岛屿，来形成一条为美海军提供作战支持的分布式战线。此次演习，虽然美国没有大规模地从本土派出军队参与其中，但是部署在日本的驻日美军都参加了这场演习。日本希望通过在演习中的各类互操作性训练，来提高夺取和保卫关键目标的能力。

与此同时，日本还不断加速提升在新领域的军事能力，推动新技术研发，以更好地适应与美国的防务协同能力。例如，当前日本已经完成了对其"准航母"——"出云"号的改建，为其加装了起飞甲板，铺设了隔热涂层，可以搭载美国F-35B战机或为美国的舰载战斗机加油；而"出云"号的姊妹舰"加贺"号的改建也已经提上日程。未来一旦这些"准航母"与美国的F-35舰载机列装，必然会进一步提升两国的联合作战能力。

此外，日本还大幅提高防卫费开支以支持其军事能力的提升。日本防卫省已经宣布，将在2022年度寻求约500亿美元的预算，比2021年度预算高出2.6%。如果获得财务省和国会的全额批准，这将是日本有史以来数额最高的防卫预算，标志着日本防卫预算实现了连续10年的持续增长。[①] 总之，在日本政府对其侵略历史没有一个正确的认识态度和日本政治上层右倾的背景下，其军事能力和野心的不断膨胀，只会推动日本在军国主义的道路上越走越远，日本的这一动向值得国际社会予以高度警惕和关注。

[①]《日媒：日本2022年度军费预算大幅增加》，和讯网，2021年8月14日，http://news.hexun.com/2021-08-14/204158159.html，访问日期：2021年12月16日。

日本首次向澳提供"武器等防护"，日澳防务合作向纵深发展

据日本《东京新闻》报道，2021年11月10—12日，日本与澳大利亚在四国岛以南地区开展了联合海上军事训练，日本海上自卫队护卫舰"稻妻"号对澳大利亚海军护卫舰"瓦拉蒙加"号实施了基于安全保障相关的"武器等防护"。日本防卫省表示，这是日本首次对除美军以外的对象实施"武器等防护"。[①]

近年来，随着亚太安全形势的变化和恐怖主义等非传统安全威胁的与日俱增，日澳在防务合作中的共同利益点越来越多，合作机制和指挥一体化程度也在不断提高。两国不断加强高层互访、国防技术合作、军事装备转让和情报沟通与分享等领域的合作，不断加大双边和多边联合军事演习的力度和深度。此次日本首次对美军以外的外国军队实施"武器等防护"，具有很强的标志性意义，预示着日澳这两个美国亚太同盟体系的主要国家，正逐渐向"准军事同盟"迈进。日本和澳大利亚不断加强军事联系，对亚太地区安全形势将产生重要的影响。

日澳防务合作向纵深方向发展

日本和澳大利亚于1976年签署《友好与合作基本条约》，从法律层面结束了两国关系的敌对状态，此后双方在安全防务方面签署了大量的合作协议，为后来的两国安全防务合作奠定了法律基础。在该条约的框架下，两国发表了《日澳安全保障联合宣言》，确立了外长和防长"2+2"定期会

---

① 胡文利:《日澳将共同"应对中国、保卫台湾"？赵立坚：太平洋不需要人为兴风作浪》，中国青年网，2021年12月30日，http://news.youth.cn/gj/202112/t20211230_13372778.htm，访问日期：2022年3月19日。

晤机制，同时又签署《军事防卫合作协议》，强调要扩大双方在地区多边安全合作框架下的合作范围，展开军队人员交流、舰队访问及联合军演等多领域合作，使得双方防务合作日趋机制化，为双方后来防务合作在更大规模上的全面展开奠定了坚实基础，并实现了多个"首次"之举。例如，2021年10月10日，日澳再次就《互惠准入协议》磋商，讨论建立双方军事人员互访、开展训练和联合行动的法律框架。如果该协议得以最终签署，澳大利亚将成为继美国之外首次与日本签署此类协议的国家，大大简化了双方在防务等领域合作的相关手续，极大促进两国防务合作向纵深发展的进程。

此次日本向澳大利亚提供所谓的"武器等防护"，实际上是2016年实施安保法后给自卫队新添的一项任务。根据新的安保法，日本政府允许自卫队在自身未受到武力攻击或威胁的情况下，根据需要为别国舰艇和飞机提供保护，即所谓的"武器等防护"运用守则。当时，由于该守则设想的是以保护美军舰船为主，因此也被称为"美舰防护"条款，并于2017年5月进行了首次实施，日本海上自卫队直升机护卫舰"出云"号在太平洋一侧海域为美军补给舰提供了护航。随后，日本实施"武器等防护"行动的数量不断增多，据公开的媒体报道，2018年16起，2019年14起，2020年25起。[1]日本通过上述行动，不仅拓展了地区影响力，而且自身在美日同盟中的地位也不断上升。

而随着日本野心的不断膨胀，将实施"武器等防护"的对象扩大至除美军以外的其他国家的军队，特别是那些处于"灰色事态"中开展"有助于防卫日本的活动"的国家的军队，澳大利亚成为其重点合作的对象。为了准备此次"武器等防护"演习，日澳两国早在2020年10月的防长会谈中，就开始展开了相关事务的协调，并于2021年6月的日澳"2+2"会谈中，正式把澳大利亚列入日本的"武器等防护"对象。此次日本将"武器等防护"付诸实践，具有重要的象征意义，表明日澳两国防务合作已经向纵深和多层面拓展，进入了前所未有的密切合作阶段。

---

[1]《除美军外，日本首次对澳军实施"武器等防护"》，《河南日报》2021年11月13日。

日澳加强军事安全合作，背后受多重利益因素驱动

日本与澳大利亚不断深化防务合作，既是两国追求本国多重目标的利益角逐和战略博弈的结果，也是各自提升在亚太地区战略地位的需要，同时还受到了美国等外部力量推动的影响，是美国"印太战略"不断深化的结果。

日澳加强军事安全合作有利于实现各自的国家战略目标。对于日本来讲，加强与澳大利亚的合作，"与日本海洋国家联盟构想的推进和两国'印太战略'实施的需要等因素息息相关"。[1] 近年来，日本通过新的安保法和《日美防卫合作指针》，从实质上已经突破了"专守防卫"的和平宪法的限制。日本希望通过与澳大利亚的合作，借助其地处南太平洋之枢纽的优越地位，增强其在南太平洋和东印度洋的军事活动能力，实现向海外拓展影响力，参与更多地区安全事务的目标，从而"摆脱战后体制"，实现"正常国家"的目标。

而澳大利亚作为南太平洋地区的"中等强国"，则希望通过加强与日本的合作，强化其针对朝鲜半岛、东海和南海等亚太热点地区事务的反应能力，实现其在亚太世纪向亚洲靠拢的政治目标。由于日澳双方都有合作的意愿，两国防务关系得到了不断深化，这次"武器等防护"行动也就"水到渠成"。

此外，美国"印太战略"的不断深化也是推动日澳军事关系升温的重要因素。日本和澳大利亚在美国亚太同盟体系中占据着重要地位，被称为"南北双锚"，是美国实施"印太战略"的重要支柱。两国加强防务合作，不仅可以支持美国在"印太"地区的军事行动，而且还可以巩固美国构建的"印太战略"安全网络体系。拜登政府上台后，更加强调构建基于共同价值观的"民主国家联盟"，极力打造盟友体系。此次日本对澳大利亚实施"武器等防护"，就是美国从中操弄的结果，美国企图通过深化日澳军

---

[1] 王竞超:《日澳海洋安全合作探析：历史演进、动因与前景》，《太平洋学报》2018年第9期，第35页。

事关系,将其作为逐步推动"大国对抗联盟"甚至"亚洲版小北约"形成的核心。

未来日澳"准军事同盟"存在较多变数

由于拥有共同的西方国家意识形态和民主价值观、相近的地缘安全属性以及同时都存在欧亚二元身份认同的摇摆性,日本和澳大利亚在进行军事合作时具有一种天然的"亲切感",都理解对方的"身份焦虑",希望通过双边合作来体现彼此防务的独立性,降低在与美国同盟中的不对等地位,两国在未来合作中带有较强的"联合自强"动机,两国希望通过相互"抱团取暖",让自己更有"安全感"。日本防卫省表示,澳大利亚是特别的战略伙伴,实施"武器等防护"可提高日澳的相互通用性,双方将紧密合作,加快日澳"互惠准入协定"的签署,简化互访手续,促进两国部队顺畅往来,为两国军演创造更多便利条件。此次行动后,日澳还将实施更多的"介入地区安全事务,强化针对第三方的军事合作",[①] 从而将两国的军事合作关系进一步推向深入。

此外,在美国因素的推动下,日澳的双边防务合作还将向更广泛的多边防务合作框架拓展。近年来,亚太地区大国军事力量不断增长,而美国自身的实力则相对不济,在这种情况下,拜登政府一直在鼓励其盟友及伙伴加强彼此间的横向联系,不断推动构建"美日韩""美日澳""美英澳""美日澳印"等多边安全网络,形成更为多元的地区安全秩序。日澳作为美国在亚太地区同盟体系的核心,"日益密切的安全合作保持了'四边机制'的发展动力",[②] 其防务合作关系的加深必然会进一步推动该多边安全机制的发展,从而形成以"美日澳"为主体的多层次、深领域的多边安全合作体系,并在其中发挥关键作用。

[①] 谢梓飞:《日澳军事同盟化的进展、考量及制约因素》,《和平与发展》2021年第6期,第111页。

[②] 唐奇芳:《日澳安全合作:"四边机制"的隐藏指针》,《世界知识》2021年第2期,第18页。

日本欲向印尼出售护卫舰，武器出口创历史最大规模

2020年11月15日，日本宣布与印尼推进防卫合作磋商，努力推销出口其海上自卫队30FFM型护卫舰。[①] 这是日本首次公布护卫舰出口计划，同时也是日本防卫装备出口方面创下的最大规模。如果此次护卫舰交易得以顺利实施，那么将会为日本未来的装备出口提供强大动力，同时也将有助于实现该国此前提出的"自由开放的印太"倡议。但是，由于该项目很有可能与当前日本限制武器出口的"防卫装备转移三原则"相抵触，因此实施起来也面临诸多制约因素。

日本—印尼防务合作关系不断升温

日本是东南亚国家的重要合作伙伴，近年来合作领域不断拓展，特别是在军事合作方面，日本意图突破原有瓶颈，全面提升与东南亚国家的战略伙伴关系。同时，随着其综合国力和军事实力的不断增长，日本也意图通过推销武器装备来扩大自己的地区乃至全球的影响力。在东南亚地区，日本希望通过与军事实力位列东盟第二的印尼开展军事合作，以打开其与东盟其他国家进行军事合作的突破口。

印尼地处太平洋和印度洋连接要冲，扼守马六甲海峡，又是东盟中面积最大、人口最多的国家，"独特的地理位置决定了印度尼西亚在亚太地区

[①] 《日本欲向印尼出口护卫舰，应对中国在南海行动》，快资讯网，2020年11月5日，https://www.360kuai.com/pc/96a5eab43b4b58295?cota=3&kuai_so=1&sign=360_57c3bbd1&refer_scene=so_1，访问日期：2021年4月25日。

地缘政治中的独特战略地位",[①] 印尼在东盟拥有很强的影响力，是日本实施"南下"战略的重要拉拢对象。近年来，日本一直在积极加强同印尼的防务合作。2015年3月，日本与印尼在东京签署了一份谅解备忘录，旨在增强两国间的国防装备及技术合作，特别是在国防工业和后勤保障方面双方已经达成多项合作意向。2020年9月，日本海上自卫队干部和护卫舰主要制造企业三菱重工的负责人专门访问了印尼，为向后者出口军用装备或转让军用技术探路。随后，日本新任首相菅义伟访问印尼期间，也继续推动对印尼的武器装备出口，以帮助印尼应对新冠疫情为名，承诺提供500亿日元（约合4.78亿美元）的贷款，这些都为此次日本向印尼出口护卫舰铺平了道路。

"对地理特征的认知塑造一个国家的海洋安全思维。"[②] 从印尼的角度来看，由于海岸线漫长，面临的海洋安全威胁突出，其海军大多执行的是近海任务，……因此对护卫舰的需求非常迫切，印尼近年来也在一直寻求与日本的合作。此次双方磋商的30FFM护卫舰是由日本三菱公司推出的新一代隐身"科幻战舰"，设计理念超前，具备使用无人载具的扫雷能力等各种高性能，侧重制海、反潜和反水雷，同时拥有强大的的防空能力，每艘造价约为4.67亿美元。根据此次磋商，印尼计划从日本进口4艘该型护卫舰，并希望由日方提供技术，在印尼国内再建造4艘，项目总经费将达到29亿美元，届时将会极大提高印尼海军的整体作战能力。

日本此番销售护卫舰是其武器出口的重大突破

二战之后，日本形成了以"和平宪法"为核心的防卫体制，其军工业的发展受到了很大限制，该宪法原则上不允许日本发展任何进攻性武器，也不允许其发展可用于对外战争的军事力量，日本据此制定了"武器出口三原则"，这些政策构成了日本限制性防卫策略的核心支柱。

但是，随着国际形势的不断变化和日本综合国力的不断恢复，日本的

---

① 鞠海龙：《印度尼西亚海上安全政策及其实践》，《世界经济与政治论坛》2011年第3期，第25页。
② 薛松：《印度尼西亚海洋安全思维与合作逻辑》，《国际安全研究》2021年第3期，第78页。

战略观念发生了重大转变，其寻求成为"正常国家"的野心逐渐膨胀。日本认为，武器出口禁令已成为其迈向政治军事大国的重要"障碍"，必须加速修改，以为其武器装备出口"松绑"。2014年，安倍政府制订了"防卫装备转移三原则"，取代了原来的"武器出口三原则"，明确将"符合条件"并经过"严格审查"的武器出口和军工产业合作视为正常之举，允许日本出口用于救生、运输、警戒监视活动以及扫雷等用途的军用武器装备和技术，大幅降低了日本对外输出武器装备和军事技术的门槛，"实质性地打通了军事技术和武器装备对海外出口的限制"，[①] 为日本武器装备和军事技术出口创造了条件，武器出口也成为日本政府谋求早日成为"全面正常大国""绝不做二流国家""找回强大日本"的重要工具。

与此同时，日本在美国的扶持和默许下，通过建立大型军工企业，发展出了自己的精密军工体系，具备了研发多种武器的能力，日本甚至还专门成立了防卫装备厅，负责推动各型武器的出口，包括与他国共同研发、生产武器等。日本政府认为，要维持国内防卫产业，扩大销路非常重要，期盼能像美俄一样跻身全球军火市场，并从中分得一杯羹，因此日本将对外出售武器作为一个军事强国发展本国军工、赚取经营利益的重要手段和追求目标。

在这种情况下，日本将东南亚国家作为其武器销售的重点，特别是越南、马来西亚、印度、印尼等四个"印太"地区国家。为此，日本积极搜集这些国家的采购意向及特殊需求，为其量身定制具体的出口产品型号。在武器出口的方式上，日本采取先易后难的方式，先是拟出口军用运输机、水上飞机、海上巡逻机和高性能雷达等非致命、非主动攻击性军用装备，将其作为先期的突破口，在防御性武器逐渐突破之后，再把一些大型的、进攻性的武器逐渐对外推销，如高性能战斗机和AIP大型常规潜艇等攻击性武器。2020年8月28日，日本与菲律宾达成了出口总价值1亿美元的空中预警和控制雷达系统的协议，这是日本第一次向国外出口防卫装备，日本据此实现了防卫装备对外出口的零的突破。2020年10月下旬，时

[①] 周永生：《日本防卫科研机构与外国防卫技术、产品的合作》，《国际研究参考》2021年第3期，第23页。

任日本首相菅义伟在其首次出访越南期间，与越南签署了《防卫装备与技术转移协定》，允许其向后者出口国防设备和技术，据悉，两国已经有意签署 P-3C 海上反潜巡逻机的军售协议，这是日本加强"印太"地区国家防御能力的一项重要举措。此次日本拟对印尼出售的护卫舰，相较于上述警戒/监视装备更具进攻性，也更有利于日本打开其军工武器出口的大门，乃至对外出售进攻和致命性武器，对于日本武器出口来说具有标志性意义。

日本未来的武器出口步伐将进一步加快

随着美国"印太战略"的不断深化，日本近期采取了诸多追随美国的举措，包括与印度、澳大利亚等"四边机制"成员国签署军事协议，并参加其框架内的联合军演等。此次日本拟向印尼出口护卫舰，既是其为配合美国所谓的"自由开放的印度太平洋"构想所采取的强化合作措施，也是其对自身利益的一次强化追求。

东南亚地区一直是日本拓展影响力的首选地区。近年来，日本频频向东南亚国家兜售武器，"妄图以此打开其防卫装备的出口之路，强化其对东南亚各国的拉拢渗透"。[①] 而除了武器销售外，日本还经常把自己淘汰的武器赠送给东南亚国家，并通过军舰访问、联合军演等方式，不断推动与东南亚国家的军事合作，为了获得相关订单，日本还大幅放宽技术出口限制，探索更广泛、更灵活的出口方式。比如，日本允诺其拟出口的武器装备根据出口对象国的要求以共同开发的方式，提高在当地生产的比例，日本还可为此提供出口信贷支持，等等。这些举措都将会极大提升日本在东南亚地区的军售吸引力。

从本质上来说，日本积极寻求出口大型防卫装备，一方面是想通过紧跟美国"印太战略"，在印度洋、太平洋地区，尤其在西太平洋前沿，进一步把自己的力量输送出去，另一方面是希望不断突破武器出口禁区，为日本军工产业寻求世界军备市场。可以预测，一旦日本的计划得逞，必将

[①] 韦强：《日本频向东南亚输出武器，意图何在？》，《军事文摘》2017年第21期，第4页。

会进一步突破禁区,在对外武器输出的道路上越走越远。这些都值得我们高度警惕。

日德签署《情报保护协定》，加剧地区安全动荡

2021年3月22日，日本与德国签署《情报保护协定》，规定两国可共享包含军事技术、战术数据、反恐情报、系统集成技术等安全保障领域所需的机密情报并防止情报泄露。[①] 这份协定是日德两国防务合作关系发展的一块重要里程碑，对于双方来说都是各有所需，但对亚太地区的安全形势将会带来较大负面影响，值得我们高度警惕。

日德防务合作关系日趋升温

日本与德国虽然远隔重洋，却一直携手防务合作。近年来，两国防务关系逐渐变得热络，双方开展了积极的军事互动，包括保持经常性的互访、拓展技术合作领域、相互派遣士兵到对方国家参加训练、进行联合战术演习、共同打击海盗等。

日本自2014年制定"防卫装备转移三原则"以来，武器出口规模不断扩大，日本希望通过拓展武器出口和技术合作，来刺激本国军工产业和技术的发展，而德国对于推进与日本的防卫装备合作也展现出了颇为积极的态度。2017年8月，日本与德国在柏林"秘密"签署了《防卫装备品与技术转移协定》，双方决定加强在防卫装备品及技术的联合研究、联合开发和联合生产。[②]

但是，由于当时日德两国尚未建立情报共享机制，因此在涉及较为敏

[①] 邢晓楠：《日德签署〈情报保护协定〉，两国可交换机密情报》，观察者网，2021年3月23日，https://www.guancha.cn/internation/2021_03_23_585032.shtml，访问日期：2021年12月19日。

[②] 张永恒、黄江林：《与德国牵手防务，日本野心凸显》，《人民日报海外版》，2017年8月1日。

感的装备合作时就会出现顾虑和掣肘因素。例如，日本在获悉德国打算在2025年进行海上巡逻机的更新换代后，就一直向其推销P-1型巡逻机，但始终未能如愿，背后原因之一就是由于海上巡逻机收集和传输的数据具有高度的敏感性，德国对日本反潜机能否实现数据共享一直不放心。因此，日本一直在寻求签署某种形式的情报合作协定，使得阻碍防卫装备出口的机密情报共享变得相对容易。

实际上，早在2019年2月，德国总理默克尔在访日期间就与时任日本首相安倍晋三达成了"情报保护协定"的框架协议，但由于当时两国对相关法律的解释不同，导致此次谈判陷入长期化，一直未能正式签约。直至经历了两年的谈判之后，两国才正式签署目前这项军情协定。该协定规定两国定期交换机密军事情报和反恐情报，并优先考虑在军事技术等领域开展合作，该协定为日本向德国出口武器装备清除最大障碍，标志着双方在开展高信任度军事合作方面迈出了重要一步。根据双方发布的共同声明，双方将在此协定基础上继续加强合作，双方的后续具体军事协调或合作事项将按照既有渠道展开，这些都将进一步深化两国间的防务合作关系，两国间的军事互信将得到进一步实质性加强。

德国试探性介入"印太"地区事务

随着"印太"地区日益成为世界经济和全球地缘政治的重心，德国认为能否继续在全球发挥作用，很大程度上取决于其能否在"印太"地区发挥持续有效的影响力。2019年11月，德国国防部长卡伦鲍尔在慕尼黑联邦国防大学演讲时宣称，"印太"地区的战略竞争日趋激烈，地区经济和政治的重要性不断增加，该地区已成为"塑造21世纪国际秩序的关键"，这种地缘政治权力结构的变化对德国"产生了直接影响"，德国应该和盟友一道"显示在该地区的存在"。2020年9月，德国政府发布了一份名为《德国—欧洲—亚洲：共同塑造21世纪》的"印太"地区政策规划，称德国未来几十年的繁荣和地缘政治影响将"取决于和印太国家的合作方式"，"印太"地区是德国外交政策的优先事项，必须要增加对"印太"地区事务的参与度，包括参与地区秩序塑造、介入地区争端调解等。这份报告的发布,使得德国成为继法国之后第二个发布"印太战略"的欧盟国家,使得德国"印太战略"日益呈现"利益诉求的综合性、行动路径的多边性和政策倡议的实心化等特点"。①而随着德国对"印太"地区关注的不断提升,德国介入"印太"地区事务的相关动作也开始逐渐加快。

但是,由于德国与"印太"地区远隔万里,无法也缺乏充足理由直接介入地区事务。为此,德国一直在该地区寻找适当的合作伙伴,以更加有效地在"印太"地区投射影响力。日本由于具有独特的地理位置和迫切的战略需求,毫无疑问成为德国加强介入"印太"事务力度的理想合作对象之一。2020年12月,德国国防部宣布,将于2021年派军舰前往"印太"地区进行巡航。而此次日德签署《情报保护协定》,双方建立情报共享机制,将可以令德军巡航期间获得来自日本方面的情报支持,从而使其巡航行动可以更加顺利和有效。

从影响来看,德国与日本签署《情报保护协定》,无疑会加剧"印太"地区局势的复杂化,但并不会形成太多实质性的影响。一方面,德国目前的军事力量有限,特别是海军力量,和拥有"伊丽莎白女王"号航空母舰的英国相比,有很大的差距,其在大型舰艇领域如两栖攻击舰、航母等方面还是空白,水下也没有核潜艇,因此即使派出护卫舰赶赴"印太"地区,也是形式大于内容,更多是一种政治意义上的宣示。另一方面,由于德国在"印太"地区并没有太多核心利益,德国的态度显得低调并谨慎,更加注重从多方博弈中将自己的利益最大化,因此,德国虽然目前在一定程度上表现出了在"印太"地区与日本走近的倾向,但不会急于把自己绑在美日的战车之上,而更多的是会采取一些"试探性"的介入活动。

日本政治野心膨胀值得警惕

长期以来,日本一直是亚太地区最大的不安定因素。近年来,日本在军事领域动作频频,通过解禁集体自卫权、修改安保法案、连续多次增加

---

① 赵宁宁:《德国"印太战略"的战略考量、特点及影响》,《和平与发展》2021年第5期,第69页。

防卫预算等诸多举措，使得日本自卫队的作战能力不断得到提升，活动范围持续扩大，已经远远超出了"专守防卫"的需要，其目的就是试图摆脱"和平宪法"的制约，打破二战以来国际社会的限制，扩大其政治军事影响力。近日，日本在结束与美国的外长与防长"2+2"会谈后，更是小动作频繁，刻意渲染所谓的"安全威胁"，不断扩大其防务合作伙伴的搜寻半径，甚至将触角伸到了万里之外的欧洲，相继与英国、法国和德国建立起防务合作关系。而这些欧洲国家都正在开启介入亚洲的进程，也为日本提供了很好的机会和条件。

总之，此次日本与德国签署《情报保护协定》，极大体现了其日益壮大的政治军事野心。迄今为止，日本已和美国、澳大利亚、北约、韩国等组织和国家签署了类似协议。可以预测，随着日本野心的不断膨胀，今后还可能继续选择更多的合作伙伴，提升其全球军事影响力，这不仅会破坏亚太地区的和平稳定，还将会给世界安全局势增添更多不稳定性因素。

日本向中东派遣海上自卫队，积极拓展地区影响力

2020年11月19日，日本政府宣布就延长日本海上自卫队护卫舰和P-3C巡逻机在中东海域执行情报收集任务的派遣时间展开最后协调，争取在12月的内阁会议上予以敲定。① 在此之前，日本已经向位于巴林的美国海军第五舰队司令部派出高阶自卫官作为联络官，其目的一方面是想与美军共享海上自卫队获得的情报，另一方面也是为了得到美军所主导的志愿联盟的情报，从而确保日本舰船安全。

中东地区一直是日本关注的重点区域，日本在政治、经济、外交、军事领域采取了多重举措，建立"超越以资源、能源为中心的传统关系，在更广泛领域的经济、政治、安全保障层面进行合作，构建多层次的战略伙伴关系"，② 以实现其国家利益和战略目标。但是，由于其实力有限且在外交政策上从属于美国，因此其中东政策又深深打上了美国的烙印。由此所表现出的是，日本一方面明确表态不会参与美国针对伊朗的"护航联盟"，在向中东派兵问题上小心翼翼，强调此次派兵只是赴中东地区进行情报搜集，不会轻易进入霍尔木兹海峡，但同时又向美国派出联络官加强与后者在中东地区的军事合作，实际上就是要在追随美国与保持自身独立性之间取得平衡，同时也凸显了其不愿彻底放弃在该地区寻求军事存在机会的战略追求。未来，随着中东战略格局的不断变化，日本将不甘心只做权力博弈的旁观者，而将努力积极成为安全秩序的参与者和塑造者。

---

① 《日本自卫队中东巡逻机部队开始活动，军舰或2月启程》，中国新闻网转日本共同社，2020年1月20日，https://www.chinanews.com.cn/gj/2020/01-20/9065529.shtml，访问日期：2020年9月6日。

② 程蕴、刘云：《当前日本的中东政策》，《国际研究参考》2021年第6期，第1页。

日本加强在中东的兵力部署，中东安全形势日趋复杂

近年来，日本借维和、反恐、打击海盗、联合演训等名义，从表态到行动，不断加大在中东地区的军事部署力度，特别是从2009年3月在索马里海域亚丁湾开始打击海盗之后，更是在中东地区动作频频，包括扩建吉布提基地谋求实现日本自卫队的永久驻扎，与约旦、沙特、卡塔尔、阿联酋等国签订防务交流与合作备忘录，与埃及、也门、土耳其等国达成进一步深化防务合作的共识等，军事影响力不断拓展。

此次日本计划向中东海域派遣海上自卫队，也是安倍政府突破宪法限制，实现武力"出海"的一项重要举措。据报道，日本防卫省已经成立了研究向中东派遣自卫队事宜的对策小组，探讨派遣自卫队的任务、武器装备和有事时的对策等具体问题，并初步决定依据《防卫省设置法》，以调查研究为目的，派遣约270名日本自卫队海员前往中东收集情报，派遣的兵力和装备将从日本海上自卫队抽组，行动指挥由协调日本陆海空自卫队行动的统合幕僚监部负责，后勤则依托正在扩充之中的吉布提基地，所派遣部队的活动范围不受限制，所派遣地区也没有事先限定。

虽然日本规定海上自卫队在实际情报收集过程中，没有使用武器的权限，但同时也明确，一旦遭到攻击或遇到船只遭到袭击，被认定为"有事"的话，日本政府可以发布紧急命令，授权自卫队使用相关武器，"采用海上警备行动打击海盗时的方式加以应对"。同时，日本此次还将派遣1艘"宙斯盾"驱逐舰和1架P-3C侦察机，协助自卫队在周边海域搜集情报，加上此前日本已派遣在索马里海域执行任务的海上自卫队力量，未来，日本在该区域将拥有2艘"宙斯盾"驱逐舰和2架P-3C巡逻机，上述武装力量将依据日本《应对海盗法》在阿曼湾至亚丁湾一带海域开展活动，形成联合行动态势。阿曼湾位于阿拉伯海西北海湾，地处阿曼、阿联酋和伊朗三国之间，紧邻霍尔木兹海峡，是一片颇为敏感的海域，在这里本就有美国、英国、西班牙、法国等国军舰游弋，局势复杂，一旦日本加入，整个区域的安全情况将会进一步复杂化。

日本在追随美国与确保自身安全之间左右为难

日本是美国的重要盟友,其外交和安全政策都是在美国政策的框架下形成的。"9·11"事件后,美国在全球范围内展开了大规模的反恐战争,给中东、北非甚至是南亚和东非都带来了直接的影响。在"反恐战争"中,中东既是挑战世界秩序的震源地,也是美国锁定的主要打击对象,吸引了其大量政治、外交和军事"资源"。而在中东地区,伊朗问题是最不稳定的"火药桶",尤其是在西方油轮遭到袭击之后,美军迅速下令向中东增兵,使得局势骤然紧张。美国将伊朗的伊斯兰革命卫队认定为"恐怖组织",并向中东地区派出航母打击群和轰炸机特遣队,试图逼迫伊朗就范。此外,美国还积极组建由其主导的"护航联盟",并不断号召各国出兵,意图对伊朗进行更进一步的围堵。而伊朗也不甘示弱,针锋相对地宣布部分停止履行伊核协议,并暗示要封锁霍尔木兹海峡。

在这种情况下,日本陷入了左右为难的窘境中。一方面,对于日本来说,由于实力上的差距,再加上美国的压力,其中东政策必须表现出唯美马首是瞻的倾向。例如,尽管日本自身极度缺乏石油资源,需要从国际市场大量进口,而从中东进口的石油约占其进口总量的80%以上,但为了配合美国的制裁,日本还是取消了从伊朗购买石油的协议。另一方面,日本在中东地区具有众多至关重要的利益,"对日本而言,中东不但是日本能源安全的生命线,还是其推进大国战略的重要组成部分"。[1] 伊朗也是日本介入中东政治的关键节点之一,如果美伊冲突激化,必然将严重波及日本利益。例如,日本一大半的海外贸易运输途经霍尔木兹海峡,如果与伊朗交恶,封锁海路,将会对日本经济造成严重的负面影响,因此,日本要竭力保持中东的稳定,想方设法防止中东海上交通线不会因美伊交战而突陷中断,给其经济造成致命冲击。为此,日本在很多涉及中东的问题上表现出了一定的独立性,例如其多次表示支持伊核协议,希望美国继续遵守伊核

---

[1] 蔡亮、包玉婷:《简析近年来日本对中东的"平衡外交"》,《东北亚学刊》2021年第6期,第30页。

协议的相关精神；在美国驻以色列使馆迁至耶路撒冷问题上，日本也表现出不赞成不支持的立场。而对于美国一手打造的"护航联盟"，日本担心被绑上美军的战车，与伊朗爆发直接冲突，也明确宣布拒绝加入，表示只会保持"密切合作"。

此次日本自卫队虽然派出战舰和飞机前往中东，但预计部署地点只在阿曼湾、阿拉伯海北部海域，而不会进入伊朗控制的霍尔木兹海峡，因为这里是美伊冲突的焦点地区。对此，美方则表示非常失望，认为日本给其他盟国做出了不好的榜样。

日本出兵中东意在实现"海外派兵"常态化

众所周知，日本是第二次世界大战的发动国和战败国，在战后受到了政治、外交和军事领域的各种限制，其中包括根据日本"和平宪法"的规定，日本的武装力量能且只能用于本土防卫，而不能派遣到海外。但是，近年来，随着日本社会的不断右倾化，安倍政府一直在努力突破"和平宪法"的限制，积极解禁集体自卫权，试图通过各种方法突破"禁区"。例如，日本在此前亚丁湾执行护航任务中，已经出动了"岛雪"号和"濑户雪"号护卫舰，这两艘护卫舰均属于"初雪"级，是20世纪80年代服役的远洋护卫舰。为了降低政治军事敏感性，日本以舰龄较大且不再先进为由，将其划入"训练舰"队列。此外，为了规避一些法律条文的限制，日本政府和自卫队还经常使用"文字游戏"，令其海外派兵行为合法化。

近年来，日本战略学界开始盛行"制中东者制天下"之说，将中东视为其全球地缘政治和国际能源市场的关键板块，并为构筑符合其国家利益和价值观的国际秩序，欲在中东大力推行"俯瞰地球仪外交"。2018年，日本在发布的《外交蓝皮书》中，首次明确将"为中东和平与稳定作出贡献"列为外交重点。[①] 2019年6月，安倍又访问伊朗，凸显出日本谋求提升对中东关键事务影响力的迫切心情。

---

① 《日本不充当美国"打手"，为何还在中东布局？》，北京晚报官网，2019年11月4日，https://baijiahao.baidu.com/s?id=1649239094273231425，访问日期：2022年1月19日。

但是，总体来看，日本还是缺乏对中东地区的话语主导权和战略投送能力，其影响力尚局限在经济、贸易等传统安全领域，这就从根本上制约了日本在中东地区影响力的进一步发挥。此次日方首次明确提出派遣"战斗舰艇"到中东执行任务，是对其海外派兵禁区的一次重大突破。可以预测，如果日本未来继续奉行这种理念和思路，不断突破宪法规定，不断扩大日本自卫队海外活动的范围，那么中东地区必然会成为其对外扩大影响力的战略试验场，成为其谋求"政治大国"地位的跳板。

日本宣布建立宇宙作战队，"战略高边疆"竞争日趋激烈

2020年5月18日，日本航空自卫队的首支太空专门部队"宇宙作战队"成立，部队选址于东京都府中市的日本航空自卫队府中基地，主要任务是"监视陨石、人造卫星和太空垃圾"。根据相关计划，该部队的初始规模约为20人，2022年将逐步扩大至120人以上，预计从2023年起正式展开活动。[①]

日本是世界上为数不多的几个同时具备先进太空技术和开发能力的国家之一，近年来日本在太空军事化力量建设方面的进程也在不断加快。此次日本成立"宇宙作战队"，一方面是其近年来加强太空、网络和电磁三个新领域军力建设的重要体现，服务于其"安全自主化"军事战略与力量转型发展的战略目标，另一方面也是受当前大国安全领域竞争形势的引导，意在配合美国的战略部署，将太空军事合作定位为双边防务合作的新增长点，意图借此为强化同盟注入新动力。为此，在可预见的未来，日本还将会在太空军事力量建设方面进一步投入资源，优化组织结构，通过综合调动自身力量及外部支持，以确保能在太空军事领域抢占先机。

日本太空军事化步伐不断加快

在太空军事化领域，日本从不甘心落后。前防卫大臣中谷元曾露骨地表示："谁控制了太空，谁就控制了地球，制天权将成为争夺制空权和制海权的主要条件之一。"2008年，日本国会通过了《宇宙基本法》，推翻了

---

① 何欣蕾：《日本航空自卫队将于18日成立"宇宙作战队"》，国际在线网，2020年5月8日，http://news.cri.cn/20200508/97759c86-8267-8b41-10c0-b615738bea9c.html，访问日期：2020年12月19日。

1969年的"非军事和平利用太空"原则，使得日本以防御性军事目的为理由开展军事航天活动成为可能，"日本太空政策公开军事化"。① 随后，日本政府陆续出台了一系列相关配套文件，公开承认为了国家安全而开发太空的必要性，并明确了未来太空军事化的核心项目。2018年12月，日本在最新的《防卫计划大纲》中，更是进一步将太空列为"事关生死存亡"的关键战略领域，宣称要采取综合措施确保在太空领域的优势地位。②

在上述文件和理念的指导下，近年来日本太空军事化的步伐不断加快，太空军事能力迅速上升。2017年12月，日本政府宣布将组建"天网电"统合司令部，统一领导这三个高端领域的作战能力建设，并提出了"跨域作战"的新型作战理论，强调要将新型的太空、网络和电磁频谱作战域与传统的陆、海、空作战域有机地融合，从而构建多域一体的联合防卫力量。2019年1月20日，时任首相安倍晋三在国会的施政报告中，再次强调日本必须"彻底强化（在以上领域的）能力与体制"，全力争夺在网络、电磁波方面的军事优势，以保护自己免受网络空间的威胁和外界对日本卫星的电磁干扰。随后，时任防卫大臣河野太郎称，"宇宙是除了网络和电磁波之外的一个重要的新领域。日本必须能够在太空领域迅速占取优势，这件事情也非常重要"，河野太郎将"太空安全视为国家太空战略的首要事项"。③

此次日本组建太空专门部队"宇宙作战队"，就是对上述理念和思想的落实。该部队以"太空监测部队"起步，目前所赋予的任务主要是利用卫星与地面设备来监测太空情况，包括跟踪太空碎片和卫星的位置，避免其在太空发生碰撞事故，同时利用其地面雷达网络来监控可能试图通过反卫星导弹、激光辐照、通信干扰等手段干扰日本或美国卫星行动的卫星活动。这是日本在太空军事化建设方面迈出的重要一步，表明日本已经将太空视为与常规作战域同等重要甚至是更为关键的战略军事领域，正在通过

---

① 何奇松：《日本太空政策的军事化》，《上海交通大学学报（哲学社会科学版）》2017年第1期，第5页。

② 雍鑫、朱春雨：《日本太空军事力量发展现状及趋势分析》，《飞航导弹》2021年第3期，第76页。

③ 王谦、李苏军、丰松江：《浅析日本太空安全战略》，《国防科技》2021年第6期，第21页。

提前谋划，及早部署，优先发展，以确保在该领域的国际竞争中"不落人后"，并将日本安全战略推入太空时代。

"战略高边疆"领域竞争日趋激烈

在国家安全领域，外层空间被视为"战略高边疆"，是继陆海空之后的第四作战空间，也是大国必争的新的战略制高点。在未来的战争中，夺取"制天权"是制胜的必需途径，可以说，当前的太空正在成为新的兵家必争之地，国家的安全和发展利益与其紧密相关。

在这样的背景下，建设"天军"就成为世界各国迫切要做的大事。美国、俄罗斯、欧洲早已着手，走在前列。早在2001年6月，俄罗斯就把军事航天部队和导弹航天防御部队从战略火箭军专列出来，组建新的兵种——航天兵，并赋予其发射各种军用航天器和打击太空武器系统的任务，这是人类历史上第一支真正意义的专业化太空军队。2018年12月，时任美国总统特朗普签署《2020财年国防授权法案》，高调宣布美国太空军的成立，这不仅是"美国对其军事力量结构和能力的一次重大重组"，也是"美军组织形态和力量编成的重要调整，"[①] 是进一步深化落实"高边疆战略"的重要举措。

而相对于美俄，日本目前在太空建设和开发中显然处于第二梯队，虽然部分技术实力较强，但整体建设仍然落后。例如，目前世界上只有美国具备卫星遭受攻击时的感知能力，其军事卫星能实时切断敌方地面基地传感装置发出的攻击信号，而日本尚不具备这种独立的卫星防御和太空作战能力，其太空作战指挥中心虽然拥有低轨道侦察雷达和地球同步轨道监控用的望远镜，但仍难以有效探测到太空中针对己方人造卫星的攻击征兆，在卫星遭受攻击时无法提前探测，这将会对日本未来的太空军事建设构成极大掣肘。

从未来发展来看，随着太空领域新一轮国际竞争的日趋激烈，日本将会依据其"成为与美俄欧并列的太空大国"的战略目标，继续利用和扩

---

① 张龙等:《美国太空军组织形态设计初探》,《国防》2021年第9期，第81页。

大其在太空技术领域的优势，实施"小步快跑"，加紧发展新型太空武器装备，并调整优化太空作战部队的力量部署和组织结构，构建更加完善的"侦察—进攻—防御—支援"太空作战体系。与此同时，日本还会积极寻求与其他国家的合作，通过与太空强国联手、组建太空军事联盟等方式，加强与美国、欧洲、澳大利亚、印度等国家和地区的合作关系，实现"优势互补"，间接增强自身太空军事能力，从而弥补其能力的不足，实施太空军事领域的利益共享和责任分担。可以预测，随着日本迈向太空军事化趋势的不可逆转，其太空军事组织的机构和武器装备必将会进入新的发展阶段，这将对国际太空安全产生更大的影响，值得我们高度警惕和长期关注。

印度将成立"海上战区司令部"

2020年12月,美国外交学者网站发表题为《印度新的海上战区司令部:巨大飞跃》的文章,称印度将成立"海上战区司令部"。这是印度首个新的"地缘"战区司令部,也是印度自1947年独立以来实施的规模最大的军事重组计划的一部分。[①]

长期以来,印度的军事机构弊端一直被人所诟病,各军种内部管理混乱,钩心斗角、资源浪费现象严重,"军事改革存在较大的滞后性",[②]严重影响了印度总体作战规划的效率,使得军队行动能力被严重拖累。为此,印度政府和军方达成共识,要加快推进联合体制改革,其中一个重要的举措就是对军队重组,设立五大战区司令部,以便在战时实现高效指挥。此次印度成立海上战区司令部,就是其在战区体制改革方面迈出的重要一步。

海上战区司令部将成为印度军事力量的"倍增器"

目前,印度的军事力量主要包括陆军、空军和海军三大军种以及海岸防卫队、中央准军事部队和核战略司令部等支援服务机构,分属不同的军区和作战司令部,平时没有协同作战,也无统一的作战指挥机构。随着战争的现代化发展,这种军事力量的安排严重影响了印度联合作战的部署与效率,使其在协同作战中屡屡受挫。为此,印度政府于2019年专门设立国防参谋长职位,希望能够改革积弊重重的联合体制,创建类似于美国和中

[①] 《美媒:印军重组首推海上战区司令部》,新华网,2020年12月26日,http://www.xinhuanet.com/mil/2020-12/26/c_1210948547.htm,访问日期:2021年3月20日。

[②] 程智鑫:《印度军事改革的滞后性及其原因探析》,《印度洋经济体研究》2021年第3期,第85页。

国目前的战区司令部机构。

此次印度计划成立的"海上战区司令部",是印度战区指挥体制改革取得的重要成果。根据报道,印度海上战区司令部将驻扎在印度西海岸的格尔瓦尔,拥有对印度现有的西部和东部海军舰队、空军和海军航空兵的海上攻击机和运输机,以及安达曼—尼科巴联合司令部麾下的两个两栖步兵旅等部队的全面作战控制权,可以一次性集中印度西海岸的全部海空军力量。例如,印度最近部署在南部空军司令部辖区内坦贾武尔的苏–30MKI战斗机中队就将成为海上战区司令部的一部分,该战斗机中队在配备了"布拉莫斯"超音速导弹后,可以为印度海军武器库中唯一可以用于作战的"超日王"号航母提供有效护航。

总的来看,印度"海上战区司令部"的成立,将有助于其保卫印度海上方向的岛屿领土,维持其海上通道的畅通无阻。海上战区司令部成立后,将能够在各种军种力量协调方面发挥重要作用,可大幅度提升印度在海上方向的综合军事实力。

海上战区司令部的建立将有助于印度实现从"近海防御"向"远洋延伸"战略的转变

"深耕印度洋、东进太平洋"是印度长期以来的国家战略。特别是进入21世纪以后,由于"深受印度现实主义国际政治观的影响",[①] 印度已经不满足于作为地区国家的存在,开始把"称霸南亚、控制印度洋、争当世界一流国家"当作国家战略目标。印度在立足南亚、称雄印度洋、争当世界军事强国的思想指导下,开始推行"地区性有限威慑"的军事战略,努力实现由"近海防御"向"远洋延伸"的转变。

近年来,随着"印太"概念的不断深化和印度"向东干政策"的不断推进,印度迫切需要一支强大的海上力量,向东扩展到太平洋沿岸地区,向南拓展至好望角甚至大西洋,向西推进至苏伊士运河,通过"东进、西出、南下",既要建立对印度洋周边国家的绝对军事优势,遏制它们向印

---

① 王晓文:《印度莫迪政府的大国战略评析》,《现代国际关系》2017年第5期,第33页。

度洋扩展，又要对印度洋外部的海军大国实施威慑战略，争取达成海上力量均势，限制它们在印度洋上的行动自由，从而构建"陆上称霸南亚、海上控制印度洋的进攻型边海防御体制"，[①] 最终成为"有声有色"的世界性大国。

此次印度战区机制改革的意图十分明确，除两个战区分别针对中巴外，另外三个战区的主要战略意图都在印度洋上。从地缘角度来看，印度的地形就像一个三角形的矛头插入印度洋，同时把它的海军分割成东西两大区域，在海军兵力有限的情况下，向东发展势必要减少西海岸的兵力，若向西加强阿拉伯海以及亚丁湾的威慑就无法有效支援东部孟加拉湾，因此必须要实现军事力量的整合。

在这种思路的指导下，除了目前印度空军已经在南部的坦贾武尔部署了苏–30MKI重型战斗机外，未来几年印度空军很可能还会在其他地方，比如安达曼—尼科巴群岛等部署更多军机，俯瞰具有战略意义的马六甲海峡。这将会极大提升印度的深入印度洋的远洋打击能力，使其可以密切监视印度洋海域，并能在必要的情况下迅速提供进攻选项。而为了实现该目标，印度还将会继续无缝整合三军各层面的力量，并提出发展新的联合理论和战略，从而有助于其联合作战与远征能力的提升，增强其在印度洋地区的地位和影响力。

未来战区体制改革任重而道远

战区体制改革可谓印度独立以来最为深刻的军事变革。近年来，美中等大国都在不断地发展联合作战的能力，而其中最典型的机构模式就是战区设置。印度认为，随着武器装备技术的不断创新和继承发展，多元化作战力量和具备多种功能于一体的多能化作战力量将不断投入联合作战，联合作战力量将呈现多元多能化的发展趋势。而随着军队指挥控制能力、机动能力和打击能力的不断提高，联合作战的战场将向全球和地下、深海、深空拓展，形成一个全球大立体的联合作战空间。如果没有很高的协同能

[①] 况腊生：《论印度的进攻型边海防体制》，《南亚研究》2021年第1期，第25页。

力,无论三军武器再先进、军舰数量再多,也只不过是一支升级扩大版的二战军队,很容易被对手降维打击。为此,建立战区体制成为印度构建现代化国防体系的重要内容。

按照印度的构想,其军队未来将按照5个战区司令部进行重组,这些司令部将有各自确定的作战区域,并将为同步行动建立无缝衔接的指挥架构,以方便调动军队。除了海上战区司令部外,印度其他战区司令部还包括一个北方司令部、一个西方司令部、一个半岛司令部和一个防空司令部。其中,北方司令部主要针对中国,行使职权的范围将从喀喇昆仑山口开始一直延伸到印控哨所基比图,几乎囊括了印度与中国的所有接壤地区,总部可能设在北方邦的首府勒克瑙市;西方司令部主要针对巴基斯坦,任务范围将从锡亚琴冰川地区的瑟尔多罗山脊的英迪拉山口到古吉拉特邦的最顶端,总部可能设在斋浦尔;半岛司令部主要覆盖印度除西方战区和北方战区之外的陆地领土,总部可能设在印度次大陆最南端位于阿拉伯海一端的特里凡得琅,控制印度洋的意图明显;防空司令部主要负责印度全境的防空事务,印军所有防空导弹均在该司令部控制之下。

在运行机制上,据熟悉内情的印度高级官员透露,所有这5个司令部都将由中将或同等级别的将领领导,陆军、空军和海军参谋长将不再负责作战职能,而是像在美军那样为战区指挥官调动资源,从而使得各方权责更加明确和清晰。印度希望通过此次战区体制改革,让军队在战争时期有更敏捷的反应速度,可以被高效调动和指挥,以节约大量的资源。如果改革按预期在2022年完成,届时印度将首次形成海陆空三军协同作战的能力,为建立现代化国防体系迈出了重要的试探性一步。

但是,尽管印度想要建立一个各军种协同作战、具有资源统一调配能力的战区体制的意愿非常强烈,也进行了大量颇具实效的尝试和探索,但由于这种军改将深度牵涉到印军各方利益,而且长期以来印各军种之间相互掣肘,都在积极捍卫自己的地盘,经常为资源分配不公而闹不和,"这就容易造成军队联合作战能力不足,军事改革难以推行"。[①] 再加上近期由于

---

① 程智鑫:《印度军事改革的滞后性及其原因探析》,《印度洋经济体研究》2021年第3期,第86页。

新冠疫情持续造成严峻财政形势,印度军队在可预见的将来将很难获得必要的资金预算,这些势必都将会对其"伤筋动骨"的战区体制改革构成极大掣肘,印度能否如期顺利完成军改,还有待观察。

印度不断提高反潜能力，
未来有望向多边防务合作拓展

2020年9月26日，印度海军和日本海上自卫队在印度洋举行了为期三天的海上联合演习，重点加强两国在反潜领域的合作，双方同意P-3C等反潜航空单位参与交流和培训，印度的P-8I反潜机和日本的国产P-1反潜巡逻机也将参与联合训练。①

作为南亚地区实力最强大的国家，印度不仅拥有强大的舰艇部队，而且还拥有一支不可小觑的反潜力量。作为防务合作的敏感领域，印度不断加强与周边国家特别是日本在反潜作战领域的合作。从战略目标来看，印度与周边国家不断强化防务合作，是其"向东干"战略与周边国家互补互惠的一种重要方式，但从未来发展来看，由于印度与其他国家追求的战略目标并不完全一致，相互信任程度并不高，合作基础也并不牢靠，因此很难达成实质性结果。

印度不断提高自身反潜作战能力

航空反潜作为最有效的反潜手段，一直受到印度的高度重视，通过采购新型装备和升级现有装备等多种渠道和方式，印度的反潜能力有了很大提升。目前，印度共拥有约40架反潜巡逻机，其中包括美国的P-8I反潜巡逻机和S-70S反潜直升机、俄罗斯的图–142ME远程反潜机和伊尔–38SD型反潜机等。

P-8I反潜巡逻机是美国根据印度海军需求对P-8A进行定制改造而成

---

① 徐璐明:《印日海军联合演习，都用了最强战舰》，新浪网，2020年9月27日，https://mil.news.sina.com.cn/2020-09-27/doc-iivhuipp6798219.shtml，访问日期：2021年3月20日。

的机型，也可以称为P-8A的印度版。该机采用开放式系统架构和先进的传感器与显示技术，部分装有印度自行制造的子系统，并根据印度对该机型360度空对空搜索的要求，安装了P-8A早期版本没有的APS-143C(V)3后视雷达，探测范围大大增大。在武器装备上，该机配备有AGM-84L"鱼叉"Block II型反舰导弹、Mk-54轻型鱼雷以及Mk-82深水炸弹等，未来还可能装备高空反潜武器、联合防区外发射武器以及远程反舰导弹等，可以算是一款世界一流的反潜巡逻机，能基本满足印度的海上巡逻要求。

从服役情况来看，目前印度海军共拥有8架P-8I反潜巡逻机，还有4架正在采购之中。2015年11月13日，首个P-8I反潜巡逻机中队在印度南部的拉贾利海军航空基地服役，标志着这一新型反潜巡逻机部队正式成军，其主要任务除了承担传统反潜巡逻机的远程海上侦察任务，还可用于反舰和反潜作战，未来将逐渐取代目前已经严重老化的图–142海上巡逻机。[①]与此同时，印度还计划采购舰载无人机，在海上情报收集和巡逻侦察方面与反潜直升机形成互补，使印度军舰拥有高度灵活的战术机动能力，并在印度洋海域建立起一张三级海上监控网，从而确保对整个印度洋海域实施有效监控。

加强与日本的反潜合作，弥补短板

虽然印度通过种种努力，在反潜战力建设上取得了不小的成绩，但仍然存在着很多的短板，比如，印度现在装备的反潜直升机服役大多已超过20年，急需更新换代，而P-8I由于数量过少，搜索能力和攻击能力相对有限。从提升反潜能力的途径来看，由于印度国产化装备和自主创新装备相对有限，买进和引进依然是印度反潜装备和能力提升的主要模式，受国外因素的制约较大。此外，印度在作战训练方面也存在着很多不足，印度海军到现在还没有一个完整的反潜案例，也没有成熟的训练方式，在反潜操作、实战化演练以及协调配合方面，都存在着很多的问题。在这种情况

[①]《印度加强反潜作战能力防范中国》，新华网，2016年2月18日，http://www.xinhuanet.com/world/2016-02/18/c_128729270.htm，访问日期，2020年3月25日。

下，印度将目光投向了具有丰富反潜经验并在战略上日趋互求的日本。

作为美国在亚太地区的重要盟友和长期帮手，日本曾多次与美国进行反潜演习和训练，具有丰富的反潜经验，可有效地帮助印度提高在反潜训练领域的经验和能力。而在反潜装备上，日本目前共拥有19艘潜艇和4艘直升机航母，配备有先进的反潜探测设备和攻潜武器，同时还拥有多架P-3C海上巡逻机和最新型国产P-1反潜巡逻机，反潜实力在世界上也是数一数二的。

在日本现役的反潜直升机中，P-1反潜巡逻机是由日本自行研发的最新机型，包括发动机等在内的核心部件全部由日本独立制造。与目前日本的反潜主力P-3C巡逻机相比，P-1反潜机的巡航高度和速度都有了大幅提升，续航距离达到了8000公里，巡航高度则达到了13,000米。对于一款反潜巡逻机来说，巡航速度和巡航高度的增加，意味着该机执行反潜任务时的探测区域面积也会大大增加，从而可提高其发现潜艇的概率。在电子设施方面，P-1巡逻机还装备有HPS-100现代化有源相控阵机载雷达、光电传感器系统和磁强仪，能够接收潜艇所有物理场信号，并在世界范围内首次使用新型光纤控制系统。与传统的电传控制系统相比，在电磁脉冲和核爆破作用条件下，在电磁兼容性问题方面，新型系统的稳定性更强，效率更高，进一步强化了海上侦察巡逻功能。此外，P-1还将设有4名专门收集潜水艇声音和电磁信息的队员，而且每人增加配备两处监视器，使得情报分析更加高效。

从服役情况来看，日本首架P-1巡逻机于2012年9月25日成功试飞，2013年3月起陆续开始在日本神奈川县的厚木航空基地部署，主要负责对沿海地区的警戒监视等活动。按照计划，日本防卫省将总共采购70架，用于替换现役的80架老旧P-3C。尽管总数有所减少，但由于P-1在侦察能力和飞行速度方面比P-3C具有明显的优势，完全能够弥补装备数量减少造成的损失。

美日印反潜机制将逐渐成形

7月7日，印度总理莫迪与日本首相安倍在德国北部城市汉堡举行会谈，就推进包括美国在内的三国防务合作达成一致，并决定未来将定期举行有针对性的三边联合军事演习。7月10日，美国在西太平洋地区与印日举行了以反潜战为主要科目的"马拉巴尔–2017"联合军事演习，在此次演习中，美国按照惯例，派出了"尼米兹"号核动力航母编队，而日本则派出了正在进行远海训练的"出云"号直升机航母，该舰最多可以搭载14架反潜直升机，差不多相当于一艘美国航母上的一个反潜直升机中队，等于将美国母舰队的反潜力量增加了三分之一，能够很好地满足一般威胁条件下的反潜作战需求。由于美日两国具有丰富的联合反潜经验，因此通过军演，可以给印度反潜提供重要的借鉴，使其从中学到先进的反潜战术和经验，进一步提高其自身反潜战力。为此，印度则派出了其唯一的"维克拉马蒂亚"号航母，与6艘水面战舰和1艘"基洛"级潜艇组成了庞大的航母战斗群舰队，使得此次军演达到了三航母规模，创下多项历史纪录，也为加强三国联合反潜作战能力起到了极大的推动作用。

从未来发展趋势来看，一旦美日印三国海上力量在联合反潜领域达成共识并构建起反潜联络机制，那么美日在西太海域的反潜阵地与印度在印度洋构建的反潜阵地将连成一片，形成"两洋反潜包围圈"，必将对太平洋—印度洋地区的安全形势产生重要的影响，值得我们高度警惕。

印日举行联合海上军演，敏感时期加强军事互动

近段时间以来，南亚局势一直不太平，印度在本国新冠疫情持续蔓延的情况下，不断挑起边境冲突，制造摩擦，先后与巴基斯坦、尼泊尔等国家产生了纷争。为了谋求在冲突中占据优势，寻求相关国际援助和支持，莫迪政府不断加大对周边国家的拉拢力度，不断加强与这些国家的军事交流与合作。2020年6月，印度派出战舰在印度洋地区和日本进行了内容主要为战术和通信演练的联合海上军事演练。其中，印度方面派出的是"拉纳"号和"库拉什"号训练舰，而日本方面则是出动"鹿岛"号和"岛雪"号训练舰。①

对于日本来说，近年来一直在推进"自由开放的印度—太平洋战略"，希望通过将太平洋和印度洋连接在一起，达到在印度洋加强安全合作的战略目标，以"在更加广阔的地缘范围内主动提升权势与拓展影响"。② 因此，日本对与印度在印度洋区域范围内展开合作进行了积极的响应。可以预测，印日深化与加强防务合作将会是未来一段时期内两国的共同外交倾向和政策选择，必将会影响"印太"地区安全形势的发展走向，成为塑造该地区国际格局的重要因素。

---

① 《印度和日本举行海上联合演练，印度海军中将宣称演习目的是"释放信号"》，环球网，2020年6月29日，https://baijiahao.baidu.com/s?id=1670825541821089963，访问日期：2021年3月19日。

② 宋德星、黄钊：《日本"印太战略"的生成机理及其战略效能探析》，《世界经济与政治》2019年第11期，第34页。

印日双边军事互动日渐频繁

进入21世纪以来,印日两国关系持续升温,军事合作迅速发展。2006年,印度和日本宣布建立了一项所谓的"特殊战略和全球伙伴关系",以加强两国的战略关系。2008年,印日两国首脑签署了《关于印日之间安全保障合作的联合宣言》,制定了两国安全合作的路线图,特别强调在海上安全领域的合作。2009年,印日双方宣布正式启动"2+2"(外长与防长)会谈机制,两国双边外交与战略关系进一步提升,安全防务合作的深度、广度都有所加强。2018年,印日两国决定将"2+2"会谈从副部长级提升至部长级,在安保领域强化陆海空力量交流,加强基础设施领域合作,提升军事装备及研发方面的合作。2019年5月,印度与日本就《物资劳务相互提供协议》进行了正式谈判,这是一个准军事互助协议,允许双方互相提供食物、燃料、弹药及其他物品,并将允许双方使用对方的军事基地,可以向战时的另一方提供直接出兵外的几乎所有军事援助。

此次印度和日本举行海上演习是一种例行性的交汇演习(PASSEX,Passing Exercise),两国仅出动了4艘战舰,内容也仅为演练如何在开展军事行动和执行人道主义任务时进行配合的联合演习,但演习的时间正好是在印度与多国发生边境冲突之际,因此具有很强的"信号"意义。而据统计,印日双方在3年时间内开展了15次这样的军演,平均每年5次,这也凸显了双边军事互动的频繁程度。未来,印度和日本还将计划加强联合军演、军事交流、高层互访、海事安全合作等合作方式,并在安全防务领域建立起年度安全对话、防卫政策对话、军方对话、海警对话等机制,从而使得两国战略伙伴关系得到进一步深化。

敏感时期加速深化"向东干"政策

印度是南亚地区的最大国家,一直追求世界大国地位,近年来已经不再满足成为印度洋地区的大国,而且还希望把自己的影响扩大到太平洋地区,而基于新近国际权势格局东移、国际政治秩序变奏以及长期战略的需要等因素，印度不断向太平洋地区拓展影响力，也是深化推行其"向东干战略"的重要内容，"服务于印度成为世界大国的目标"。[①] 长期以来，印度一直在积极发展军事实力，特别是海军，拥有航母、隐形护卫舰等先进战舰，并且正在研制新航母、核潜艇和潜射弹道导弹等武器装备。2020年以来，印度在新冠疫情侵袭之际还在挑衅周边多个邻国，将边境地区搞得乌烟瘴气，因此选择与日本举行联合海上军事演习，很大程度上是出于彰显武力的政治目的。例如，印度在和邻国发生颇为激烈的"互动"之后，其多艘驱逐舰护卫舰就赶赴了印度洋的安达曼群岛，协助驻地海军加强警戒，同时还派遣了三四架P-8I巡逻机奔赴上述海域展开反潜巡逻行动，其防止的就是东亚方向的潜艇会从南海进入印度洋，对印度造成威慑。

为了提高自身的军事实力，进一步向周边国家实施军力威慑，印度还购进和计划购进大量军事装备。例如，印度政府已经决定从美国购买"神剑"炮弹，用来配备M777榴弹炮，而美国也在对印军售方面大大松口，表示只要印度需要，美国随时都可以为印度提供帮助。法国承诺在2020年7月27日交付一批"阵风"战斗机给印度，并为印度培训飞行员和配备加油机。此外，印度从以色列也购入了反导系统，以色列为了尽快交付，直接从军队中调出了装备交给了印度。而作为印度武器装备的最大"供货商"，俄罗斯也同意向印度提供数十架苏-30和米格-29，并且答应尽早交付S-400反导系统。在上述各国对印度军购放宽之后，印度军队的实力可以说是得到了大增，而其军事实力的增强又促使了其未来"向东干战略"的深化实施。

此外，印度把日本拉到附近海域举行联合演习，也是努力配合美国"印太战略"的一种表现。目前，除了印日军演外，美国在亚太地区还同时部署三艘航母"罗纳德·里根"号、"西奥多·罗斯福"号和"尼米兹"号，这在近年来尚属首次。印度和日本都是美国在"印太"地区的重要合作伙伴。两国军演与美国的炫耀武力形成了默契配合。此外，印日举行双边海上军演还将会极大促进"美澳日印合作机制"的成长，加强这些国家在美国"印太战略"框架下的合作。在美国的"印太战略"中，印度、日

---

① 杨思灵：《印度"东进"的战略逻辑及其变迁》，《东南亚研究》2021年第6期，第77页。

本和澳大利亚是重要的组成部分，日本是亚太、西太海域的支撑点，澳大利亚是南太平洋到印度洋的支撑点，而印度则是印度洋的支撑点。近年来，除了日本，印度还在加强与澳大利亚的双边关系。例如，稍早前印度和澳大利亚就签订了全面战略合作伙伴关系，双方允许对方军舰进入自身军港进行补给和休整，并且澳大利亚和印度也建立了"2+2"防长、外长对话机制，确立了两国的准盟友关系。随着这三个国家的互动关联，印日、印澳、日澳这三对双边防务关系将会持续加深，印日澳的三边防务关系也将持续加强。

印日难以建立起盟友层面的合作关系

对于日本来说，深化印日防务关系有着自身的利益考虑，并持有较大的期待。日本自然资源十分贫乏，是世界第二大石油进口国，其80%以上的石油是从海湾地区途经印度洋运输回国的。此外，日本每年还有几千亿美元的货物通过印度洋运往中东和欧洲地区。印度洋海上通道已成为日本经济发展的"生命线"。[①] 而印度作为印度洋沿岸地区最为强大的国家，处于印度洋的核心地位，对印度洋石油运输通道安全有着极为重要的影响，具有保护印度洋航运通道安全的天然地缘优势。同时，日本还一直希望通过推进"南下战略"，将太平洋和印度洋连接在一起，达到在该区域发展经济、加强安全合作的战略目标。为此，日本近年来开始逐渐加大与印度的合作关系的力度，特别是通过举办和参与和印度有关的联合军演，来构筑双方的信赖关系。

此外，日本与印度加强防务安全合作还有着非常现实的考虑。目前，日本与周边国家出现了诸多矛盾和冲突。例如，日本和韩国因为贸易摩擦和历史遗留问题形成对峙，韩国一再上诉联合国教科文组织，要求取消日本关于军舰岛的申遗，因为日本没有尊重历史。在这样的背景下，日本与印度军演，难免也有争取外援，减轻其外交压力的考虑。在此次联合军演中，非常耐人寻味的是，日本的态度非常微妙，言论也比较温和，将演习

---

① 时宏远：《日本的印度洋政策：利益与挑战》，《国际研究参考》2021年第1期，第2页。

描述为旨在加强印日两国海上防务力量的"相互了解",日本海上自卫队方面还特别表示,双方军演与当前的地区事务无关,宣称没有针对任何特定目标,并且专门将两艘派出的导弹驱逐舰称为训练舰,其原因都是为了降低当前关键时期举行军事行动的敏感度。

总之,印日海上安全合作不断走近,是印度"向东干战略"和日本"印太战略"理念共同促进的主要成果,但由于受到利益和观点分歧的影响,两国未来防务合作的深化发展并非一帆风顺。对于日本来说,"出于本国地缘战略、能源供应路线安全、东北亚地区主导权以及国际政治格局等多方面因素考虑",[1]加强与印度的合作主要是为了获得在印度洋的军事存在与影响。印度长期以来奉行独立自主的外交政策,不会轻易做受人摆布和操控的棋子。因此,尽管随着印日两国在战略扩张上的利益契合点日益增多,相互借重的程度日益提升,但双方在加强军事联系和防务合作过程中还会保持一定的距离,难以建立起盟友层面的密切的合作关系。

---

[1] 张光新、徐万胜:《日本强化与印度军事合作问题探析》,《日本学刊》2018年第1期,第91页。

印度退出俄"高加索–2020"联合军演，无奈之举还是另有他图？

2020年8月，印度国防部宣布，出于对新冠疫情及其给演习带来的后勤安排等方面困难的考虑，印度决定本年度不参加俄罗斯即将在南部阿斯特拉罕地区举行的代号为"高加索–2020"的多国联合军事演习，并声称已经将此决定告知了俄罗斯国防部。①

印度与俄罗斯的军事合作由来已久。印度基于自身有限的军事实力与独立自主的外交政策，从国家长远战略的角度出发，坚持深化拓展与俄罗斯的军事合作水平。虽然近年来受到美国的多次施压，但印度与俄罗斯的防务合作仍保持稳定前进，并取得了引人注目的成果。在可预见的一段时期，由于印俄双方相互需求的动力较为充足，俄印防务合作仍有进一步加强的空间，但双方诸多根本性和结构性矛盾难以消除，两国防务合作的深度和广度还将受到一定程度的影响。②

印退出联演具有多重战略考虑

"高加索–2020"战略军事演习是俄罗斯当年举行的规模最大的一场全军战略战役演习，是俄罗斯针对西方反俄势力的重要反制措施之一。近期以来，俄罗斯所面临的外部安全环境应该说是比较复杂，以美国为首的北约针对俄罗斯举行了一系列军事演习，美国军机频繁出现在黑海、波罗的海上空，对俄罗斯进行抵近侦察。据不完全统计，仅在2020年8月，美国

---

① 《外媒：印度退出俄罗斯多国军事演习，原因与中国有关》，参考消息网，2020年8月31日，http://www.cankaoxiaoxi.com/china/20200831/2419551.shtml，访问日期：2020年12月20日。

② 徐金金、晏拥：《印度战略视野下的印俄关系：新发展、限度与走向》，《江南社会学院学报》2022年第1期，第68页。

就已在黑海、波罗的海、巴伦支海以及鄂霍次克海等区域上空进行了近十起军机抵近侦察，这些都引起了俄罗斯的强烈不满。从2020年7月27日起，俄罗斯开始在达吉斯坦共和国、北奥塞梯共和国、车臣共和国，以及在外高加索地区的两个军事基地进行战术演习，参演兵力5000余人，其目的一方面是为了检验部队的战备水平，另一方面也是向北约相关国家展示其强大军力，意图展示俄罗斯有充分能力应对周边事态与外来挑战，同时也为"高加索–2020"军演做热身准备。

俄罗斯的这次演习，以南部军区兵力为依托，以应对俄高加索地区和西南战略方向面临的安全威胁为主要想定，所针对的不仅仅是高加索方向，在某种意义上也是平衡西方近期对俄罗斯的一系列军事压力，针对美国的反制意图非常明显。从参演的规模来看，此次军演预计参演人员近20万人，其中正规军超过16万人，国民近卫军、内务部等部门也将协同参演。从参演成员国来看，俄罗斯邀请的国家，除了7个上海合作组织的成员国之外，还有蒙古以及一些中东国家和俄邻近国家，例如叙利亚、伊朗、埃及以及土耳其、白俄罗斯、阿塞拜疆、土库曼斯坦、亚美尼亚等。由于印度在此之前一直是该演习的参演国家，因此俄罗斯媒体还特别报道了要参加军演的印度代表团的人员组成和数量。按照原定计划，印度将从一个步兵营派出100多名军人，此外还会选派空军人员、海军观察员以及防空部队和特种部队参加演习，人员共计200余人。

此次印度突然宣布退出军演，虽然将原因归咎于正在印度国内肆虐的新冠疫情，但实际上背后有着深刻复杂的战略考虑。近段时间以来，南亚局势一直不太平，印度在本国新冠疫情持续蔓延的情况下，不断挑起边境冲突，制造摩擦，先后与周边国家产生了纷争。为了谋求冲突优势，寻求国际援助和支持，莫迪政府不断加大对美国的靠拢力度，不断加强与美国的军事交流合作。例如，印度政府已经决定从美国购买"神剑"炮弹，用来配备M777榴弹炮，而美国也在对印军售方面大大松口，表示只要印度需要，美国随时都可以为印度提供帮助。可以预测，深化与加强与美国的防务合作将会是印度未来一段时期的外交倾向和政策选择，在这种情况下，印度退出针对美国意图明显的"高加索–2020"军演，是避免得罪美国的一种较为明智的做法。

此外，印度宣布退出此次"高加索-2020"军事演习，也是在其与相关国家争端不断升级和关系不断紧张的情况下，向印度民众及西方伙伴传递印度要与争端国家"划清界限"，不会与后者一同参加演习的立场，试图借此来显示和表达其强硬态度，从而获得其盟友伙伴和国内民众的舆论支持。

印度退出联演不利俄印防务合作的深化

俄罗斯是印度的重要军事合作伙伴，两国军政高层始终高度重视军事合作，不仅建立了"特殊特惠的战略伙伴关系"，[①] 实现了最高层级的领导人定期互访机制，还建立了由国防部长领导的政府间军事技术合作委员会，负责协调军事技术合作的相关事宜。随着两国防务关系的持续深化和不断拓展，防务合作机制已逐步形成，包括联合军演、军贸军售、军工合作等在内的各种合作方式，成为稳定俄印关系发展的最有力的支柱。

目前，俄印两国在武器装备领域的合作种类涉及陆海空等各军种，在印度武装力量配备的武器装备中，70%以上来自俄罗斯。2018年10月，两国还签署了价值50亿美元的S-400防空导弹系统的供应合同，预计将在2021年底前交付，标志着俄印军事合作关系又上了一个新台阶。此外，俄罗斯还是"印度制造"计划框架下国防产品生产领域非常重要的合作伙伴。据印度国防部称，印俄两国企业已经签署了14项合作备忘录，涉及T-90坦克技术转让、"布拉莫斯"巡航导弹和11356型护卫舰生产，以及第五代战机的共同研发等多个项目。而据最新消息，俄罗斯与印度还紧急签署了关于在印度制造AK-203突击步枪的合同。按照该协议，首批2万支AK-203突击步枪将由俄罗斯直接供货，其后，俄罗斯方面将通过提供机器设备和部分零部件的方式，在印度本土生产65万支AK-203突击步枪，并最终实现AK-203突击步枪的"印度制造"，这些均体现出双方合作方式的转变和深化，即从传统的军火交易开始转向联合研发生产，以推动两国军贸

[①] 徐金金、晏拥：《印度视角下的印俄关系：合作、分歧与前景》，《前沿》2021年第6期，第41页。

规模和水平的不断提升。

随着俄印防务合作的逐步机制化，联合军事演习也成为推动两国军事合作进一步深化的重要手段。实际上，印度和俄罗斯各军种之间长期以来一直在进行着旨在加强两国作战能力和战备状态的各种联合演习，其中最有名的是"因陀罗"联合军演，该演习始于2003年，已成为两国的年度例行军事演习。2019年12月，"因陀罗-2019"联演在印度三个邦境内举行，双方动用了包括T-90坦克和BMP-2步战车在内的武器装备，还设置了印俄混合乘组驾驶印度空军苏-30MKI飞机对抗战舰科目，进一步提高了两军装备的互操作性。

此次印度突然决定退出"高加索-2020"演习，将在一定程度上给俄印两国关系带来负面影响，很可能会使西方国家以此大做文章，嘲讽俄罗斯的国际地位，令其在国际上的信誉受损，甚至会伤及俄印在军事安全及技术领域的深入合作。为此，印度又宣布其国防部长将于9月4日至6日访问俄罗斯参加上合组织防长会议，其目的就是"消除"其突兀行为给俄罗斯可能带来的不利因素，确保两国关系的正常发展。

未来俄印双边关系的发展面临诸多挑战

从近年来俄印持续加强防务合作的动因来看，主要是受到双方各自利益需求的驱动。对印度而言，追求实现"大国梦"是其长期的战略目标，由于其自身实力有限，且奉行独立自主的外交政策，因此选择加强同传统防务伙伴俄罗斯的合作是一个最优的途径，俄罗斯不仅可以帮助其快速提升军事能力，对抗域内外相关国家的力量，还可以在美国大力推行其所谓的"印太战略"的过程中，避免成为其战略棋子，在地缘战略博弈中平衡各方、赢得更多筹码，这也符合印度的总体战略目标，俄印防务合作"是印度大国外交的重要一环"。[①] 对于俄罗斯来说，深化与印度的防务合作，不仅可以获得继能源之外最大的收入来源，也可以将其战略影响力投射到

---

① 曾祥裕、张春燕:《印俄海上安全合作的进展与困境》,《边界与海洋研究》2021年第4期,第38页。

印度洋，印度是其南下的最大依靠对象。

但是，从未来发展来看，俄印防务合作也会受到诸多不利因素的影响，其中最重要的一个因素就是美国对俄印关系深化发展的强烈不安。就拿俄印之间 S-400 型防空导弹系统的交易来看，美国称俄 S-400 型防空导弹系统是美国制裁的"重点领域"，威胁将根据《以制裁反击美国敌人法案》实施制裁，试图对该交易施加压力。尽管美国国务卿蓬佩奥强调美国并非旨在惩罚印度，但实际上，列入美国制裁清单的俄罗斯国防出口公司、卡拉什尼科夫公司以及苏霍伊、图波列夫等军工企业都是印度国防订货的主要供应商，而且，如果印度继续从俄罗斯军工企业购买武器，其作为国家财政担保的银行系统也有可能遭受美国的制裁。而此次印度退出军演，也是在很大程度上顾忌到了美国的因素。

此外，俄印在武器采购价格、技术转让、交货期限和后期维护等方面也存在较大分歧，特别是印度采取国防自主化和军购多元化政策后，俄印军贸合作的基础将会受到较大冲击，而美国在推进"印太战略"的过程中将对印度极力拉拢，也将会影响未来两国关系的发展走向。在地缘政治环境急剧变化的背景下，俄印战略伙伴关系是否牢固到足以抵挡国际风云的变幻，对双方都是场考验。

印澳签署防务合作协议，互有所求但难以深化

2020年6月4日，印度和澳大利亚签署了一项军事后勤支持和国防技术合作协议。根据该协议，双方可互相进入彼此的重要军事基地，进行技术和物资的补给。此外，双方还在磋商，试图推动两国外交部长加国防部长的"2+2"谈判机制，以强化两国在防务和政治领域的协同合作。①

近年来，"印太"地区及国际形势发生了深刻复杂的变化。印度与澳大利亚为了维护和拓展自身利益，积极推动双边防务合作，两国关系也呈现了快速发展的势头。与此同时，在美国鼓吹"大国竞争"并积极推动"印太战略"落地生根的背景下，印澳希望借助美国战略布局来强化自身在"印太"地区的军事存在，而美国则希望印澳安全与防务合作能够促使其"印太战略"升级和实心化，这也对印澳防务合作关系的发展起到了重要的推动作用，并赋予了两国防务合作以新的内涵，给地区安全和稳定带来新的不确定性，其影响不容忽视。从未来发展来看，印度与澳大利亚在安全与防务合作上还是存在诸多的制约因素，特别是双方对于防务合作的定位认知还不尽相同，同时双方之间的不信任感也很强烈，这些都将制约两国关系的进一步深化。

印澳防务合作领域持续拓展

印度长期以来一直实施"向东看"政策，其目标已经由最初的东南亚地区扩大为整个亚洲东部和南太平洋地区，而澳大利亚作为南太平洋地区

---

① 中国国防科技信息中心:《印度和澳大利亚签署防务协议》，搜狐网，2020年6月8日，https://www.sohu.com/a/400494664_313834，访问日期：2020年9月20日。

最大的国家和潜在的军事强国,在印度的"向东看"政策中举足轻重。莫迪政府上台后,一直致力于提高印度在"印太"地区的战略地位,将澳大利亚视为其在该地区的重要合作伙伴,两国防务交流层次不断提升,合作领域不断拓展,取得了显著成效。

实际上,印澳两国的关系发展并非一帆风顺,直到2011年12月澳大利亚政府才取消了向印度出口铀的禁令,两国防务合作关系才逐渐升温。2017年12月,印度与澳大利亚举行了首次外交部长和国防部长"2+2"对话会,同意将共同致力于深化防务领域合作,并明确地把海上安全合作列为两国防务合作的最高优先事项。2019年3月,印澳举行了有史以来规模最大的联合海军演习,演习中澳大利亚海军和印度海军联合出动了包括侦察和反潜机、大型水面舰艇和潜艇在内的先进舰艇,双方进行了以"狩猎潜艇战术训练"为主要科目的"高端的、最复杂的演习"。据有关数据统计,2019年印澳两军共进行了39项合作活动,极大体现了两军深化交流合作的趋势。近期,澳大利亚外交部长佩恩还表示,两国未来的海上伙伴关系还将扩大到合作应对跨国挑战方面,例如人员偷渡、武器和毒品贩运以及海上恐怖主义等,以加强对整个印度洋—太平洋地区的监管力度。

在印澳防务合作不断深化的过程中,军事物流共享协议一直是两国磋商的重点。在此之前,印度已经与美国、法国和新加坡等多个国家签署了类似的互惠后勤协议。例如,2016年8月,印度与美国签署了《物流交换协议备忘录》,允许印美两国战机和军舰互相在对方的军事基地进行物资转运、设备维修和人员休整。此次印度和澳大利亚签署《双边后勤支援协议》,是两国实现联手打造"印度洋+大洋洲"控制战略的重要举措,将为印澳两国军队共享军事后勤服务提供重要框架。根据这项协议,印度和澳大利亚也可以互相进入对方国家的重要军事基地,如海港、机场等,并得到包括物资补给、维护保养和医疗服务等在内的后勤保障,这将极大提高双方的协同作战能力,强化应对区域人道主义灾难的"综合反应能力",并可通过更为复杂的演习深化军事融合,制定"应对共同安全挑战的新方法",来加强其联合军事演习和战斗活动的"范围和复杂性",从而为两国在军事方面的合作提供更大的空间。据媒体报道,未来印度还将与日本签署一项类似的军事后勤共享协定,这样,印度就完成了与美国、日本和澳大利亚等三个"印太"地区重要国家的后勤共享安排，实现全面的协同。

各有所求吸引印澳关系不断走近

近年来，印澳两国的战略利益不断趋同，利益契合点逐渐增多，两国开始将彼此视为在"印太"地区最重要的合作伙伴。作为印度洋地区的最大国家，印度清醒地认识到加强与"印太"国家合作的重大意义，并且敏锐地捕捉到澳大利亚致力于加强与印度合作的意图，将其视为在印度洋地区最为重要的合作伙伴，从而使得澳大利亚在印度的对外战略中的地位进一步提升。

而澳大利亚则认为，随着印度的不断崛起，印度已成为"印太"地区事务的重要参与者和决策者，将会对澳大利亚提升在"印太"地区的影响力产生重要影响，因此加强与印度在"印太"地区的合作符合澳大利亚的国家战略利益。此外，印度目前积极推行多极的"印太"地区秩序的"向东看政策"，也与澳大利亚的主张相一致。澳大利亚在2013年和2016年的《国防白皮书》中，都表示要高度重视维护印度洋地区的安全与稳定，将印度洋事务列为澳对外战略的优先事项，表示将持续深化与印度在"印太"地区的战略合作。

印澳在签署军事后勤支持和国防技术合作协议后，两国领导人还发表了一份联合声明，专门强调了两国加强合作的重要性，表示两国将致力于建立一个开放、包容、繁荣的印度洋—太平洋地区。这份声明和《后勤支援协议》、"2+2"部长会谈机制一起，共同组成了印澳两国在军事协作领域的基础，标志着两国关系从"战略伙伴关系"提升为"全面战略伙伴关系"，使得两国关系"迈上了一个新台阶"。

此外，美国全球战略的调整，尤其是特朗普政府上台后正在实施的"印太战略"，也是推动印澳安全与防务合作深化的重要因素。当前，印澳双方达成的涵盖军事防务、信息情报、政治地缘领域的一系列协议，事实上都是在美国"印太战略"这一大的框架背景下达成的。当前特朗普的"印太战略"正在由"构想"进入机制建设和能力扩充阶段，构建"美日澳印"安全合作机制，已成为落实和深化美"印太战略"不可或缺的一环。无论是印度还是澳大利亚,都已成为该战略的重要支点。在美国的"印太战略"中,日本和印度是东西"两翼",澳大利亚是连接两洋的"南锚"。根据美国新版《国家安全战略(2017)》,美国"欢迎印度崛起成为全球领导力量和强有力的战略与防务伙伴,将增加与日本、澳大利亚和印度的四边合作",[①]这些都将成为印澳关系突飞猛进发展的重要原因。

诸多因素影响印澳未来防务合作关系的深化

印度与澳大利亚在安全与防务合作上存有诸多制约因素。例如,印度一贯高度警惕域外国家对自身事务的干预,长期坚持外交和战略的独立自主并将此视为国家战略的重要组成部分,"印度洋优先战略、积极的参与战略和融合战略会成为印度的优先选项"。[②]印度所偏爱并追求的"自由、开放和包容的印度洋—太平洋"是指多极地区秩序,在这种秩序下,印方可以保持其战略自主,展示自己的领导抱负,并遵循多联盟的道路,而并非美国主导下的单级"印太"安全秩序。

但是,由于澳大利亚是美国在亚太地区的传统盟友,关系非常密切,与日本共同被称为美在"印太"地区的南北两大支柱,在安全领域对美国的依赖程度非常大。作为回报,澳大利亚一直是美国推进自身战略的重要"马前卒",因此给印度带来了很大的猜忌。印度认为澳大利亚并非一个独立或者完全独立的战略角色,在核心事务上不仅将难以保持应有的独立性,甚至还会作为美国利益的代言人,让美国通过澳大利亚来干预印度的战略和事务。

为此,印度长期以来一直对澳大利亚怀有很大的戒心,并未将发展同澳大利亚的战略关系列为其外交事务的优先事项,其外交资源也没有优先运用到印澳关系的发展上去。例如,澳大利亚自2015年以来就积极谋求加入美印举行的"马拉巴尔"联合军演,但印度长期以来没有同意,仅允许澳方派观察员进行观摩,其主要原因是印度担心如果接纳了澳大利亚,将

---

① 慕小明:《不断出新招:美"印太战略"要"实心化"?》,人民网,2018年8月6日,http://military.people.com.cn/n1/2018/0806/c1011-30210988.html,访问日期:2020年9月20日。

② 师学伟:《印度"印太战略":逻辑、目标与趋向》,《太平洋学报》2019年第9期,第23页。

会失去对该演习的影响力,从而损害自身的战略自主性。此外,对于目前美国正在积极打造的美日澳印"四边机制"来说,其本身也具有很大的不稳定性,"四国战略目标及利益诉求存在分歧",[①] 目前还只限于建立对话机制和造势阶段,难以突破美日双边同盟的大框架,同时缺乏在关键领域合作的有力支撑,很难形成实质性的多边合作,这些都将制约印澳两国未来防务合作的深入开展。

---

① 姜文玉、兰江:《美日印澳四方安全合作的局限性与路线差异》,《辽东学院学报(社会科学版)》2022年第3期,第46页。

澳大利亚加强国防能力建设，意图实现全球范围角色转变

2020年新冠疫情的暴发，对国际安全形势构成了重大影响。作为南太平洋地区最大的国家，澳大利亚仍然高度关注本土安全与地区稳定，以提高部队实战能力和适应性为主要任务，不断加强国防能力和创新建设，采取了一系列针对性举措，特别是在美国"印太战略"不断深化的背景下，澳及时调整军力部署态势，扩大防务合作范围，向较远的战场投放兵力，意图通过打造一支规模更大、攻击性更强的军队，来实现其全球范围内的角色转变。

发布《2020年国防战略更新》，明确战略重点方向

澳大利亚位于南太平洋，随着综合实力的不断增长，澳大利亚认为《2016年国防白皮书》确定的变革驱动速度超过了预期，地区的热点冲突和领土争端，使整个地区爆发安全危机的风险上升，各种误判甚至对抗冲突都有可能出现，澳大利亚已进入一个充满严峻挑战的战略时期，正面临着日益激烈的战略竞争环境和前所未有的地区挑战。

在这种背景下，2020年7月1日，澳大利亚国防部发布《2020年国防战略更新》文件，对澳国防政策作出了重要调整，以三个新的战略目标取代了《2016年国防白皮书》中提出的"战略防御框架"，即塑造澳大利亚的战略环境、阻止损害澳大利亚利益的行动和必要时以可靠的军事力量作出回应。[1]

---

[1] 蓝海星智库：《澳大利亚国防部发布〈2020年国防战略更新〉文件》，凤凰网，2020年7月3日，https://i.ifeng.com/c/7xnhUBrF1NF，访问日期：2020年9月20日。

首先,聚焦新变化的地区安全形势。《2020年国防战略更新》将"印太"地区作为未来国防规划的重点方向,提出从印度洋东北部到东南亚再到巴布亚新几内亚和西南太平洋的周边地区是澳大利亚最直接的战略利益区,也是澳最有可能进行军事合作的地区,加强与区域内的各国防务关系也是澳安全规划的重要组成部分。该战略报告认为,澳大利亚已进入一个充满严峻挑战的战略时期,正面临着前所未有的地区挑战,各种热点冲突和领土争端正在造成整个地区的安全危机风险上升,各种误判甚至对抗冲突的风险正在不断提升,特别是"印太"地区,是地区战略竞争加剧的"震中"。因此,增强国防能力对于巩固澳大利亚在"印太"地区的地位至关重要,澳大利亚要像日本、韩国等其他域内国家一样,"做出选择、发挥作用",要确保能够部署军事力量应对各种威胁。

为此,《2020年国防战略更新》提出,澳大利亚政府将在未来十年内花费1860亿澳元的军费,以增强其在印度洋—太平洋地区紧张局势加剧时的防御能力,并将加强与周边国家之间的关系,特别要更加重视印度的作用和地位,以扩大在亚洲地区的影响力。据悉,澳大利亚与印度之间的国防活动自2014年以来增加了四倍。不久前,双方还签署了《相互保障协议》,表示将通过举行军事演习来加强全面战略伙伴关系。而在该文件发布的当天,澳大利亚总理莫里森在澳大利亚国防学院发表讲话时表示,澳大利亚还将更加关注在印度洋地区、东南亚地区、巴布亚新几内亚以及西南太平洋区域的影响力,竭力保护自身和本地区其他国家的民主价值,并准备应对在新冠疫情之后"更贫穷、更危险、更无序"的世界,确保能够应对未来的各种多样化威胁。这些都将成为澳大利亚未来国防建设的战略目标和重要思路。

其次,聚焦重点领域的技术优势。《2020年国防战略更新》指出,随着"印太"地区新兴国家的不断崛起,澳大利亚甚至是美国在该地区的军事技术优势都在受到严重挑战。该战略文件为澳大利亚国防军制定了三个新的战略目标,即塑造澳大利亚的战略环境、阻止有损澳大利亚利益的行动以及在必要时以可靠的军事力量作出回应,这就要求澳大利亚必须确保在军事能力和技术上具有竞争优势。

为此,在《2020年国防战略更新》中,澳大利亚加大了对重点领域的国防投入，承诺其在2020—2021年将国防预算增至澳大利亚国内生产总值（GDP）的2%，未来十年向国防部门提供5750亿澳元的资金，其中大约2700亿澳元的国防能力投资计划将重点发展新兴技术领域的能力。

在传统力量建设领域，新国防战略提出将在短期内大幅增强国防力量的整体打击能力。例如，在海上力量建设方面，未来澳大利亚将重点投资大型水面和常规潜艇等先进装备，加强反潜战、海运、边境安全行动、海上巡逻和侦察、空战、水下作战等能力，包括研发新型海底监控系统，采购先进反舰、防空武器以及远程控制空中无人系统，加强对新型海上精确打击力量的投资计划等。在空中力量建设方面，主要包括购置遥控及自动驾驶飞行器，加强与飞行员合作的自主无人机"忠诚僚机"项目的发展，发展先进空对空打击能力，采购隐形战机，提高空中装备射程、速度和生存能力，如高超音速武器等。在陆上力量建设方面，则加强部队防护、武器和通信系统，通过增加远程火箭系统、防御性机动火炮和加强导弹开发来加强杀伤力，同时还为地面部队提供机器人能力。

此外，在新型作战领域，澳大利亚将大力发展网络和信息战能力，计划在未来10年花费150亿澳元用于投资联合指挥、控制和通信系统、联合电子战和防御性网络空间行动，部署部队的网络攻击和网络空间作战，以及集成情报、监视和侦察的计划与数据系统等，包括继续加强在电子战系统、先进网络和声学分析等方面引入新的投资计划。[①] 2020年8月6日，澳大利亚政府发布了《2020年网络安全战略》。按照该战略，澳政府将投资16.7亿美元，建立新的网络安全和执法能力，协助行业加强自我保护，包括价值13.5亿美元的网络增强态势感知和响应计划。该战略计划采取的行动包括：保护关键基础设施、打击网络犯罪、保护政府数据和网络、共享危险信息、强化网络安全伙伴关系、支持企业满足网络安全标准和强化网络安全能力等。同时，澳大利亚将支出70亿澳元用于提高国防太空能力，重点提高该领域的态势感知能力，探索建立本国运营的卫星网络，并制定一项用于独立通信网络的卫星网络，以减少该国目前对其他国家卫星网络

---

① 〔澳大利亚〕汤姆·乌伦：《澳大利亚〈2020年网络安全战略〉解析》，https://www.secrss.com/articles/27040，安全内参网，访问日期：2020年9月20日。

的依赖。同时，新战略文件还将加大国防工业基础能力的建设投资，表示将在2020年底为《2018年国防工业能力计划》中列出的十个对国防至关重要的工业能力制定实施计划，以实现国防工业现在和未来所需的具体能力。这些都将有助于澳大利亚实现在国防建设重点领域的技术优势，从而在未来的军事竞争中处于不败之地。

最后，聚焦全球范围内的角色转变。长期以来，澳大利亚一直关注的是自身的本土安全与地区稳定，通过打造"小而精"的战略防御性军队，来满足作为南太平洋地区中等国家的防务需要。但从《2020年国防战略更新》的内容来看，澳大利亚的国防能力正在向进攻型转变，已不再满足于本国领土防御，而是向较远的战场投放兵力，意图通过打造一支规模更大、更具攻击性的军队，来实现全球范围内的角色转变。

在新战略文件所涉及的未来10年澳大利亚装备研发和采购项目中，包括大量用于进攻性作战的远程武器装备，例如澳大利亚首次提出要为部队部署弹道导弹防御系统以及海陆空远程和高超音速导弹，并计划投入高达93亿澳元用于海军的远程导弹打击能力、高超音速武器以及弹道导弹防御系统等项目。目前，澳空军正在采购的F-35A战斗机达72架，比欧洲的任何国家都多，而且澳军还准备扩大加油机机队，进一步扩大F-35攻击范围。此外，澳大利亚在航天、电子战领域的投入显然也绝非用于本土防御，而是基于支援远程作战的考虑。

由于高速远程武器具有强大的威慑能力，不仅能够有效慑止潜在对手对澳大利亚的攻击，而且还可以更好地进行军事力量的投送，因此远远超出了作为地区中等强国的需求。如果上述国防战略计划得以实施，澳大利亚国防军将会进一步提升综合作战实力，成为一支规模更大、更具攻击性的军队，不仅可有效巩固其在南太平洋地区的军事优势地位，而且可将影响力向"印太"地区乃至更广泛范围进行拓展，从而实现其从地区向全球的角色转变。

总体来看，这份文件体现了近年来该国在国防战略和军队建设思想方面出现的重大调整，阐述了澳战略环境方面的挑战及其对国防规划的影响，明确了澳国防军的战略目标，为澳大利亚国防和军队建设提供了新的战略政策框架，成为决定未来国防战略走向和军队发展方向的一份重量级文件，对澳未来军队发展以及地区安全稳定都将产生深远影响。澳大利亚总理莫里森与国防部长雷诺兹都表示，此次新版国防战略的发布是澳大利亚自二战以来"最重大的战略调整"。①

制定《2020年部队结构规划》，加强重点领域研发

澳大利亚在发布《2020年国防战略更新》的同时，制定了《2020年部队结构规划》，对未来重点研发领域和能力投资进行了详细阐述。

首先，传统作战领域依然是澳大利亚建设的重点。在海上力量建设方面，澳大利亚将未来重点放在大型水面舰艇和常规潜艇等先进装备的投资上，将加强反潜、海运、边境安全行动、海上巡逻和侦察、空战、水下作战等能力，包括研发新型海底监控系统和新型海上精确打击力量，采购先进反舰与防空武器以及远程控制空中无人系统等。近些年，澳美两国还共同实施了"美国—澳大利亚高超音速国际飞行研究实验计划"，虽然这项计划并不是一个武器或导弹研制计划，但其获取的数据将有助于高超音速武器的研发。

此外，加强新型作战领域建设也是此次澳大利亚部队结构规划的突出亮点。根据规划文件，澳大利亚将大力发展网络和信息战能力，主要投资联合指挥、控制和通信系统、联合电子战和防御性网络空间行动，部署部队的网络攻击和网络空间作战，以及集成情报、监视和侦察的计划与数据系统等，特别是要在电子战系统、先进网络和声学分析等方面引入新的投资计划。同时，澳大利亚还将重点提高新型作战领域的态势感知能力，探索建立本国运营的卫星网络，以减少对其他国家的依赖。在澳大利亚这一系列防务发展计划中，最吸引外界注意的就是其所谓的"远程打击计划"，即购买远程反舰导弹和研发高超音速武器的计划。目前，澳大利亚在航天、电子战领域都加大了投入，其目的显然也绝非用于本土防御，而是基于支援远程作战的考虑。②

---

① 王鹏：《澳大利亚国防战略转向》，中国青年网，2020年7月30日，https://news.youth.cn/jsxw/202007/t20200730_12429795.htm，访问日期：2021年1月19日。

② 兰顺正：《澳斥巨资扩军将强化美澳同盟》，《中国国防报》2020年7月8日。

总体来看，根据《2020年部队结构规划》进行军力建设后，澳大利亚军队将成为一支规模更大、更具攻击性的军队，综合作战实力将得到进一步提升，甚至要超过欧洲的一些传统军事强国，不仅可进一步巩固其在南太平洋地区的军事优势地位，而且可将影响力向"印太"地区乃至更广范围拓展，实现从地区向全球的角色转变。

增加军费开支，推动本土国防工业的发展

受新冠疫情影响，澳大利亚的财政赤字飙升至十几年来最高水平。2020年7月23日，澳大利亚政府发布了最新经济和财政数据，数据显示，澳大利亚政府的上一财年（2019年7月1日至2020年6月30日）的赤字为858亿澳元，净债务预计在2021财年达到6771亿澳元，占GDP的35.7%。尽管澳大利亚政府财政赤字不断攀升，国内生产总值连年走低，但澳政府仍坚持长期、大幅增加国防预算。根据计划，澳大利亚将在未来十年将国防开支增加到2700亿澳元（1870亿美元），超过GDP的2%。[①]

从资金分配类别来看，未来十年，用于获取新能力的投资将从144亿澳元（占预算的34%）增至292亿澳元（占预算的40%）；用于维持现有和未来能力的投资将从126亿澳元（占预算的30%）增至238亿澳元（占预算的32%）；对国防劳动力的投资将从135亿澳元（占预算的32%）增至192亿澳元（占预算的26%）。其中，国防工业发展是澳大利亚军费增长开支的重点。澳政府将加大投资以推动本土国防工业的发展，特别是发展高科技企业。

2020年6月16日，澳国防工业部得到了政府6.4亿澳元的国防创新计划的资金支持，签署了8份价值超过2100万澳元的新合同，主要用于促进空间、网络和海洋尖端技术的发展。其中，悉尼大学获得了一份价值650万澳元的合同，负责开发一种新的电子接收系统来增强军事行动的实时态势感知；另一份价值550万澳元的合同授予了一家专门开发自动无人驾驶

[①]《澳大利亚公布财政和经济状况最新数据，预计2020—2021年预算赤字1845亿澳元》，金投网，2020年7月23日，http://forex.cnfol.com/jingjiyaowen/20200723/28290416.shtml，访问日期：2021年1月19日。

水面舰艇的小公司。7月8日，澳国防工业部又发布了《2018—2019年国防工业与创新计划年度报告》，详细介绍了政府关键国防工业和创新计划的进展和成就，声称在2018—2019年，澳企业、大学和公共研究机构共获得了超过1.2亿澳元的研究和创新合同。其中，企业获得超过1500万澳元"主权工业能力优先事项"拨款和230万澳元"能力提升"拨款，其目的是支持国防能力建设，建立强大、有韧性和有国际竞争力的国防工业基础，同时深化国防部与工业界之间的伙伴关系，最大限度地增加工业部门参与国防项目的机会，并在新冠病毒疫情大流行的背景下，采取一系列措施支持国防工业度过这场危机。[1] 此外，澳大利亚还提出将在2020年底，为在该报告中列出的十个对国防至关重要的工业能力制定实施计划，进一步阐明国防工业现在和未来所需的具体能力。

重视军备建设，加快武器装备的更新发展

2020年以来，澳大利亚以所面临的安全威胁为牵引，有重点地进行国防能力建设，不仅继续将海军作为国防建设与改革的优先重点，而且注重其他新型领域力量的发展，不断突出应急反应和联合作战能力的建设。

海上装备的发展和采购是澳大利亚未来的重点。2020年10月，澳大利亚与英国签署一项协议，将为澳大利亚海军建造9艘"猎人"级护卫舰。这些护卫舰的首艘计划在本世纪20年代后期服役，它们的设计基于英国海军的26型护卫舰。此外，澳大利亚还将继续投资购买12艘"阿拉弗拉"级离岸巡逻舰、2艘"供应"级补给舰、6艘新型"海角"级巡逻艇和8艘反水雷战和水文调查舰艇，同时继续采购升级海军的两栖战舰、先进的海上打击武器和对空导弹以及无人航空系统，投资预计高达750亿澳元。在水下力量方面，目前，澳大利亚潜艇部队拥有12艘常规潜艇，是东南亚及大洋洲地区规模最大、技术水平最高的潜艇部队。2020年8月，澳大利亚政府正式与法国海军集团签署了购买协议，耗资355亿美元，为澳大利亚

---

[1] 中国国防科技信息中心：《澳大利亚发布〈2018—2019年国防工业与创新计划年度报告〉》，搜狐网，2020年7月9日，https://www.sohu.com/a/406592418_313834?scm=1002.590044.0.2 88a-403，访问日期：2021年1月21日。

海军购买了12艘"梭鱼"级潜艇以替代其服役23年之久的瑞典造"柯林斯"级常规潜艇，这些舰艇将在2030年左右正式进入澳大利亚海军服役。未来，澳大利亚还将发展新的水下综合监视系统，以提高澳大利亚的水下态势感知能力。

澳空军领域的投入紧随其后，高达650亿澳元，其中包括继续采购F-35A战斗机、MQ-9B无人机、MC-55电子战飞机和更多的载人和无人情报监视侦察飞机等。在《2020年部队结构计划》中，澳大利亚宣布将为皇家空军的洛克希德·马丁C-130J-30大力神、空客KC-30A多功能加油运输机、波音E-7A楔形尾巴空中预警和控制机以及EA-18G Growler电子攻击平台寻找替代机队，同时升级P-8A海上巡逻机。2020年7月，美国洛马公司向澳大利亚空军交付了第30架F-35A战斗机。根据此前的计划，澳大利亚空军为位于澳大利亚空军威廉敦基地和丁达尔基地的三个作战中队和威廉敦基地的一个训练中队订购了72架F-35A战斗机，以取代其F/A-18"大黄蜂"战斗机。首个F-35A作战中队将于2021年启用，全部72架飞机预计将在2023年全面投入使用。2020年9月14日，美国海军航空系统司令部授权支持澳大利亚政府在本国完成首架F-35A战斗机的基地级维护。

在无人机方面，2020年5月5日，由波音公司领导的澳大利亚工业团队向澳大利亚皇家空军展示了其设计制造的第一架"忠诚僚机"，这是半个世纪以来，澳大利亚首次自行设计和制造的第一架军用飞机。而"忠诚僚机"则被认为是在未来足以颠覆现代空战模式的全新机型。此外，澳大利亚还将加强在空射弹药方面的采购力度。7月2日，澳大利亚国防部长雷诺兹宣布，澳大利亚将通过与美国海军签订的一项外国军售协议获得数量不详的LRASM武器，该武器的培训项目将于2021年在美国开展，最初将用于澳大利亚皇家空军的24架波音F/A-18F超级大黄蜂攻击战斗机，初步作战能力将在2023年与F-35A飞机集成在一起。

在陆战系统方面，澳大利亚将投入550亿澳元，继续采购"拳击手"战斗侦察车，同时升级"艾布拉姆斯"主战坦克，增强炮兵打击能力，包括发展新的反装甲系统，例如定向能武器和灵巧反坦克雷。2020年3月24日，澳大利亚皇家军团第一营收到首批五辆由澳大利亚自主设计和制造的

"霍克"（Hawke）PMV轻型装甲车。9月3日，澳大利亚国防部宣布，"霍克"轻型装甲车将进入全速生产阶段，预计将从2021年中开始，每月生产约50辆。此外，澳大利亚陆军还将耗资1万亿韩元（约合9.6亿美元）采购30套K-9自行榴弹炮以及15辆K-10弹药补给车。

重视联合军演，提高安全维护能力

澳大利亚四面环海，"海洋安全战略是其国家安全战略的基石",[1] 因此维护周边海洋安全是其维护国家安全的首要关注，澳举办海上联合军事演习是实现这一目标的重要途径。按照澳大利亚的战略规划，从印度洋东北部到东南亚海上与大陆，再到巴布亚新几内亚和西南太平洋的周边地区都是澳大利亚最直接的战略利益区。因此，要阻止"战略竞争对手"势力进入这片范围广阔的太平洋区域成为澳大利亚军事战略的重点。

由于新冠疫情，澳大利亚减少了联合军演的数量，但更有针对性。2020年7月21日，美国在关岛附近的菲律宾海举行大规模海上演习，澳大利亚派出了包括"堪培拉"号两栖攻击舰打击群在内的5艘舰艇参加，以配合美国的行动，产生了较大的地区震慑力。9月12日，美国、日本、韩国和澳大利亚在关岛附近海域举行了为期两天的代号"太平洋先锋"的海上联合军事演习，澳大利亚派出了护卫舰"帕拉马塔"号（FFH-154）加入。该舰最初是与美军导弹巡洋舰"邦克山"号一起航行并开展演习，随后于18日与"美利坚"号和"巴里"号会合，并进行了精确机动演练。澳大利亚国防部的一份声明表示，这些军舰通过各阶段演习，包括海上补给、航空业务、海上机动和通讯演练，锻炼了澳大利亚和美国海军之间的互操作性。2020年11月3日，澳大利亚参与了由美国、日本和印度联合举行的"2020-马拉巴尔联合海军演习"，这是澳大利亚时隔13年后的重新参与，也是所谓的美日澳印"四边机制"的所有成员自2007年以来首次举行联合军事演习。演习内容包括水面战、反潜战、防空战、跨甲板飞行和武器射击训练等，旨在增强四国海上部队之间的互操作性与特定互动。这既是四

---

[1] 刘新华：《澳大利亚海洋安全战略研究》,《国际安全研究》2015年第2期，第119页。

国防务合作机制深化的重要标志，也是四国在军事合作上迈出的实质性的一步，标志着"四边机制"已经从外交层面向军事领域拓展，也使得该机制从一个磋商和协调机制向一个事实上的战略联盟转变。

以美澳同盟为基础，拓展地区防务合作关系

由于在文化历史、意识形态、利益取向等方面的捆绑，澳大利亚很难摆脱美国的影响。近年来，美国政府提出要应对所谓的"大国竞争"，提出"印太战略"，将澳大利亚视为不可或缺的前沿堡垒和重要支点。随着美国"印太战略"的形成和加速布局，澳大利亚作为美国"印太战略"的重要一环，也积极配合美国，在防务领域越来越发力。

2020年7月28日，美国和澳大利亚两国外交部长和国防部长在华盛顿举行外交与国防"2+2"磋商，讨论如何在"印太"地区和全球范围构建和深化所谓的"牢不可破的盟友关系"，并就相关地区安全问题对中国进行了无理指责。[①] 此次会谈是在全球新冠疫情暴发后澳大利亚关闭边界三个月以来的首次部长级海外之行，而且是前往全球疫情"震中"的美国地区，极大地显示了澳大利亚对此次会谈的重视程度。澳外长佩恩形容此次磋商对于澳大利亚的"短、中及长期利益来说，意义都是重大的"。美国驻澳大使卡尔瓦豪斯也表示，此次磋商是几十年来最具影响力的美澳部长级会议，是根据双方需要对美澳同盟进行的一次加强之举。在此次会谈中，两国还计划成立一个新的双边小组，以协调"印太军事联合行动"中有关硬件和人员部署等问题。会后，两国还发表联合声明，宣布将以澳大利亚北部港口城市达尔文为中心，构建一项针对中国的最新"绝密防御合作框架"，以强化两国联合军事训练的力度与深度，并承诺在该地区以及印度洋"加强和规范海上合作"。此外，两国还决定将加强在弹道导弹、高超音速防御技术、电子战和太空战等新型防务领域的合作，并强化两国联合军事训练的力度与深度。

[①] 王潇、任重：《美澳举行外交与国防"2+2"磋商，澳媒提醒政府不应冒险反华》，环球网，2020年7月28日，https://3w.huanqiu.com/a/de583b/3zELic9mTBL?agt=8，访问日期：2021年2月12日。

除了美国之外，澳大利亚还积极加强与其他国家的交往。日本和澳大利亚同是"四边机制"的成员，同为美国的盟友，容易达成战略趋同，有"抱团"的趋势，在许多方面展开了合作，特别是在情报共享方面。2020年1月，澳大利亚所在的"五眼联盟"开始扩充成员，澳大利亚积极推动将日本、韩国、法国也纳入到了"五眼联盟"情报体系的共享机制中，这种"5+3"的情报共享机制，主要针对的就是西太平洋地区相关国家的情报信息。7月8日，澳大利亚总理莫里森和日本首相安倍晋三举行了一次"虚拟领导人会议"，双方就新冠疫情和地区问题交换了意见，发现彼此在一些问题上的看法十分趋同。9月21日，澳大利亚总理莫里森又与日本首相菅义伟举行电话会谈，一致同意要立足于新冠疫情平息后的局势，为建立一个"自由开放的印度洋—太平洋地区"、为了整个国际社会的繁荣稳定而加深合作。

此外，作为"印太"地区的支点国家，印度也是澳大利亚重点发展关系的对象。澳国防部长琳达·雷诺兹表示，印度是澳大利亚重要的安全合作伙伴。2020年6月4日，印度总理莫迪和澳大利亚总理莫里森签署了两项具有里程碑意义的防务协议，是两国达成"全面战略伙伴关系"举措的一部分。[1] 这两项防务协议名为《双边后勤支援协议》和《科技实施协议》，根据这两项协议，双方可以互相进入彼此的重要军事基地，进行技术和物资的补给。为深化两国防务合作提供了框架。其中,《双边后勤支援协议》将增强两国军事互通性，使日益复杂的军事介入成为可能，并提高其对区域人道主义灾难的综合响应能力;《科技实施协议》将促进两国防务科技研究机构之间的合作，这些机构在应对新冠疫情方面都作出了重要贡献。

除了"四边机制"成员外，澳大利亚还积极加强与周边国家，特别是东南亚国家的关系。2020年2月19日，在2020年东盟防长非正式会议框架内，澳大利亚与东盟举行首次国防部长非正式会晤，探讨了双方在军医专家组框架内与外部合作伙伴之间的合作。6月16日，澳大利亚国防部副秘书长唐普德与越南国防部副部长阮志咏上将举行了视频会谈。

---

[1] 林民旺:《新冠肺炎疫情下印度的大国外交战略》，中国社会科学网，2020年9月22日，http://www.cssn.cn/gjgxx/gj_ytqy/202009/t20200922_5185750.shtml，访问日期：2021年12月16日。

从未来发展趋势看，为了共同应对所面临的各项安全挑战，澳大利亚还将会继续扩大与其他国家合作的范围和领域，并呈现出日益地区化和焦点化的趋势，澳意图在南太平洋地区发挥自身的核心影响力，这客观上将会在"印太"地区塑造更具对抗性的地缘战略构架，极大地增添地区安全的不稳定因素，并对地区安全环境和战略格局产生重大影响。

澳大利亚升级廷德尔空军基地，与美"印太"军事合作继续深化

2020年2月，澳大利亚总理斯科特·莫里森宣布，将耗资11亿澳元（约合7.26亿美元），升级澳大利亚皇家空军位于北领地的廷德尔空军基地。[①] 这一方面是为了满足在该基地部署的即将形成"初始战斗力"的F-35战斗飞行中队的保障需求，应对日益复杂的安全形势，另一方面也旨在进一步加深与美国的防务合作，提高两国在"印太"地区空中力量的配合和战斗力整合，从而更好地促进未来两国在"印太"地区的同盟关系的不断深化。

基地升级将为美澳战机提供更有效保障

澳大利亚地处南半球，幅员辽阔，四面环海，安全威胁主要是来自面向印度洋和太平洋的北部方向的海洋挑战和地区冲突，因此所设立的军事基地大多集中在北部，以方便对海作战和跨海行动，这些基地在澳大利亚的国防建设和区域参与方面发挥了重要的作用，也使得"自主—依赖困境，构成了澳大利亚海洋发展战略的核心特征"。[②]

此次澳大利亚打算升级的廷德尔空军基地是仅次于威廉敦基地的第二大战斗机基地，位于北领地北部，拥有3000公里长的广阔防空地带，可建立呈梯次配置的强大地区反导系统。由于该基地地理位置优越，且设施相对齐全，因此成为澳大利亚部署最新隐形战机的首选地，也是其即将组建的3支F-35A作战飞行中队的首支部署地。澳此次升级廷德尔基地，就

[①] 兰顺正：《美澳军事合作引人关注》，《解放军报》2020年3月26日。
[②] 李途：《自主—依赖困境：澳大利亚的海洋战略调整》，《亚太安全与海洋研究》2022年第3期，第105页。

是为了向在该基地驻扎的第三战斗中队,特别是F-35战斗机提供更好的保障。

根据计划,澳大利亚对基地的升级改造工作将包括扩建跑道、增加燃料储存能力以及开展工程设计等,同时还将加强"新空中作战能力"关键设施的建设,包括支持澳大利亚国防军进行从空中作战任务到应对国内及整个地区的自然灾害等一系列行动。预计改造工作将于当年晚些时候开始,2027年完工。此外,为了满足美国对F-35战机安保工作的要求,基建项目的建设目标还将包括对F-35飞机系统所有方面的物理安全保障的升级与改造,涵盖训练、维护、作战等各方面,如安全的停机坪和维护区域,以及尚未安装的部件(包括软件和硬件)的安全存放空间等。

除了保障F-35战斗机外,此次升级还将确保廷德尔基地可容纳美军的空中加油机、战略轰炸机等大型飞机。对于美国来说,由于该基地距离东南亚热点地区4000—5000公里,在此部署战略轰炸机一方面可以规避弹道导弹的打击,另一方面也可与关岛基地和迪戈加西亚基地形成掎角之势,从而对整个"印太"地区形成战略威慑。早在2016年,美国和澳大利亚就商讨了在廷德尔基地轮换部署B-1B战略轰炸机的可行性,一旦达成协议,美军战略轰炸机将大大延伸作战范围,届时,不仅澳大利亚空军,而且美国海军的数支作战舰队(第三、第五和第七舰队),以及美国空军的多支战术和战略航空中队都将从中受益,可以大大增强对"印太"地区事务的干预能力。

F-35将引领澳空军未来转型方向

近几年,许多亚太地区国家军备发展很快,采购了大量的先进战斗机、空中预警机和空中加油机等,一定程度上削弱了澳大利亚空军长期保持的空中优势,而且,由于澳很多战机已经老化,正进入转型期,更是让这个长期依赖先进技术以在该地区保持战略优势的国家难以容忍。为此,澳大利亚空军近年来极力推进现代化进程,成体系地引进或计划引进包括F-35战斗机、"全球鹰"无人机、P-8A反潜巡逻机、空客A330MTTR加油机、"楔尾鹰"空中预警机、C-17环球霸王战略运输机等在内的各种先进飞机，力图维持其原有的优势地位。

在澳大利亚所有引进的先进机型中，F-35战斗机最具代表性。该战机是目前世界上最先进的多用途战斗机，集隐形、先进传感器、联网和数据融合功能于一体，具有较强的空战能力，能够有效打击陆地和海上目标，再结合其他防御系统，可大大拓展澳大利亚空军的空中作战范围，有效增强其对关键地区的控制力和作战优势。因此一直是澳大利亚追求采购的目标。按照澳大利亚空军负责综合能力规划的迈克尔·基切尔准将的说法，F-35战机是引领未来澳大利亚空军转型方向的"标杆"。

目前，澳大利亚共向美国订购了72架F-35战机，采购这些隐身战机再加上相关设施、武器和新的支持系统，预计将耗资170亿美元，是澳大利亚目前最大规模的防务采购计划。2018年12月10日，澳大利亚空军接收了首批2架F-35A隐身战机，并开始了为期两年的验证与试飞工作，主要认证该作战飞行中队是否能熟练掌握空中格斗、打击和进攻性空中支援，能否与包括澳空军F/A-18A/B"大黄蜂"、F/A-18F（双座型）"超级大黄蜂"战斗机和E-7A"楔尾鹰"预警机在内的其他机型进行初始协同作战，并论证如何执行支持澳大利亚国家利益的作战部署。[①]

在澳大利亚政府的努力下，截至2019年底，澳空军接收了总计18架的F-35A隐身战机（其中包括目前在美国的10架），预计到2020年底将达到33架，在2021年开始执行任务后可形成全面作战能力。根据计划，澳大利亚还将在2023年接收全部的72架F-35A战机，并全面投入使用。此外，澳大利亚空军可能还会在未来10年再追加订购28架该类型战机，使得该战机最终数量达到100架，从而成为南半球拥有隐身战机最多的国家。[②] 而随着"大黄蜂"战斗机等多种老式飞机的淘汰，澳大利亚空军将会成为世界上为数不多的完全配备第4.5代和第5代战斗机的空军，成为南十字星座下最强悍的空中力量，可有效应对相关地区制空权的争夺。

---

① 《澳大利亚空军12月将接收首批F-35A战斗机》，中国航空新闻网，2018年6月12日，http://www.cannews.com.cn/2018/0612/178023.shtml，访问日期：2021年1月12日。

② 《澳大利亚F-35A隐身战机明年底初具战力》，参考消息，2019年6月3日，http://www.cankaoxiaoxi.com/mil/20190603/2381878.shtml，访问日期：2021年1月14日。

韩国发布国防中期规划，
体现地区军事强国雄心

2020年8月10日，韩国国防部发布《国防中期规划（2021—2025年）》，制定了从2021年起韩国在未来五年的国防预算计划，将从2021年起在五年内投入301万亿韩元（约合2540亿美元）用于扩张军备，其中包括1艘可搭载F-35B最新短垂隐身战斗机的轻型航母、3艘4000吨级核潜艇和6艘6000吨级新一代驱逐舰，从而组成一个小规模的航母战斗群。[①]

韩国是一个中等规模的地区国家，军事力量与周边国家有着较为明显的差距。但近年来，韩国不断提升自己的国防水平，整体实力以及外围作战能力都在不断扩展。此次韩国大举扩张军备，凸显了其发展国防力量的决心，希望以此来对未来军事行动提供更为充分的支持，同时也充分表明了其建立一个追求多域存在的地区军事强国的雄心。从目前韩国军队的现有实力基础和增长速度来看，未来必将会成为亚太地区一支不容忽视的军事力量。但是，由于亚太安全形势具有的复杂性，此次韩国大举研发包括航母在内的进攻性武器，必将增加东北亚地区安全的不确定性，特别是给未来朝鲜半岛形势的发展走向增加了一步险棋。

韩国成为域外大国平衡东北亚安全格局的"重要支柱"

朝鲜半岛被称为是冷战的"活化石"。虽然冷战已经结束多年，但朝韩两国一直处于紧张的对峙状态。近年来，东北亚地区安全形势变化莫测，朝韩两国关系忽冷忽热，韩日关系随着政权更迭时好时坏，而美国奉

[①] 陈岳：《韩军五年规划瞄准自主国防》，中国军网，2020年8月14日，http://www.81.cn/gfbmap/content/2020-08/14/content_268504.htm，访问日期：2020年12月20日。

行"全球战略收缩",对于韩国的定位也在微妙调整之中,这些都对韩国未来军事力量发展提出了较高的要求。韩国认为,要想在夹缝中生存,就必须建立一支雄厚强大的军事力量。

实际上,韩国的扩军计划早已有之。2012年8月,韩国国防部公布了《2012—2030年国防改革基本计划》,宣布要把韩国军队变成一支规模更小,但是更有战斗力的部队。该计划内容包括对武器装备进行改进以及运用更多的机动能力和技术,以使韩国可以更好地应对地区安全威胁以及进行更深层次的国际行动参与。[①] 2017年5月,文在寅当选韩国总统后,也立即为韩国军队的现代化和转型设定了加强自力更生的发展方向。2020年8月10日,韩国又发布《国防中期计划(2021—2025年)》,将航母、核潜艇与弹道导弹等"大国标配"全部列入军力建设内容中,特别是在美国近期决定取消对韩国研发装备中远程固体燃料弹道导弹限制后,韩国打算从数量和质量上大幅提高其远程导弹能力,进一步增强弹道导弹和巡航导弹等主动攻击力量,将令其感觉到有"威胁"的邻国全都纳入其打击武器的射程中去。[②]

此外,随着作战范围的扩大,韩军对于信息获取能力的要求也越来越高,开始改变当前其战略信息基本上完全从美国获取的现状,计划从2020年后陆续向太空发射小型侦察卫星,用以自主监视周边国家的动向,并将相关信息输入空军战斗机和导弹系统,以实现快速作战。

总体来说,韩国的军事力量经过几十年的努力,已经取得了较为显著的成果,整体军事力量大大增强,基本可为其参与地区军事行动以及随后展开的全球存在发挥重要支撑作用,同时也使得韩国日益成为域外大国平衡东北亚地区力量格局的"重要支柱"。

不断满足海军"远期作战能力的需求"

在此次韩国军备发展规划中,海军力量建设是一个重要的内容,这也

---

① 《韩国公布国防改革计划,多途径增加军事能力》,中国新闻网,2012年8月30日,https://www.chinanews.com.cn/mil/2012/08-30/4145532.shtml,访问日期:2020年12月20日。
② 铁流:《韩国自主国防之路注定充满坎坷》,《中国青年报》2020年9月17日。

是由韩国的地缘特征所决定的。韩国是一个东、南、西三面环海的半岛之国，拥有3677个岛屿，海岸线长达8460余公里，所扼守的朝鲜海峡，是东北亚的海上门户、日本海的"南大门"，历来为兵家必争之地，"在东北亚地区是一个有重要地缘战略意义的国家"。[①]

实际上，从20世纪70年代开始，随着韩国经济的高速发展和造船技术的不断提高，韩国就推出了"雄心勃勃"的舰艇现代化建设计划，像建造KDX系列驱逐舰、KSS常规潜艇等一系列计划都是这时期推出的。冷战结束后，韩国将"攻势防御"作为其国防政策的核心理念，加快了大规模自主建造主力舰的进程，从2万吨的"独岛"级两栖攻击舰，到曾经亚洲最大的"世宗大王"级驱逐舰，再到世界最大常规潜艇的KSS-3型潜艇，韩国经过"小步快跑"的方式，基本完成了所预定的目标。截至2019年，韩国海军已经拥有了68艘大型军舰，包括16艘潜艇、12艘驱逐舰、13艘护卫舰、13艘轻型护卫舰和14艘两栖作战舰艇，此外还拥有几十艘巡逻艇、水雷战舰艇和辅助装备，具有非常均衡全面的作战能力。

在航母建设方面，韩国也一直不遗余力，有着非常强烈的"航母梦"。早在20世纪90年代，韩国就已经开始针对航母进行立项，经过反复调研和论证，韩国最终决定先行研制可搭载直升机的两栖攻击舰。2007年7月3日，韩国首艘两栖攻击舰"独岛"号服役。这是韩国海军历史上第1艘全通甲板式的军舰，可以搭载10艘各类大中型的运输直升机。随后，韩国从2017年又开始建造两栖攻击舰"马罗岛"号，预计将在2021年加入海军服役。两栖攻击舰的服役，使得韩国海军真正获得了使用舰载机作战的能力，可以被称为"准航母"。

但是，由于"独岛"级两栖攻击舰的排水量只有2万吨，而且只能搭载舰载直升机，作战范围和功能都非常有限，这对于有着不断膨胀"远洋"野心的韩国海军而言，显然是远远不够的。为此，韩国决定大幅度调整新一代两栖攻击舰LPX-II项目，将其满载排水量增加到近4万吨，大约是"独岛"级的两倍，体型甚至超过意大利的"加富尔"级轻型航母，和

[①] 李沁妤：《"萨德"导弹系统部署韩国的地缘政治学解读》，《当代韩国》2016年第4期，第48页。

法国的"戴高乐"号航母处于同一水平。此外，该舰在舰载航空力量配置方面引入了16—20架可进行短距/垂直起降的F-35B战斗机，编为两个中队，这将极大地强化该舰的对陆支援和对海打击能力，可以帮助韩国海军大大拓展任务范围，提高其赴远洋执行各种海上作战任务的能力。

而为了更好地实现航母战斗群的组建，韩国政府还专门批准了新的驱逐舰和潜艇采购计划，将拨款60亿美元采购3艘装备弹道导弹拦截弹的"宙斯盾"驱逐舰和3艘装备对陆攻击巡航导弹的新型潜艇，这也是韩国更广泛的海军军力建设计划的一部分。其中KDX-3级驱逐舰是韩国目前最先进的驱逐舰，以美国海军的阿利·伯克Ⅱ-A级驱逐舰为蓝本，但其吨位和防空作战能力都是有过之而无不及，是目前亚洲综合作战能力最强的驱逐舰之一。通过这些体系支援力量，韩国将初步构建起一支由先进护卫舰、驱逐舰、巡洋舰和潜艇等组成的强大战斗编队，预计到2030年左右形成作战能力，届时将极大提高韩国海军的整体能力，满足其"远期作战能力的需求"。

未来前景面临较大不确定性

从发展前景来看，由于受到国际安全形势和自身综合实力等诸多因素的制约，未来韩国在扩充军备计划实施时将面临较多困难和挑战。

首先，从此次韩国扩充军备计划的内容来看，建设目标似乎很明确，但战略意图却较为模糊。目前，东北亚地区安全形势日趋复杂，朝鲜已经不再延续2018年朝韩首脑会谈时的温和态度，对韩国立场转为强硬。在这种背景下，韩国决定大规模扩充军备，势必会增强周边国家的猜疑，甚至做出强烈反应。而且，由于韩国的扩充军备计划具有很强的进攻性和长期性，这意味着朝鲜半岛将在相当长时间里充满张力，使得本就复杂的东北亚安全局势更加不明朗，这些都会对韩国未来的扩充军备计划的实施产生重大影响。

其次，韩国虽然具有一定的国防工业制造基础，特别是在造船工业上首屈一指，但缺乏核心技术，很多关键装备、武器系统和电子设备都是直接购买自西方国家，大部分项目都只是简单的拼装"搭积木"。例如，韩国引以为傲的"世宗大王"级驱逐舰,上面所采用的相控阵雷达是美国的"宙斯盾系统",防空导弹是美国的"标准"和"海拉姆",近防系统又是荷兰的"守门员"。这些多个国家装备集中在同一艘舰船上,必然导致各种不兼容,使舰船在整体态势感知、作战半径和维护保养方面受到较大限制,从而进一步影响其质量和效能的充分发挥。

最后,资金限制也是韩国未来扩充军备计划实施的一个重要掣肘因素。近年来,韩国军费预算大幅增长。例如,2019年,韩国国防预算为420亿美元,同比增长8.2%,增长率为近10年来最高,[①]而2020年韩国国防预算同比又增长7.4%。[②]韩国虽然是一个经济比较发达的国家,但发展进程相当脆弱,突发的新冠疫情已经对其出口贸易和工业生产形成了重创,甚至经济出现了负增长,未来发展前景也不甚明朗。此次韩国公布武器装备研发计划,几乎包含了海陆空三军领域的全部精尖装备,耗资极为巨大。特别是航母,一直被称作是装备建设的"吞金兽",除了自身研制和建造费用庞大外,所搭载的F-35B战机的采购和升级也是一个无底洞。而且,航母如果要形成战斗力,还需要配备相关固定翼舰载预警机、加油机和电子战飞机以及一定数量的先进护卫舰艇等体系支援力量,同时还要进行高强度的训练和维护,这些都可能会大大超出韩国的经济承受能力。因此,虽然韩国的军备计划堪称"雄心勃勃",但能否顺利实现还将是未知数,发展之路"任重而道远"。

[①]《韩国增加2019年国防预算,创11年来最高》,环球网,2018年8月29日,https://mil.huanqiu.com/article/9CaKrnKbYwU,访问日期:2020年12月21日。

[②]《韩国2020年国防预算同比增长7.4%》,光明网,2019年12月12日,https://mil.gmw.cn/2019-12/12/content_33396634.htm,访问日期:2020年12月22日。

新加坡欲换装F-35战机，巩固地区空军强国地位

2020年1月，美国政府宣布同意向新加坡出售一批F-35隐形战机及相关设备。在此之前，新加坡国防部发表公告，宣布空军和国防科技局（DSTA）已完成技术评估，根据技术评估的结论，其现有F-16型战机将在2030年后退役，并将采购美国洛克希德·马丁公司制造的F-35战机作为替换，以保持空军部队的能力。新加坡国防部长黄永宏称，未来新加坡国防部将与美国有关方讨论采购F-35战机的细节，商谈过程可达9至12个月。

新加坡是典型的袖珍强国，虽然国土面积不大，但具有重要的地缘战略位置，"利用地缘政治优势、科技实力、软实力等展开广泛的外交"，[①]与西方国家特别是美国具有密切的关系，在国际舞台上具有举足轻重的影响力。此外，新加坡凭借较强的经济实力，大量购买和使用先进军事装备，建立了一支精干的军事力量。此次新加坡空军采购F-35战斗机，就具有很强的前瞻意义，不仅可极大提高自身的空中攻防能力，而且还可强化与美国的防务关系，进一步发挥其在美国"印太战略"中的独特作用。

积极建设地区强大空军

新加坡空军成立于1968年，其编制齐全、人员精干，装备和训练水平在东南亚地区都是首屈一指，虽然各军事单位规模不大，目前现役1.35万人左右，但运转高效，战时动员能力强，人机比例和人均军费都在世界空军中名列前茅。

---

① 王琛：《小国的自我认知与外交行为：冷战后新加坡外交的演变与新挑战》，《太平洋学报》2021年第2期，第43页。

从结构上来看，新加坡空军体系完整、力量均衡，机型齐全，没有明显的短板，主要职责是国土防空和争夺制空权，拥有战斗机、空中预警机、加油机、运输机等不同功能高端机型近300架，其中核心主力战斗机是60架F-16C/D战斗机，这些战斗机在1998年至2005年交付使用，其间进行了多次重大升级，加装了由诺斯罗普·格鲁曼公司提供的AN/APG-83有源电子扫描阵列雷达、LANTIRN（夜间低空导航与红外瞄准）瞄准吊舱以及改进型敌我识别系统和Link16数据链等，装备有AIM-120C"阿姆拉姆"中程空空导弹和激光制导炸弹，具有很强的中远程打击和防御能力。

此外，新加坡空军还拥有40架F-15SG"攻击鹰"多用途战斗机，作战半径超过1800公里，最大载弹量10吨，能有效实施空中打击，维护新加坡的空中优势。这两种机型作为新加坡空军的当家主力，在维护新加坡空中优势和国土安全方面发挥着重要作用。而除了作战飞机外，新加坡还拥有一定数量的战略支援机种，包括4架波音KC-135R空中加油机、5架KC-130B/H和2架C-130H运输机等。由于空域资源紧张，新加坡将近一半的人员和飞机需要到美国、法国、澳大利亚、泰国、文莱等地训练，在这些加油机、运输机的支持下，新加坡空军可轻松穿越太平洋和印度洋，具有强大的远程投送能力。可以预计，如果新加坡如期获得F-35第五代战机的话，那么其空军实力还将会进一步增强，军事优势也将会得到极大巩固。

实现军事威慑和远程战略防御

"新加坡的国防战略是与其独特的地缘位置和国际与地区安全环境相一致的。"[1] 新加坡地理位置独特，位处太平洋与印度洋航线的战略要隘，扼守马六甲海峡的咽喉，无论在历史上还是现实中都是各大战略棋手国家争夺与控制的对象。此外，新加坡周边强敌林立，与马来西亚等国家曾有过不愉快的历史，而且战略纵深很小，缺乏持久作战潜力，如果不能御敌于国门之外，则很容易快速沦陷，因此需要建立一支精干的军事力量，能

---

[1] 周士新：《新加坡国防战略与防务外交》，《印度洋经济体研究》2020年第2期，第20页。

具备强大的主动进攻能力，将敌歼灭于国土之外。在这种理念的指导下，新加坡建立了一支约7万人的军队，配备了最现代化的武器装备，而且经常与美军进行联合军演，具有很强的战斗能力，此外，新加坡在所有东南亚国家中军费支出也是最多的，远远超过疆域更大的泰国、印度尼西亚、马来西亚和越南等邻国，这些都为建立军事优势奠定了基础。

同时，新加坡军事力量还在寻求一定的震慑能力，意图通过战略反击给敌方造成巨大损失，从而迫使周边强敌不敢轻易发动对新加坡的战略进攻。而作为实施强大军事震慑和远程战略防御的力量，空军对于新加坡维护国家安全具有关键的作用。从目前来看，新加坡空军的素质在东南亚是数一数二的，足以应对周边国家的传统作战能力。但是，近几年来东南亚地区的空军装备更新换代速度很快，例如，泰国空军购买了"鹰狮"战斗机，缅甸空军装备了"枭龙"战斗机，甚至越南还在计划装备苏-57战斗机，在这种情况下，新加坡空军目前装备的F-15和F-16战斗机已经难以维持装备上的代差优势，亟须进行新型战机补充。

此次新加坡决心下大力气采购F-35，实际上是对其所面临的现实威胁和挑战进行评估后做出的明智选择，也是新加坡空军"攻势制空"思维的体现和需要。F-35战机拥有较强的隐身功能，搭载着甚至比F-22战机还要先进的电子系统，也具备了一定程度超音速机动能力，是一款多用途战机，可以用来进行前线目标精确打击、对敌方战机或其他飞行器进行拦截以及用于前线作战支援和侦查任务。作为一种多用途先进战机，F-35目前衍生版本有3种，分别是传统起降的F-35A、垂直起降的F-35B以及专供航母起降的舰载机F-35B。对于新加坡这样一个地域十分狭小、缺乏战略纵深的城市国家来说，一旦战争爆发，最先遭受打击的就是本土机场设施，仅有的几个机场很容易就会被敌人破坏殆尽，所以亟须能够垂直起降的短距起飞战斗机，F-35B则符合这样的要求，可以在机场跑道遭到破坏后，利用其他设施短距离跑道起飞迎战。而且未来新加坡海军还可以把F-35B战斗机部署到两栖攻击舰上，拥有一支由F-35B战机组成的准航母舰队，这样会最大限度地提高新加坡军队的整体作战能力，保护其国家和地区安全。

未来新美防务合作将进一步深化

新加坡和美国的关系是基于新加坡自身的现实条件和对小国最有利的外交原则而形成的，新加坡将与美国保持良好的外交关系作为其国际外交的重要一环，在重大战略问题上新加坡一直紧密配合美国，紧跟美国步伐，以此来克服自己国家体量小的弊端，实现"四两拨千斤"的关键国家作用。2017年11月，特朗普总统在访问亚洲国家期间正式提出"自由而开放的印太战略"，加强美军在这个地区的军事和政治存在，新加坡敏锐地抓住这个契机，将自己作为美国实施"印太战略"的关键一环，加大与美国的战略合作，不仅将东南亚最大的樟宜海军基地提供给美国使用，双方还经常举行联合军演。2018年4月8日，新加坡海军部队和到访的美国"罗斯福"号航母进行了为期两天的演习，双方进行了包括反潜在内的多项科目演习；6月11日，美国总统特朗普与新加坡总理李显龙进行了双边会晤，表示"过去几十年我们保持了良好的关系，但从没像现在这样密切"，[①]进一步增强了新加坡加强与美国关系的动力和信心。

此外，新加坡认为，与美国保持良好的关系，也有助于缓解新加坡外部压力。新加坡国土面积小，战略深度不足，国家安全与周围的安全环境密切相关，具有很强烈的不安全感，为了解决安全问题的"脆弱性"问题，新加坡的安全战略主要采取区域合作的"合作安全"战略和寻求庇护的"大国均衡"战略。而美国是世界第一强国，在亚洲有着重要的影响力和军事力量，加强与美国的防务合作，通过与美国建立牢固的军事关系甚至结为联盟，就能让新加坡感到一种安全感。因此，新加坡加强与美国的防务合作关系，其实也是一种极其聪明的生存策略。

而对于美国来说，新加坡作为亚太地区的重要"支点"国家，不仅扼守马六甲海峡这个国际战略水道，具有重要的地缘战略地位，而且具有广泛的国际影响力，是国际上一个不可忽视的国家，"已成为美国亚太安全岛

---

① 范磊：《新美关系的"小"与"大"》，中国经济网，2017年10月25日，http://views.ce.cn/view/ent/201710/25/t20171025_26654927.shtml，访问日期：2020年4月2日。

链中的重要角色",[①] 因此美国高度重视与新加坡的关系,并将其称为"东南亚的以色列",不断向新加坡提供各种先进武器装备和技术,以此来维持、确保和巩固美国在远东地区的霸权地位。例如,新加坡一直是传统的美制军机使用大户,新加坡目前装备的F-15、F-5、AH-64D、KC-135等战机均来自美国,而且还在不断获得美国的技术升级。此次美国同意向新加坡出售F-35先进战机,也释放出来一种积极的政治信息。我们知道,美国的对外军售一直有这样的标准,只有最亲密的盟友才能买到最好的武器装备。目前,国际军备市场对F-35战机的需求量很大,预计销量超过2300架,就连美国盟友想要购买都得排队才行,如果新加坡此次能够顺利获得F-35,将足以表明新加坡对于美国的重要性,说明美国已经将其纳入全球防务体系的关键节点。从未来发展来看,由于新加坡和美国在战略目标上趋于一致,又互有所需,因此两国关系还将会进一步深化。

---

① 王飞:《新加坡与美国的军事合作关系》,《东南亚研究》2004年第3期,第50页。

英国派航母编队首航亚洲，"印太"转向意愿日趋强烈

2021年4月，英国国防部宣布，由"伊丽莎白女王"号航母率领的英国海军舰队将启程前往亚太地区，沿途将经过40多个国家，任务期长达7个月。英国防部称，此次行动是"英国向印度洋—太平洋地区倾斜的一部分……它将有助于英国实现与印度洋—太平洋地区的深入接触，以支持其寻求共同繁荣和地区稳定的目标"。[①]

英国是欧洲军事强国，但近年来却对"印太"地区情有独钟，动作频频，不断通过发布公开声明、签署防务合作协议、派遣舰船巡航、参加联合军演等方式，谋求增强在该地区的海上地位和影响力。此次派出"伊丽莎白女王"号航母编队赴亚洲首航，也是英国近年来最大规模的海外军事派遣行动，显示了其在国际事务特别是"印太"事务中扮演更重要角色的意图。同时，作为北约的重要成员，英国加强在"印太"地区的军事力量部署与存在，也不排除追随并配合美国深化"印太战略"的考量。从未来发展来看，随着英国等北约国家对"印太"事务的介入，地区安全局势将更加趋于不稳定和复杂化。

英国再次拥有可用航母作战力量

英国是传统的海洋国家，航母力量一直是其军事建设的重点。但是自2014年"卓越"号航母退役后，英国在航母战斗群方面一直处于空白，即便是2017年"伊丽莎白女王"号航母入役后，由于故障不断，一直未能形

---

① 《英国政府官宣伊丽莎白女王号航母舰队亚太首航计划》，央视新闻网，2021年4月27日，https://news.cctv.com/2021/04/27/ARTIS7mUEtyauM2AJHz7eem3210427.shtml，访问日期：2021年8月19日。

成有效战斗力。直到2021年1月4日，英国才正式宣布"伊丽莎白女王"号航母战斗群的各作战要素基本到位，航空母舰、海军航空兵、水面护航舰艇、全体官兵以及其他作战系统等完成了协作整合，具备了初始作战能力。

从性能来看，"伊丽莎白女王"号航母是英国海军有史以来建造的最大航母，满载排水量6.5万吨，采用独树一帜的双舰岛设计。由于该舰在作战设想中主要依靠弹射起降战斗机来应对高烈度空中威胁，故而选择了美制F-35B垂直起降型战斗机作为舰载机，因此也使得该航母成为世界上吨位最大的"滑跃起飞、垂直降落"型航空母舰。根据计划，"伊丽莎白女王"号航母预计将在2023年形成完全作战能力并参与全球部署，成为英国未来的远洋主力。

尽管"伊丽莎白女王"号航母被英国赋予了较大的期望，但仍存在诸多短板和缺陷。例如，该航母上可搭载的战机太少，目前英国只有一个舰载机中队配齐了12架F-35B，远不能达到40—50架飞机的要求，这将严重制约航母战斗力的发挥。此外，英国当前舰船力量也无法有效提供航母所需要的"随从"阵容。据称，此次前往亚洲的"伊丽莎白女王"号航母战斗群将包括2艘45型驱逐舰、2艘23型反潜护卫舰、1艘"维多利亚堡"级综合补给舰，以及1艘配有"战斧"潜射巡航导弹的"特拉法尔加"级攻击核潜艇等7艘舰艇，几乎占据了英国皇家舰队主力舰船的半壁江山，未来战斗补充潜力极大受限。因此，正如海军专家维克托·马卡罗夫所言，"伊丽莎白女王"号航母战斗群更像是失去"海上主宰"地位的英国用来展示身份的面子工程，象征意义大于实际意义。

脱欧后英国"印太"转向意愿强烈

近年来，"印太"成为受到多方热捧的地缘战略概念，美国、日本、澳大利亚、印度等国纷纷加以推动塑造。对于英国来说，曾在印度洋—太平洋一带拥有广阔的殖民领地，去殖民运动后也保留了一些"遗产"，如战略位置极为重要的迪戈加西亚岛等英属印度洋领地，以"强化与印太地区英联邦国家的历史纽带"，[①] 因此自认为在"印太"地区仍有"帝国遗产"可以利用。此外，目前英国也实质参与了"印太"地区诸多安全合作机制，如"五眼联盟"（美国、英国、加拿大、澳大利亚和新西兰五国情报机构组成）、"五国联防"（英国、澳大利亚、新西兰、马来西亚和新加坡组成的军事安全组织）等，因此对转向"印太"有着强烈的意愿和充足的动力。

尽管英国并没有发布正式的"印太"政策文件，但其在"印太"地区的布局和动作丝毫不逊于其他欧洲国家，特别是在军事领域更为活跃。例如，近年来英国加紧了与地区国家达成军事合作协议的安排：2017年，英国先后与日本达成防务物流协定，与菲律宾达成防务合作谅解备忘录，与越南达成防务相关合作谅解备忘录；2018年，英国与新加坡达成防务合作谅解备忘录；2019年，英国又与印度达成防务设备备忘录；2020年，英国在遭受新冠疫情冲击财政紧缩的背景下，仍追加165亿英镑的投资用于支持英国在"印太"地区的军事行动，并称要在中国南海一带建设新的军事基地。

此次英国派遣"伊丽莎白女王"号航母编队首赴亚洲进行巡航，就是其提出的参与"印太"地区事务计划的第一步。据了解，此次"伊丽莎白女王"号航母舰队的航程从地中海到红海，从亚丁湾到阿拉伯海，经印度洋到太平洋，航程约26,000海里，沿途访问40多个国家，其中包括在地中海上和法国航母"戴高乐"号并肩航行，在印度洋上将与印度军事力量进行一系列联合演习，在太平洋上与马来西亚、新加坡、澳大利亚和新西兰一起参加纪念"五国防务安排"50周年的演习等，这些都凸显了英国将战略重心从欧洲转向"印太"地区的力度。

难以实现的"全球英国"构想

实际上，英国早在脱欧之前，就开始计划打造一个具有全球视野的崭新大国，在国际上扮演重要角色。2016年10月，时任英国首相的特蕾

[①] 朱献珑、池胜阳：《英国"印太政策"的历史渊源与现实诉求》，《太平洋学报》2021年第8期，第23页。

莎·梅在保守党会议上的讲话中，首次提出"全球英国"战略构想，强调伴随着"脱欧"英国应重新定义自己，主张英国要"超越欧洲"并在更广阔的全球层面担负新角色，以重新获得全球身份及影响力。

而随着"印太"地区战略地位的不断上升，英国开始将该地区作为实现其"全球英国"构想的主要试验田，"以加强在印太的海洋安全存在为核心诉求推动国防建设及战略布局"，[1]不断派出军舰开赴印太海域开展或支持所谓的"航行自由"，这也成为英国"强化"在"印太"地区存在的方式之一。英国国防大臣本·华莱士在此次宣布派遣新型航母赴亚洲航行任务时说，"当我们的航母战斗群下月启程时，它将为全球化英国摇旗呐喊——展现我们的影响力，展示我们的力量，与我们的朋友接触，重申我们致力于解决今天和明天的安全挑战"，[2]充分显示了英国希望能以"秩序守卫者""同盟贡献者""公正调停者""平等对话者"等身份，在"印太"地区一展身手，从而最终实现"全球英国"的战略目标。

从本质上看，"全球英国"构想立足的是国际政治权力，目的是在地缘政治竞争激烈的时代通过"结构"和"工具"来保护和投射英国利益，重振英国的全球地位，"是英国政府在后'脱欧'时代指导外交行动的核心理念"。[3]作为欧盟外的欧洲大国、北约领军国家、联合国安理会常任理事国和七国集团成员，英国在外交、安全、政治等方面仍有可观的战略资源。但是，由于英国在"抱负与能力"之间存在较大的差距，力不从心的窘境使得英国在"印太"转向方面能走多远是一个极不确定的问题。

---

[1] 胡杰：《英国"印太战略"新动向：顶层设计与政策实践》，《印度洋经济体研究》2021年第5期，第42页。
[2] 《英航母战斗群下月赴印，怒刷"存在感"》，参考消息网，2021年4月27日，http://www.cankaoxiaoxi.com/mil/20210427/2441665.shtml，访问日期：2021年8月19日。
[3] 孙盛囡、高健：《"全球英国"外交理念与英国的战略选择》，《当代世界》2020年第4期，第64页。

法国首次参加日本夺岛演习，转身亚洲力度不断加大

2021年5月11—17日，法国派出舰队参加了在日本九州岛海域举行的联合军事演习，进行登陆和作战相结合的实战演习，设想的是当日本的一个离岛"被占领"时如何展开夺岛作战。训练内容包括离岛登陆和巷战。这也是法军首次参加在日本国内举行的军事演习。演习期间，5月14—15日，参与国将通过从停靠在日本九州岛西部近海的日法舰艇上起飞的飞机，把部队运送至雾岛演习场，通过"直升机突击"作战及巷战来强化合作。[①]

随着近期亚太地区安全形势的不断变化，欧洲国家对该地区的关注度也在日益上升。作为老牌欧洲强国的法国，虽然实力早就不如二战之前，但仍然表现出在远洋，尤其是亚太地区展示军力的意愿。近年来，法国多次派出包括"西北风"级两栖攻击舰、"拉菲特"级驱逐舰在内的战斗舰艇赴亚太亮相，展示其海军的海外部署及作战实力，同时派出高层人员互访，积极展开与亚太国家的防务合作，不断加大对亚太事务的介入力度。此次法国参加日美联合训练是历史首次，表明其欲进一步强化与亚太域内国家的战略关系和实际存在的强烈意愿，同时也是其不断扩大在亚太事务的影响力和发言权的重要举措。但是，由于日本与周边国家存在较多的矛盾，法国强化与日本的军事合作，也将可能冒着被日本卷入亚太冲突的风险，无益于亚太地区的安全与稳定。

[①] 《日美法在九州岛及附近启动首次联合军事演习》，参考消息网，2021年5月11日，http://www.cankaoxiaoxi.com/kuaixun/20210511/2443032.shtml，访问日期：2021年10月23日。

法日防务合作关系逐渐升温

虽然法国与日本的防务合作起步较晚,但近年来进程在不断加快,规模也在急速扩大。2015年3月,日法两国政府举行外长与防长"2+2"磋商,在此期间签署了《防卫装备相关协定》。在此之前,日本已经与英国、美国、澳大利亚签订相关协定,法国成为第四个与日本签订该协定的国家。根据协定,日本同意与法国共同研发采用日本先进技术、用于警戒监视的无人潜水机,并将启动两国"防卫装备品合作"和"出口管理体制"委员会,严格管理两国共同开发的产品,这是日本扩大与美国以外国家安全合作的重要举措之一,标志着两国在安全领域的进一步深化合作。2017年1月,日法又就启动两国军队之间的《物资劳务相互提供协定》谈判达成一致,并于2018年7月正式签署了协议。根据协议,双方将相互提供燃料、弹药等物资,并在运输和维修等方面扩大合作。[①] 此外,两国还在积极寻求加入"五眼联盟",构建在此联盟框架下的"5+2"情报共享机制,这些都使得日法防卫合作进一步升温。

在联合训练方面,法日两国从2015年就开始加强双边或多边合作。2017年5月,法国海军"西北风"级两栖攻击舰在停靠日本海上自卫队佐世保基地期间,与日美英三国举行首次联合演习。2019年5月,法国又派出了"戴高乐"号航母与美日澳舰艇在印度洋举行了大型联合军事演习,在海面上集结组成大型编队,展示武力。

在此次演习中,法国派遣了搭载有海军候补士官生的直升机两栖舰和护卫舰舰队,同时驻扎在法属波利尼西亚的陆军部队也将参加此次训练,名义上以人道主义援助和灾害救援为目的,但实际上却是将在无人岛上起降航空器的登陆训练以及水陆两用战车和船只的登陆训练作为演习科目,大多与离岛防卫和夺回作战科目相同,针对性不言而喻。法国海军参谋长范迪尔在接受采访时则称:"(军演)信息就是发给一些正在崛起的强国的,

---

① 王欢:《日法签署物资劳务相互提供协定,自卫队和法军可互供弹药》,中国新闻网,2018年7月17日,https://www.chinanews.com.cn/mil/2018/07-17/8569580.shtml,访问日期:2021年10月23日。

我们要展示我们在该地区的影响力,并传递日法合作的信号。"

法国转身亚洲力度不断加大

作为传统的欧陆大国和联合国安理会常任理事国,法国在国际上具有较大的影响力,拥有一支武器装备先进的军队,海外干涉能力较强,意愿也很强烈。但是,随着近年欧洲总体影响力的日益下降,法国的国际话语权逐渐减弱,地区存在感不断削弱,尤其是在军事力量方面,法国海军对远洋地区的影响力日益下降。为此,法国开始将目光投向亚太,希望"以亚太地区为助力维护法国全球战略利益,寻求法国的世界大国地位的国家追求",[①] 来体现其力量威慑,提高国际地位和影响力。

实际上,早在2013年8月,时任法国外长的法比尤斯在东盟秘书处发表演讲时,就声称"法国也要转身亚洲",将亚太地区纳入法国的国际事务关注重点。而在亚太事务中,法国对南海问题明显给予了较大关注,采取了诸多的行动。2016年6月,法国防长勒德里昂在新加坡香格里拉对话会上,公开表示要推动欧盟国家海军参加南海巡航,以确保欧洲在该地区"常规和可见的存在"。2017年1月,法国在日法"2+2"会谈上又对中国在南海大规模建设军事据点表示了强烈反对,并派出军舰频频亮相南海,或加入美国的"航行自由"行动,或参加该地区的多边联合军事演练,其目的就是要加大对亚太事务的介入力度。

与此同时,法国还大力加强与地区组织的关系,在新加坡香格里拉对话会、东盟地区论坛、太平洋海岸警卫队论坛等重要亚太地区战略论坛频频发声,不断与东南亚及南亚各国建立广泛的合作关系,建立健全防止核扩散、反恐、应对气候变化等领域的合作机制,在防卫安全方面更是倡导建立"地域战略温度计"和亚洲防务部长级会议,并希望与之合作。从本质上来说,法国希望通过奉行多边主义,保持地区实力均衡,从而重新恢复为"有全球影响力的大国"。

---

① 邱琳:《法国马克龙政府亚太政策评述》,《区域与全球发展》2020年第2期,第122页。

"印太战略同盟"难以形成

法国虽然地处欧洲，却一直将自己定义为"印太"国家，也是"欧盟国家中最早提出'印太战略'的国家"，[①] 法国对"印太"地区的概念定义是"从东非海岸到美国西海岸"的区域。法国认为，由于其在南太平洋拥有法属波利尼西亚、法属新喀里多尼亚、法属瓦利斯和富图纳群岛，在印度洋拥有留尼汪岛、马约特岛和克尔格伦群岛，如果再加上加勒比地区的海外领地，其专属经济区约1100万平方公里，其中62%的经济区位于太平洋，约150万法国公民生活在印度洋—太平洋领地上；而且，在军事力量部署上，法国在该地区拥有驻军2800人，部署有近10艘作战舰船，其中，两艘主力舰"雾月"号护卫舰和"葡月"号护卫舰均部署在法属波利尼西亚的塔西提岛海军基地，因此法国自认是一个地道的"印太"国家，在该地区有着广泛的利益存在。

在这种理念的影响下，近年来，法国效仿美日澳印"四边机制"，不断加强与日本、澳大利亚和印度的防务合作与互动，试图打造类似的"印太战略同盟"。2018年3月，法国总统马克龙上任后首次出访印度，两国签署了一系列战略合作协议，包括向印度出售36架"阵风"战斗机，允许"两国武装部队相互提供后勤支持"；[②] 2018年5月，马克龙在出访澳大利亚期间，首次提出要构建法国、澳大利亚、印度三国"战略同盟"。[③] 随着法日关系的不断走近，法日澳印"战略同盟"似乎已现雏形。

但是，由于法国毕竟地处欧洲，受制于军费削减及欧洲自身防务的牵制，不可能把主要精力和军事资源投入到"印太"地区。法国加大对"印太"地区的参与力度，部分原因还是试图通过在该地区的军事行动，提升自己在国际上的地位，以此来助推扩展自己在欧洲的影响力，"是马克龙

[①] 李颖、陈翔：《法国"印太战略"：内涵、动力及局限》，《和平与发展》2021年第5期，第52页。

[②] 《法国总统马克龙首访印度的多重考量》，新华网，2018年3月12日，http://www.xinhuanet.com/world/2018-03/12/c_1122526403.htm，访问日期：2021年10月25日。

[③] 《马克龙想建法印澳同盟，但恐有心无力》，新华网，2018年5月3日，http://www.xinhuanet.com/world/2018-05/03/c_1122779815.htm，访问日期：2021年10月23日。

政府谋求大国外交和加强欧洲战略自主的区域性体现"。[1]而且，法国与中国没有根本的利益冲突，深化与日本、澳大利亚等国的防务合作并不意味着其必须在南海问题上"选边站"，法国所强调的"航行自由""遵照国际法""和平解决"等意愿也并不具有明确的指向性，与南海周边国家的防务合作无论从深度和广度都是非常有限的。

此外，法国也认识到，对于日本、印度、澳大利亚等国家来说，与法国进行防务合作的长远打算还是借力法国在欧盟中的"领头羊"地位，通过其在防务体系方面靠近欧盟，从而在可预期的未来与欧盟在政治和军事上实现对接，进而把欧盟引入"印太"。而鉴于这些国家近年来在太平洋地区多以搅局和破坏为手段制造混乱，希望借此实现一己私利的险恶用心，因此法国在与这些国家合作的同时，也会保持高度警惕，竭力避免在无意当中成为这些国家实现私利的垫脚石。因此，在这种情况下，构建所谓的"印太战略同盟"也仅是一个象征性的设想，缺乏牢固的共同利益基础。

---

[1] 田小惠、田佳禾:《法国马克龙政府的"印太战略"探析》,《法国研究》2021年第4期,第14页。

第三篇 欧洲防务

欧盟加强国防工业项目合作，推动防务一体化进程

2020年6月15日，欧盟委员会宣布拨款2.05亿欧元，旨在资助能使欧盟在防务领域更加独立的高技术国防工业项目。这是欧盟在英国脱欧和美国力促欧洲国家加大防务开支背景下采取的一项重要举措，其目的是进一步强化各国的国防工业研发合作能力，从而推进防务一体化进程，共同应对所面临的各种安全威胁。

欧洲防务一体化"是欧盟的诞生初衷与长期追求的目标"，[1]但长期以来，联合防务一直是欧洲一体化的深水区。自欧盟成立以来，虽然经济一体化取得了很大进展，但在共同防务建设方面始终裹足不前。近年来，随着欧洲经济实力的增强，一体化程度的加深，欧盟将构建多极化世界确定为追求目标，竭力寻求成为未来世界格局中的一极，在军事机构整合、军备研发和兵力部署等方面都做了较大的努力，独立自主防务进程持续加快。

在欧盟实施"防务一体化"的进程中，高技术国防工业项目合作是一项重要内容。2017年6月7日，欧盟专门设立了一项总额达55亿欧元的防务基金，通过欧盟预算直接资助成员国的创新型国防技术和产品的研究，以促进欧盟各成员国的国防科技研发和国防装备合作，帮助其进行共同防务技术和装备的研究，如电子、超材料、加密软件和机器人技术等，以协调、补充和扩大成员国的防务研发投资，减少各国在防务领域的重复投入，同时加强各成员国、欧洲防务局、欧盟委员会等的协调合作，并带动成员国之间的融资交流。

---

[1] 张程、刘玉安：《英国退欧与欧洲防务一体化问题探析》，《国际论坛》2018年第2期，第33页。

除了成立专门的防务基金外，2017年11月13日，欧盟23国还签订了一项名为"永久结构性合作"（PESCO）的协议。根据该协议，欧盟将把20%的国防支出用于采购军备，2%的国防支出用于防务研发投资，计划在2020年将每年的国防军事研究投资增至5亿欧元，未来还将扩大到10亿欧元以上。在该框架下，欧盟还开始加强国防工业项目的合作，包括英德牵头启动欧洲新一代战斗机研发项目，德国、荷兰、法国和意大利等国合作进行新一代水面舰艇研发项目等。2019年12月，欧盟又召开国防部长会议，增加了13个联合防务项目，包括打造海上无人反潜系统以及开设支持欧盟特种作战部队的医疗培训中心等，使得"永久性结构合作"框架下的合作项目总数达到47个。①

此次欧盟拨款资助高技术国防工业项目，也是该"永久性结构合作"框架下的一项重要内容。据媒体称，此次欧盟资助的国防工业项目将重点集中在无人机、探测和克服障碍的系统、数据处理平台、无人驾驶地面车辆、军用卫星系统、电子战系统和网络防护系统以及反坦克炮弹等领域，共有来自24个成员国的223家公司参与实施上述项目，这标志着"永久结构性合作"框架正在引领欧盟一体化进程的务实推进，正如欧盟内部市场专员蒂埃里·布雷顿所称，"建立起高水平技术和防务能力，将会增强欧盟的稳定和战略自主"，不仅将极大地提高欧洲的整体军事合作能力，也为未来欧盟实现共同防卫政策奠定了坚实的基础。

但是，我们也要看到，尽管目前欧盟对防务一体化建设具有强烈的意愿和充足的动力，但由于其自身组织特征和内部观点分歧等因素，未来国防工业项目合作还将面临诸多困难。例如，欧盟成员国在国防采购和军工研发等方面普遍存在效能低下和体制繁琐等问题，在具体军工合作时各国的需求和观念也存在较大差异；此外，欧盟内部在防务一体化的目标上也是矛盾重重，特别是作为核心国家的法德两国，在对待欧盟未来主导权的问题上分歧很大，利益也难以协调。这些都将制约着未来欧盟防务一体化的深入发展，令其长期"处于量变的过程中"，② 前进路程任重而道远。

---

① 《欧盟召开国防部长会议，新批13个联合防务项目》，新华网，2019年11月14日，http://www.xinhuanet.com/world/2019-11/14/c_1210352834.htm，访问日期：2020年8月2日。

② 王瑞平、徐瑞珂：《欧盟防务一体化探析》，《现代国际关系》2021年第12期，第26页。

欧盟发布年度防务评估报告，承认地区危机应对能力欠缺

2020年11月20日，欧盟发布首份年度防务评估报告，承认其缺乏能够帮助北约或通过自身力量快速应对各种地区危机的能力，无法按照多数成员国所期望的那样，建设一支强有力的危机应对力量。该报告还指出，目前北约可调度的欧盟成员国部队只有60%处于可部署状态，而且各国政府在部署这些部队方面也不积极，从而使得欧盟在世界范围内所进行的军事行动可供部署的兵力只有7%，规模严重不足。

长期以来，欧盟一直是"经济上的巨人"和"军事上的侏儒"，军力建设与经济发展严重不匹配，在共同防务建设方面更是始终裹足不前，进展缓慢。早在20世纪50年代，西欧国家就曾提出构建"欧洲防务共同体"的计划，多次尝试建立更加紧密的军事联盟，但均以失败告终。但是，欧盟一直没有放弃防务一体化的目标，积极进行各种尝试，迫切希望通过逐步提高共同防务和联合作战能力，改变欧盟军事能力低下的形象，增强在外交上的威信和国际社会的影响力。打造欧盟共同防务体系，已经成为许多不甘"仰北约鼻息"的欧洲人的一大梦想。

近年来，在欧盟主要国家特别是法德两国的积极推动下，欧洲从军事机构整合、军备研发和兵力部署等方面都作了较大的努力，军事一体化持续加强。2016年9月，欧盟非正式峰会在斯洛伐克首都布拉迪斯拉发召开，深入讨论了"组建永久性欧盟军事指挥部"等防务一体化路线图问题，呼吁成立"欧洲防务联盟"，组建欧盟联合军队和欧盟军事司令部等。[①] 2017年12月，欧盟25个成员国签署联合协议，决定构建"永久结构性合作"

[①] 《欧盟非正式峰会达成"布拉迪斯拉发路线图"》，新华网，2016年9月17日，http://www.xinhuanet.com/world/2016-09/17/c_1119573931.htm，访问日期：2020年12月19日。

（PESCO）机制框架，允许那些愿意并有能力的成员国共同发展防务能力，包括对一些军事项目进行共同投资，以应对在安全领域面临的各种挑战。

欧盟"永久结构性合作"机制的构建，给欧洲防务合作提供了一个既具约束力又有包容性的法律框架，标志着欧盟向着未来联合防务跨出了最重要的一步，大大加快了成员国的防务一体化进程。在此框架下，2018年6月，法国、德国、比利时、英国、丹麦、荷兰、爱沙尼亚、西班牙和葡萄牙等9个国家签订了一份"欧洲干预倡议"意向书，承诺组建一支联合军事干预部队，旨在应对欧洲地区可能出现的危机，并能够在爆发冲突的时候可以快速派出部队，及时进行军事干预。此次欧盟理事会还通过了《2020年"永久结构性合作"战略评估》，对该合作框架的进展情况进行了回顾，并就下一阶段（2021—2025年）的总体目标、政策目标、激励措施和建设项目提供了指导性意见，强调要建立联合全谱部队和增强整体军事能力的重要性，明确了与国防投资、军力运用、行动效率和必需能力有关的关键目标，同时还提供了一份列有包括建立欧洲流动医院、联合军事后勤网络、军官培训及特定军事任务联合训练中心等26个项目在内的"永久结构性合作"清单，并要求这些项目在2025年底前必须形成具体成果。此外，欧盟还允许在特定条件下可邀请非欧盟国家参加部分"永久结构性合作"项目，从而为在欧盟框架内加强与相关国家进行更深入的防务合作铺平了道路。

从未来发展来看，由于欧盟防务一体化进程涉及各国政府都比较敏感的国家主权问题，因此在政策落实和具体行动方面存在着较大的难度，同时各成员国内部在防务一体化的目标设定上也是矛盾重重，面临"北约因素干扰、美国军工竞争、经费短缺等一系列挑战和困难"，[①]这些都对未来的欧盟防务一体化进程构成较大的掣肘。但是，从欧洲自身的战略追求来看，实现共同防务一直是其长期的"梦想"，难以割舍，而且随着欧洲经济实力的增强，欧盟也竭力希望能够成为未来世界格局中的真正一极，在防务一体化建设方面也具有强烈的意愿和充足的动力。同时，近年来欧洲安全环境不断恶化，各种恐怖主义袭击和难民危机频频发生，欧盟亟须以

[①] 王锴、邹思良：《欧盟防务一体化机制建设探析》，《军事文摘》2022年第13期，第57页。

加强联合防务为切入口，提高共同应对突发危机事件的能力，再加上美国特朗普总统执政期间美欧关系日趋下滑，各种矛盾分歧难以弥合，这些都将会大大推动欧盟加快联合军事力量建设的进程，其防务一体化进程是大势所趋。

欧盟拉拢美国加入军事机动性计划，意欲如何？

2021年5月6日，欧盟防长会议批准了一项军事机动性计划，旨在消除影响欧盟军事机动性的各种行政程序和监管障碍，可以将军队随意部署在欧洲各地，从而实现军队和装备在欧盟境内外的便捷移动。值得关注的是，此次欧盟还同意邀请美国、加拿大和挪威三个北约成员国加入该计划。[①] 由于欧盟军事机动性计划是2017年12月欧盟签署的"永久结构性合作"（PESCO）框架的重要组成部分，因此也使得该举措成为欧盟首度将"永久结构性合作"框架开放给非欧盟国家的行为，与欧盟长期以来一直追求的独立自主的防务一体化合作目标明显背道而驰，其背后究竟有什么样的战略意图？

近年来，随着安全局势的不断恶化，特别是欧洲各种恐怖主义袭击和难民危机的不断发生，欧盟急需以加强联合防务和军事机动性为切入口，实现突发危机事件的共同应对。同时，由于美国前总统特朗普奉行"美国优先"政策，使原有的美欧关系受到损害，双方在政治、贸易、防务等领域摩擦不断，即便拜登上台后改弦更张，采取"美国回来了"的加强盟友关系的政策，也无法在短时期内完全缓和。

2021年2月25—26日，欧盟国家领导人举行视频峰会，主要议题就是加强欧洲防务合作，讨论如何通过各种既有机制，深化欧盟成员国间的防务合作，包括增加防务投资，加强民事和军事能力，促进航空工业与民用、军用产业之间的协作，推动科技创新，减少对外依赖等。[②] 这是美国拜登新政府上台后欧盟在联合防务建设领域举行的首次峰会，为促进未来

[①] 《欧盟同意美国加入军事机动计划，德媒：华盛顿想卖更多武器》，环球网，2021年5月8日，https://3w.huanqiu.com/a/de583b/431zsv9vZlu?agt=11，访问日期：2021年7月22日。

[②] 吴敏文：《怎样看待欧盟版"印太战略"》，《中国青年报》2021年5月27日。

欧洲防务能力的更紧密整合指明了方向。

虽然目前欧盟对防务一体化建设具有强烈的意愿和充足的动力，并采取了一系列切实有效的措施，但也面临着众多因素的制约。其中，以美国为首的北约始终是欧盟防务合作绕不开的一道坎。美国一直将北约视为其实现全球战略的工具，不允许欧盟通过加强防务合作来实现欧洲军事力量的另起炉灶，建立与北约分庭抗礼的军事力量。2020年11月14日，美国防部副部长大卫·诺奎斯特就欧盟的新一期自主防务计划白皮书提出了警告，宣称该白皮书并没有允许美国及其他国家参与，会威胁到整个北约的团结。此次美国寻求加入欧盟军事机动性计划，也是希望借此更加深入地渗透进欧盟内部，加强欧洲与美国的战略绑定，干扰甚至破坏欧洲的防务独立计划。

而对于欧盟来说，从目前来看，防务一体化建设仍在初期阶段，各国自身军力水平确实有限，现有军事力量主要是针对本土防御作战而建立，没有足够的运载能力、远程投射能力和进攻能力，后勤保障能力也还不能适应高度机动性的要求，无法迅速部署，无法有效应对日趋复杂的地区安全形势。因此，在国际局势深刻复杂变化而军事实力整体有限的情况下，欧盟权衡风险挑战，暂时还是放弃了脱离美国和北约实施自主防务的想法，更倾向于拉住美国，将北约作为欧洲集体防御的基石，以维系西方联盟和保持现有国际体系下的既得地位与利益，而美国"基于政界精英的认知和自身全球战略的需求"，主要采取了"有条件支持"的政策立场。[1]为此，欧盟在拜登政府上台并明确表达愿意修复跨大西洋关系后，作出了积极的反应。2月26日，在欧盟国家领导人视频峰会上，欧盟各国表示，要与北约、联合国和其他地区伙伴加强合作，并期待与新一届美国政府加强跨大西洋合作、建立防务对话。此次邀请美国加入军事机动性计划，也是欧盟向美国抛出的一根"橄榄枝"，意图在改善与美国关系的同时，更多地获得美国的支持与合作，借助美国的力量，更好地加强自身防务力量建设。

---

[1] 王振玲：《美国对欧洲防务自主的认知与政策立场探析》，《国际关系研究》2021年第5期，第24页。

但是，从未来发展来看，美国与欧盟在处理地区安全事务上的观点、军事战略指导思想，以及军事协调合作等方面都存在着无法调和的分歧和矛盾。特别是美国，无论是特朗普还是拜登政府，都在积极谋求打消欧盟谋求建设自主防务的努力，因此，此番欧盟主动打开口子，邀请美国加入欧盟军事机动性计划无异于引狼入室，最终会让欧盟偏离战略自主的大目标。

德国出台新型战机采购计划，核携载能力成重要考虑

2020年3月，德国国防部长正式批准了德国空军的一项战机采购计划，该计划将在未来几年内购买135架新型战斗机，其中包括90架"台风"战斗机、30架F/A-18F"超级大黄蜂"战斗机以及15架EA-18G"咆哮者"电子战斗机，以此取代"狂风"战斗机，以保持拥有可携载B-61战术核弹的作战能力。

德国曾是欧洲空军力量的强国之一，但目前所装备的战斗机普遍服役时间较长，寿命接近尾声，正面临着维护成本持续增长的问题。为此，德国政府一直在寻求合适的机型予以替代，并提出过多种方案。此次德国决定同时采购三款新机型，其目的就是通过该三款机型功能的相互补充，一方面对现有的"狂风"战斗机进行更新换代，提高德国空军的整体作战能力，另一方面是要满足北约框架下德国战斗机用以执行核任务的要求，同时还可以有效缓解和平衡美法关于欧洲未来战斗机采购的矛盾，起到"一箭三雕"的效果。

完成对"狂风"战斗机的全面替换

"狂风"战斗机是德国目前装备的数量最多，同时也是最主要的战斗机机型，该机型是在20世纪60年代中期北约的战略思想从"大规模报复"转为"灵活反应"之后，为执行空中截击和进攻性空袭等常规作战任务，由英国、德国、意大利三国共同研制的一款"多用途战斗机"，可谓是"欧陆上空的老古董"，其当初定位是执行近距离空中支援，对海攻击、侦察，甚至是轰炸任务，以实施对地攻击为主，兼具一定的空战能力，因此拥有强大的挂载能力，除了可以挂载各种空空、空地导弹，激光制导炸弹，常

规炸弹外，最重要的一项功能是可以挂载核战术导弹，在冷战时期北约与苏联的对抗中发挥了重要的作用，也使得"狂风"与"阵风""台风"战斗机一起，被称为欧洲"三风"战斗机。

冷战结束后，随着各国武器装备的不断更新，德国所装备的"狂风"战斗机日益显得不合时宜。目前，"狂风"主要是列装在德国第33战斗轰炸机联队的45架，这在冷战时期是非常必要且实用的，但当下在列的德国"狂风"战斗机很多系统和电子设备都已老化，已不再胜任现代战争。例如，在2017年德国参加叙利亚作战的过程中，其派往叙利亚战场执行轰炸、侦察任务的"狂风"战斗机，就由于驾驶舱内灯光过亮，看不清地面目标，根本无法执行夜间侦察任务，被称为"表现最差"的空军力量。目前，德国的"狂风"战斗机大多已服役超过30年，若不尽快更新换代，其2030年前的维护费用将超过80亿欧元，即将成为彻底的"鸡肋"。

为此，近年来德国一直在为更换"狂风"战斗机而努力，并对替换机型提出了一个硬性的要求，即必须具备核载荷能力。对于"台风"战斗机来说，虽然整体作战能力优于"狂风"，但却不具备核载荷能力，要在其武器系统上整合B-61核弹，就必须将一些技术细节交给美国政府和承包商，从而获得美国的资质认证，而这一过程需要花费很长的时间。而F/A-18"超级大黄蜂"已明确获得了美国政府的批准，只需三五年的时间就可以集成B-61核重力炸弹，这成为此次德国采购的重要动因，此外，德国还可通过"咆哮者"电子战机来完成"狂风"战斗机的电子攻击功能替换。总体来说，德国通过这三款机型的相互补充，将全面完成对"狂风"战机的升级替换，大大提高德国空军的整体作战水平。

多重因素促使德国放弃F-35战斗机选项

实际上，在对"狂风"战斗机的替换上，美国F-35战斗机一直是个不错的选择。目前，英国和意大利都已选择F-35战斗机作为下一代主力战斗机，意大利更是引进F-35战斗机的生产线，在国内进行组装生产。为了向德国推销F-35战斗机，美国洛克希德·马丁公司也作出承诺：如果德国空军下单购买F-35战斗机，在签订合同的三年后就可获得首架战机。而从价格上来看，F-35战斗机的采购成本和使用成本也不比德国目前拟采购的自制"台风"战斗机高。但是，德国为什么不愿接受这款战斗机呢？

首先，德美之间龃龉不断，特别是特朗普上台后，德对美不满有所增长，两国之间热络不复从前，很多自美国采购武器的议案都难在政府和议会内部通过。在特朗普"美国优先"的对外政策影响下，美德贸易摩擦不断升级，再加上美国在巴黎气候协定上的失约以及在自贸谈判中的利己主义行径，均使得德国对美国深感失望，两国"在经济利益和安全利益上的分歧日益扩大"。① 此前，又有媒体爆料称，美国曾监听过默克尔等德国高官的手机，使得德国不得不怀疑引入F-35战斗机后，是否会将国防机密悉数呈交至美国手里，毕竟以美国的技术能力来看，这些猜测通过技术手段应该是完全可以做到的。所以，为了防止引入的先进战机日后受人所控，德国最终选择放弃了F-35战斗机。

其次，法德之间不断密切的合作关系对于德国放弃采购F-35战斗机也有着很大的影响。法德是欧洲防务一体化的领头羊，两国一直呼吁欧洲"团结起来"，在防务领域独立自主，实现"欧洲防卫自主"，在英国"脱欧"和特朗普持续批评北约盟国的情况下，法德两国的防务合作关系越来越紧密，而两国签署的《亚琛条约》，更将法德防务合作水平推到一个新高度。法国认为，如果德国大量引进F-35战斗机，很可能会削弱德国对下一代战斗机的需求，继而影响两国在下一代先进战斗机开发上的合作，这与欧盟的整体战略利益是背道而驰的，因此法国曾警告若德国选择购买F-35战斗机，将停止两国在联合研制第五代战斗机计划上的合作。因此，为了维持法德合作关系，德国最终排除了F-35战斗机的采购。

最后，德国希望通过放弃采购F-35战斗机，能够更好地照顾到德国本土及欧盟的航空工业。德国历史上曾经有着强悍的航空制造工业能力，但现在却被美俄远远抛弃，已经没有办法独立地为德国空军提供一款性能堪用的战斗机，这让德国也感到不安。"台风"是一款德国参与研发和生产的欧洲本土机型，德国希望通过大批量采购，来更深入地参与其研制和生

---

① 牛霞飞、郑易平：《当前德美矛盾的多重原因透析》，《国际观察》2020年第6期，第125页。

产，并避免因采购需求不足而导致该项目流产。而且，德国已经装备了前两个批次的"台风"，继续购买"台风"，还可以使其战斗机型保持一定的连贯性，使得该机型在下一代先进战斗机投入使用前，成为德国空军的主力机型，以更好地促进和扶持本国和欧盟航空工业的发展。

北约核共享机制将使德国面临诸多风险

德国是第二次世界大战战败国，与日本一样不能研发制造装备核武器，但由于是北约重要成员国，又地处欧洲的重要地理位置，因此作为北约集体防卫体系的一部分，德国保留了专门的核攻击机队，其战斗机可以借助北约现有框架下的核共享机制，携带和使用核武器，间接实现了在条件适合时实施规模有限核打击的能力。2019年10月18日，北约在德国境内举行了一场军演，演习内容包括如何安全地将核武器从地下核武库运送到战机上并进行挂载等。在演习中，数架德国空军的"狂风"战斗机将储存在地下核武库中的战术核武器挂载上，升空展开模拟核战演习。

正是看中了上述优势，战后美军一直在德国驻扎重兵，并部署了战术核武器。美国认为，从战略对抗考虑，在欧洲部署核武器，一方面可强化美国领导下的北约在欧洲防务中的核心作用，进而保持美国在欧洲防务政策上的发言权和影响力，另一方面也可保持对苏联（俄罗斯）的核威慑，为核裁军谈判留下筹码。欧洲成为美国"实现其安全战略的重要依托"。[①] 因此，虽然目前美国在欧洲部署核武器遭遇了越来越多的反对声音，但美国不会轻易从欧洲撤出核武器。

据统计，截至目前，美国一共在北约5个战略地理位置关键的国家部署了大约180枚B-61战术核航弹。[②] 这是美国在冷战时期开发的一款用于战机的战术核武器，具有可变当量设计，可实施精确制导打击，是目前美

---

① 陈波：《20世纪50年代美国在欧洲部署核武器政策探析》，《史学月刊》2021年第9期，第90页。
② 《美国在欧洲部署核武器信息首次被公开：在6个基地储存约150枚核弹》，环球网，2019年7月17日，https://3w.huanqiu.com/a/c36dc8/9CaKrnKlB5J?agt=8&s=a/c36dc8/9CaKrnKlB5J，访问日期：2021年1月24日。

军最具威力的空基战术核武器之一。这些核弹可以按照北约的需求，由相应的北约国家战机来投掷。其中，美国在德国位于莱茵兰－普法尔茨州的比谢尔空军基地部署有约20枚B-61，这些核武器存放在德国，但管理权却在美国空军的第702弹药支援中队，所有载机都必须经过美国的安全资质认证，才能携带核弹。而目前，北约国家具备B-61核弹携带资质的战斗机只有欧洲研发的"狂风"战斗机和美国研制的F-16战斗机。

为了取代"狂风"战斗机，实际上德国空军很早就开始寻求为其"台风"战斗机配备B-61核弹的资质，并将相关的资质审查提交给了美国。对于德国来说，如果美国通过了"台风"战斗机携带核弹的资质审查，那么德国空军就将继续采购"台风"来接替老旧的"狂风"执行欧洲核威慑的任务；如果美国拒绝为"台风"战斗机发放资格认证，那么德国就只能另寻他径，或在"狂风"战斗机全部退役之后放弃执行此类核威慑性质的能力，这将会极大影响北约在欧洲的战术核打击部署战略。而对于美国而言，则认为"台风"战斗机曾发生多次事故，并不是非常成熟的平台，目前性能还不足以达到携带核弹执行任务的能力；而且，美国还更担心如果给"台风"战斗机亮绿灯，那么必然会影响F-35战斗机在欧洲的销售。此外，美国一直向德国施加压力，最终终于实现了后者采购F/A-18F"超级大黄蜂"的意愿。

总之，对于德国空军来说，只要北约集体防务框架没变，其战术核打击任务就不会被放弃，从而导致美欧将在未来相当长的一段时期内仍保持在核武器领域进行合作。但是，随着近些年欧洲内部不安定因素的增加以及国际恐怖主义的扩大，美国部署在欧洲的核武器已然成为一个不安定的因素，一旦发生任何差池，所带来的后果将难以想象，这也将成为德国必须考虑和面对的风险与挑战。

英国如期"脱欧"，与欧盟防务合作走向何方？

2020年1月29日，欧洲议会全体会议以"简单多数"机制对英国"脱欧"协议进行表决，最终以621票赞成、49票反对、13票弃权的表决结果通过协议。根据"脱欧"协议，英国将在2月1日早上7点（布鲁塞尔时间1月31日晚24时）正式脱离欧盟，成为历史上首个退出欧盟的国家。[①] 而在脱欧后的11个月过渡期内，英国将与欧盟就未来关系发展及合作事宜等展开谈判。

作为传统的世界大国和欧盟的旗手，英国曾是拉动欧盟一体化进程的"三驾马车"之一。但是，由于英国自然环境与欧洲大陆隔离，人员流动相比欧洲其他国家较少，长期在欧盟的政治话语权不多，因此对欧盟的不满由来已久。此外，英国认为脱离欧盟后自主性可以变得更强，政策灵活性也更大，因此一直对"脱欧"情有独钟。此次英国顺利"脱欧"，将对欧盟防务一体化进程产生较大影响，也使得未来英欧防务合作关系变得更加复杂，未来如何推进英国与欧盟的共同防务合作关系，将极大考验欧洲政治家们的智慧。

理想与现实差距加快英国"脱欧"进程

长期以来，英国对欧盟一体化一直保持着若即若离的态度，"经历了从'双重遏制'到'恶意忽视'的一系列调整"。[②] 英国追求欧盟安全大国地位、力争发挥国际影响力与坚持维护北约在欧盟防务安全中的核心作用所形成

[①]《欧洲议会通过"脱欧"协议，议员唱〈友谊地久天长〉送别英国》，中国新闻网，2020年1月30日，https://world.gmw.cn/2020-01/30/content_33511905.htm，访问日期：2020年3月8日。

[②] 张程、刘玉安：《英国退欧与欧洲防务一体化问题探析》，《国际论坛》2018年第2期，第33页。

的微妙平衡，构成了英国参与欧盟防务安全合作的基调。从欧盟防务安全格局看，英国既是北约的核心成员国之一，也是欧盟共同防务的中坚力量，还是欧安组织的积极参与者。作为欧盟曾经军事实力最强的国家，欧盟集体防务行动主要从英、法、德等国抽调兵马，不仅要"挑重担"，还得向许多二流欧盟成员国提供军援，在欧盟事务中具有较强的话语权。英国一直试图在欧盟防务安全这一优势领域发挥领导作用，意图凭借其在欧盟强大的军事实力，重视在欧盟共同安全与防务领域的合作，积极推进欧盟共同外交与安全政策，以确立其在欧盟防务中的主导地位。

而随着欧盟防务合作呈现加速加深的趋势，崇尚实用主义的英国选择顺势而为，凭借自身在军事领域的丰富经验以及宝贵的人力物力资源，不断推动这一进程的发展，例如，组建"欧盟战斗群"的理念中就包含着英国的智慧。英国在欧盟防务一体化中作出重要贡献的同时，也使得欧盟的共同外交与安全政策沦为了英国追求本国利益的工具。

但是，理想与现实之间存在一定的差距。美国战略重心转移、西方与俄罗斯之间的冲突加剧以及美国特朗普总统的上台，均使英欧防务安全合作更为复杂，跨大西洋关系对英欧防务安全关系则产生了微妙而深远的影响。面对一系列重大防务安全事件，包括利比亚与叙利亚战争、乌克兰危机、难民危机和反恐合作等，英国虽渴望发挥作用却力不从心，在欧盟防务安全领域的领导地位弱化，对其参与创建的共同安全与防务政策有意忽略和冷落，再加上防务安全一体化的进程关乎主权让渡，英国对此疑虑重重，因而多次否决相关提议，阻止欧盟防务安全合作的进一步深化，导致英国与欧盟的隔阂进一步加深，分歧不断增多，最终实现了此次"脱欧"协议的最终达成。

"脱欧"将推动欧洲防务关系新变革

英国"脱欧"后，诸多政策领域均遭受严重影响，英国与欧盟在防务领域的合作也不例外。长期以来，欧盟成员国拥有不同的地缘政治考量，对安全威胁的认知有差异，导致内部合作效率低下，分歧不断增多。更为重要的是，欧盟防务安全力量严重不足，难以形成军事威慑力，防务安全合作存在一定缺陷和局限性，而英国在欧盟拥有较强的防务安全优势，这使英国在欧盟安全问题上扮演不可替代的角色。

但是，英国在"脱欧"后，将失去欧盟成员国身份，从欧盟防务的中坚地位滑落至边缘，很可能失去对欧盟安全和防务政策的影响力，英欧防务安全合作机制会受到削弱。欧盟首席谈判代表米歇尔·巴尼耶明确表示，脱欧后的英国不享有对欧盟政策的投票权。英国上议院欧盟对外事务小组委员会的报告也称，"退欧后，英国或许能够继续参与其中，但它将不会像目前这样参与到发展、规划和任务领导方面"。[①] 德国总理默克尔更是直接表示，"脱欧"后的英国将成为欧盟的潜在对手。近年来，欧盟启动了欧盟防务基金项目，该项目资金雄厚，鼓励并资助欧盟国家展开军备研发上的合作，对当前普遍缺乏军费的欧盟国家具有相当大的吸引力。但英国"脱欧"后，其防务企业将失去欧盟防务基金平等资助并参与其招投标项目等活动的机会，与欧盟在防务领域竞争的一面会日益凸显。实际上，英欧双方在最近几年的谈判中，已经围绕某些防务议题展开了激烈博弈，其中最引人瞩目的是"伽利略"系统的军事用途。欧盟将对"脱欧"后的英国限制其使用加密频道，而英国政府则宣布将新建自己的卫星系统与"伽利略"竞争。而且，进入"后脱欧时代"，北约在欧盟的作用将受到连带影响。多年来，英国在大西洋两岸防务合作中发挥了重要的桥梁作用，对促进美欧之间的凝聚力与团结至关重要，而在英国"脱欧"后，北约将因这一凝聚力的缺失而影响力下降。

此外，英国"脱欧"还将会促进欧盟共同外交与安全政策实施进程的加快。打造欧盟共同防务体系，是许多不甘"仰北约鼻息"的欧盟人的一大梦想。但是由于该政策涉及的是各国政府都比较敏感的主权这一核心领域，因此在政策和行动方面的协商存在着很大的难度。英国"脱欧"后，将进一步削弱欧盟的核威慑能力，再加上美国扬言将降低对北约欧盟国家的安全承诺，欧盟认为，其成员国国家体量较小，必须抱团取暖，才可以和美俄等大国相抗衡，因此在防务领域需展开更为紧密的合作。但是，出

[①] 路透社：《英国脱欧对欧盟防务合作影响如何？一事情令议会不满》，环球网，2018年5月14日，https://mil.sina.cn/2018-05-14/detail-ihapkuvk5118723.d.html，访问日期：2020年3月8日。

于借力美国及北约以维持其在欧盟内的地位的考量，英国一直是欧盟防务一体化的反对者，多次阻挠欧盟防务体系的建设。例如，2015年法德提出成立欧盟军队后，英国首相多次声称，英国绝不支持任何形式的欧盟军队。此外，作为欧盟两大核心，法德在武器联合研制方面一直有着较大的意愿，希望联合发展欧盟第五代隐形战斗机，但却因英国屡屡从中作梗而使该项目始终束之高阁。

此次英国"脱欧"后，不少欧盟人士欢呼欣喜，认为少了英国这块"绊脚石"，有利于推动欧盟共同防务建设。事实上，近日一些对共同防务政策有所期待的欧盟成员国已表示，没有英国的掣肘，防务一体化进程有可能获得新突破。例如《卫报》等媒体就认为，英国"脱欧"或许是成立欧盟军队的契机。总体来看，英国"脱欧"既是欧盟一体化进程的首次逆转，将极大鼓舞全欧范围内的疑欧及脱欧势力，但也将促使欧盟在面对现实安全时，以更大力度全面加强防务一体化进程，展现更大的团结。鉴于防务议题的敏感性和成员国利益的庞杂，欧盟很可能先将真正愿意往前走的部分"志同道合"国家聚集起来，由法德牵头另组一个防务领域的"核心欧盟"作为"先锋集团"，"从实现战略自主的高度继续推动欧盟框架内的防务合作"，[1] 其他外围国家待时机成熟后再跟上来，从而构建一个循序渐进，"小核心大外围"的新型防务合作体系。

未来英欧防务合作方式更为灵活

由于受到国家利益的牵制以及国际国内多种因素的影响，未来英国与欧盟防务的合作发展将会面临很大挑战。就英国政府而言，"脱欧"更为深远的意义在于其可以重新审视自身的国际地位，从而做出调整，使得其在维护国家主权和最大程度参与欧盟决策之间寻求平衡。英国"脱欧"后，与欧盟关系将进入过渡期，民众的自由往来仍暂时维持不变，英国依然要遵守大部分欧盟法律。而且，英国在欧盟内已有近半个世纪，尽管双方在

---

[1] 冯怡然：《超国家主义与政府间主义融合：欧盟新防务建设举措及前景》，《国际安全研究》2020年第5期，第81页。

很多问题上存在分歧，但二者仍拥有诸多共同利益诉求，相互依赖、相互合作的防务安全关系依然牢固，合作的基础仍是相当广泛的，特别是在国际军控、伊朗核协议、北约"集体防御"等议题上，英国与欧盟的立场甚至要比美国更接近。而特朗普政府上台，宣布要提高对盟友的安全门槛，更是给欧盟国家带来一系列新的挑战，使得英国与欧盟之间相互依赖的需求也越发明显。

此外，英国还看到，在共同防务问题上，它在欧盟内部还有不少"同声相应、同气相求"的伙伴，值得拉拢和利用，未来的合作模式将更偏向于部分参与。以与法国军事合作为例，根据已有协议，从2020年起，英法将共用航母，以保证任何时候都有一艘航母在海上执勤。此外，两国在组建联合部队、战机联合操作等40多个领域的合作正在持续推进。两国还将成立一支3500—5000人的"联合远征部队"，用于参加北约、欧盟、联合国或是双边的民事和军事行动。更有甚者，两国还将在核武领域展开合作，英国会将仅有的"三叉戟"核导弹运往法国，由法国进行维护和保养，同时两国还将共同进行模拟核试验，并统筹战略核潜艇的巡航任务。因此，未来英国与欧盟的多边合作可能会将大量多国合作项目向简单化的两国合作转变，甚至是具体问题具体分析，英国与法德等欧盟"一流成员"进行双边军事合作以及基于北约框架进行多边军事合作将可能成为欧盟防务合作的主线。

总之，"脱欧"后的英欧防务安全关系将是延续性与变革性并存，特别是实用主义将会对英国参与欧盟防务安全合作的理念产生显著影响。一方面，英国面临日益增多和越发复杂的安全挑战，需要与欧盟国家紧密合作以维护自身安全利益；另一方面，英国实力日渐衰退，但又渴望在欧盟乃至全球发挥安全影响力从而维护国家地位，因此未来英国政府很可能延续务实的策略，采取更为灵活的方式，更加注重防务安全合作的成本效率，积极捍卫国家利益，力求发挥自身的安全影响力。"脱欧"并不会给英欧防务安全关系带来本质上的改变，未来英欧的防务安全合作大方向也不会发生重大改变，"在差异性一体化的趋势和框架下，英欧维系某种较为紧密的伙伴关系是有可能的",①一种更为灵活和富有活力的合作方式将是双方努力追求的结果。

---

① 赵怀普:《正式"脱欧"背景下的英欧关系》,《当代世界》2020年第4期,第57页。

英国欲收回核武机构控制权，
仍难实现独立自主核防务

2020年11月2日，英国国防部表示，计划将于2021年6月从美国企业手中收回对核武研究所（AWE）的运营与发展直接控制权，进行"国有化"管理。[①] 这意味着该核武研究机构在经过20多年的外国私有化管理后，正式重返英国政府麾下。

英国是世界上继美国和苏联之后第三个掌握并拥有核武器的国家。作为昔日的"日不落帝国"和最早涉足核领域的国家之一，英国历届政府都把更新和打造现代化核力量作为军事力量建设的重点，始终追求有效的核威慑战略，并且把能够独立自主研发核弹头视为整个核力量体系的重中之重。近年来，随着核大国核战略的调整和有核武器国家的增加，英国根据本国所面临的安全环境的实际情况，对核战略进行不断优化调整，使其更加灵活务实，在继续保持与北约军事战略基本一致的同时，致力于建设一支独立可靠的核威慑力量，从而"为英国保持大国地位起到重要的支撑作用"。[②]

但是，基于英国和美国之间特殊的盟友关系，再加上实力等诸多因素，英国在军事、政治等问题上与美国保持高度一致。英国虽然在美国的帮助下完成了核武器研制，但在核武器建设和使用上都严重依赖美国，实际上也只能被视作是美国核力量的一种延伸。例如，目前英国的海基核力量体系中，虽然核潜艇属于本国研发，"三叉戟"导弹系统搭载的核弹头也是在本土生产的，但发射运载体、弹头的设计和部分材料等都源自美国，

[①] 《英国国防部计划对核武器进行"国有化"管理》，中国核技术网，2020年11月4日，https://www.ccnta.cn/article/3795.html，访问日期：2021年2月9日。

[②] 张北晨：《冷战国际关系下的英国核力量发展之路》，《军事历史》2019年第4期，第104页。

核导弹的日常保管维护也由美国制造商洛克希德·马丁公司技术人员负责，核导弹的发射更离不开美国卫星导航系统的服务和情报的支持。

此次英国计划收回的核武研究所，主要负责核武器的设计、制造与维护，特别是在核潜艇制造与"三叉戟"核威慑弹头维护方面，是英国核威慑力量的重要组成部分。但该机构从1999年开始就一直由美国的洛克希德·马丁军火公司控股。而正是由于自身核威慑力量都控制在美国手里，英国在对外政策上很难对美国说"不"，迫切希望通过收回该机构的控制权，来提高政府管理核威慑力量的灵活性和有效性。

此外，特朗普政府上台后，美国奉行"美国优先"的单边主义政策，在欧洲面临外部安全挑战之时，非但没有体现出一个"超级大国"该有的风范和姿态，反而在这个过程中不断拉着盟友给自己分散风险甚至是垫背，美国与欧洲的关系渐行渐远，这也从一定程度上推动了欧洲谋求独立自主防务的进程，"离心"趋向越来越明显。例如，2018年7月，在法国的号召下，英法德等十个欧洲国家已经签订一份"欧洲干预倡议"意向书，承诺组建一支联合军事干预部队，标志着欧洲正式迈出共同防务合作的实质性一步。此次英国决定收回核武器研究所控制权，也表明其在继德国、法国之后，逐渐走上了"去美国化"的道路。

但是，英国也意识到，其目前的国际地位在很大程度上是由与美国的"特殊关系"所保证的。长期以来，英国借助美国的军事技术和军事影响，以最小的成本实现了最大的安全收益，一直使其奉行的安全策略具有很强的"务实主义"色彩。[①] 英国担心，一旦离开了与美国的这种特殊关系，很可能会沦为和意大利、西班牙类似的欧洲二流国家。因此，虽然"脱欧"后的英国一直在致力于谋求更加灵活、自主的安全和对外政策，但同时也不愿与美国完全脱钩，而是希望继续借助美国的力量保持国际话语权，以实现自身的长远利益。具体在核领域，英国将一方面积极保持独立研发核弹头、核导弹的雄心和计划，另一方面又以技术"合作""共享"等方式

---

① 郭海龙、徐红霞:《浅析英国脱欧后的外交走向》,《公共外交季刊》2020年第3期，第64页。

保持与美国的合作。在这种情况下，可以预测，未来英国核力量无论如何发展，都将在美国核战略体系的框架之下，受其"无形之手"操控，独立自主核防务之路还将任重而道远。

英国大幅追加防务预算，谋求网络与太空领先优势

2020年11月18日，英国宣布未来将对军队追加165亿英镑（约合220亿美元）的防务预算，着重投资于包括网络和太空战斗能力在内的"尖端技术"，以谋求在太空和网络能力领域建立领先优势。[①] 这是冷战结束30年来英国最重要的武装力量投资计划，也是规模最大的军事开支计划，在当前新冠疫情以及"后脱欧"时代来临之际，具有重要的意义。

此次英国增加防务预算是根据当前世界特别是欧洲安全形势做出的决定。根据英国政府发表的声明，现在的国际形势比冷战结束以来的任何时候都更危险，竞争也更加激烈，目前，欧洲和周边地区出现了新的不安全因素，如地区危机与冲突、恐怖主义和极端主义、大规模杀伤性武器及其运载工具的扩散、信息网络攻击、自然和人为灾害、非法移民、有组织的犯罪活动等，使得英国面临更加多样和更不确定的安全威胁。为此，英国必须通过增加防务预算，全面升级军事力量，发展下一代军事能力，以有效应对不断变化的安全形势。

具体来说，近年来英国不断调整和拓展军队的使命任务，稳步推进联合作战能力和信息化建设，大幅增加用于信息战、网络战、电子战、反恐等新型力量建设方面的经费投入，将信息与网络作战能力和无人作战平台作为应对未来地区冲突和战争的重点建设对象，以使其能够更好地应对日趋多样化和不可预测的非传统威胁，更加强调获取并保持竞争优势。2019年7月，在英国皇家空军航空与航天力量会议上，英国国防大臣佩妮·莫道特提出一项雄心勃勃的太空计划，承诺在一年内斥资3000万英镑尽早实

[①] 《英国首相：将大幅提高军费，为冷战后最高》，央视新闻网，2020年11月9日，http://tv.cctv.com/2020/11/20/ARTIhuEEhuSBHgHzrDs5OCFe201120.shtml，访问日期：2021年2月22日。

施"小型卫星示范"项目。该项目将与其他一系列项目一道展示英国未来在太空中的领先地位。英国还注重对现有装备进行信息化改造,包括研制新一代信息化主战平台,建成全军通用的国防信息基础网等,努力打造一支可胜任信息时代战争的现代化军队。

此外,作为世界老牌军事强国,虽然英国的军事力量无法与昔日相比,但仍颇有实力,特别是拥有完整强大的军工体系、强大的武器研发和生产能力,综合军事力量名列世界前茅,不容小觑。英国一直不甘心做一个只关注地区事务的普通欧洲国家,始终想维持自己的大国地位。2020年9月,英国政府启动了"综合审查"项目,意图在"全球格局发生巨大变化的时候",在安全、国防、发展和外交政策等领域增强英国的国际地位。根据计划,未来英国还将成立太空司令部、国家网络部队和人工智能局,努力成为网络和太空等领域的全球领导者。[1]

与此同时,加强与美国的关系也是英国增加防务开支的重要考虑因素。基于英国和美国之间特殊的盟友关系,英国在军事、政治等问题上与美国保持高度一致。特朗普上台后,一直要求北约国家提高军费开支,达到国内生产总值的2%,这遭到了包括法德在内的诸多欧洲国家的反对,也使得美国与欧洲国家的关系越来越远。此次英国主动增加军费,在一定程度上也是为了满足美国对欧洲军费开支比例的要求,获得美国的欢心。与2019年的预算相比,英国预计此次在四年内将上涨总数约241亿英镑的军费预算,这将使得英国成为欧洲最大国防支出国和北约第二大国防支出国。为此,美国国防部代理部长克里斯托弗·米勒表示,欢迎英国的上述决定,认为英国增加军事开支,表明了其对北约共同安全承诺的支持。

此外,英国是北约的重要成员国,一直把在北约框架下进行军事力量建设作为其防御政策的重心,将军队建设和所承担的任务同北约的需求密切关联,并根据北约战略变化相应调整自己的军事战略。但是,"脱欧"后的英国在北约内的地位也颇为尴尬。英国在"脱欧"后,虽然还是北约成员国,但与北约内欧盟成员国的关系变得更加微妙和复杂,为此,英国按

---

[1] 《165亿英镑!英国推30年来最大规模国防投资计划》,中投网,2020年11月19日,http://www.ocn.com.cn/jinrong/202011/gmasi19165603.shtml,访问日期:2021年2月22日。

照"北约集体防务"的需求，不断优化调整其在北约的定位、角色和功能，加强与北约成员国及盟国的协作能力。此次增加防务开支，也是英国在当前欧洲大力发展太空、网络等新型安全领域背景下的顺应之举，以此来强化与欧盟国家的防务合作，巩固和促进北约内部的团结和发展。

美国决定向波兰增加驻军，恐加剧未来欧洲对抗风险

2020年8月15日，波兰国防部长布瓦什恰克与美国国务卿蓬佩奥在波兰首都华沙签署了《加强防务合作协议》，正式敲定了美国向波兰增加驻军的相关事宜。根据协议，美国将向波兰增派约1000名驻军，即从4500人增至约5500人，并在该国部署美陆军第五军司令部前沿指挥所。[①]

二战结束后，欧洲一直是美国的战略重点，特别是2014年乌克兰危机后，美国更是不断增强在欧洲的军事部署和力量存在。但是，特朗普政府上台后，大力推行"美国优先"战略，不断调整欧洲政策，要求欧洲国家承担更多的防务责任。为了给欧洲施加压力，一方面美国以撤军为筹码，陆续宣布从德国、挪威等地撤军，另一方面美国又不断优化其在欧洲地区的力量部署，将计划撤走的军队部分转移到比利时、荷兰、希腊、意大利等国。此次美国向波兰增兵就是该战略调整计划的一部分，将波兰作为其未来驻欧美军的前沿部署重点，让波兰在北约框架下承担起更多责任，通过在北约内部扶植"新欧洲"势力，来制衡"不听话"的"法德轴心"，从而确保美国在北约的绝对话语权。从未来发展来看，美国此举将很可能会加深北约内部的矛盾分歧，同时也会使近年有所趋缓的北约和欧盟"双东扩"卷土重来，从而进一步刺激俄罗斯，导致欧洲局势更加紧张。

波美防务合作关系更加紧密

波兰是冷战后北约东扩的新成员国。从地理位置来看，波兰位于北约

[①]《波兰与美国签署〈加强防务合作协议〉》，新华网，2020年8月16日，http://www.xinhuanet.com/2020-08/16/c_1126372639.htm，访问日期：2020年11月9日。

与俄罗斯对抗防线的前沿,在北约的防御计划中发挥着越来越重要的作用,已经成为北约近年来大规模现代军事演习的主要举办国。为了进一步提高在北约的地位作用,目前波兰正在全力开展军事现代化计划。2019年8月,波兰发布《2026年技术现代化计划》,宣布将在第五代战机、无人机、攻击直升机、短程火箭、潜艇和网络安全等领域投入近500亿美元,并将国防开支提高到国民生产总值的2%。[1]

除努力提高自身防务能力外,波兰还不断加强与美国的关系。近年来,美波两国在许多方面都有着非常亲密的互动。2020年1月,美波签署了一份数十亿美元的军购合同,从美国购买32架F-35A战机,从而使其空军跻身北约先进空军行列。考虑到美国在波兰驻有装甲编队,波兰还在计划购买M-1"艾布拉姆斯"坦克替换本国过时的俄制坦克,竭力使其军队武器装备完成从苏制向美制为主的转变,波兰已经成为美国在北约的主要盟友。

此外,为了增强安全感,波兰还多次表示希望美国增加在波兰的驻军,甚至主动提议斥资约20亿美元修建"特朗普堡",来吸引美军永久驻扎。根据波美两国此次签署的《加强防务合作协议》,波兰同意出资建设的基础设施包括美陆军第五军司令部前沿指挥所,一个美军师司令部、在波莫瑞地区德拉夫斯科共用的战斗训练中心,空军MQ-9"死神"无人机编队所需设施,支持部队进出波兰所需航空口岸,支持特种部队海陆空行动的设施,以及一支装甲旅作战队、一个航空战斗旅和一个战斗后勤支援营所需基础设施等。特别值得一提的是,美军将陆军第五军司令部前沿指挥所部署在波兰,具有重要的象征意义,该军是冷战时期美国驻德国的两个重装编队之一,能够确保美国对陆上大规模常规攻势进行有效的防御。除此之外,波兰还将为常驻美军提供免费食宿、每年固定额度的燃油费,以及在武器和设备存储、军事设施使用等方面的部分费用,可以说是为美国在波兰永久驻兵提供了"零障碍"的环境。

而针对波兰的"真诚"付出,美国政府也投桃报李,尽其所能地向波兰提供援助,提高其在北约中的地位。例如,早在2017年5月,美国陆军

---

[1] 李聪:《美波全面推进军事合作》,《中国国防报》2020年2月26日。

就已经将驻欧洲司令部从德国迁往波兰；依照美军全球能力建设的整体计划，未来北约东翼部队的指挥中心也将会设在波兰。此外，在2020年3月举行的"欧洲防御2020"演习中，美国派出了一支2万多人的重装师，在波兰与盟国编队开展复杂机动活动。而随着《加强防务合作协议》的签订，未来两国可能会进行更多军事演习，防务合作关系还将会进一步加深。

北约内部矛盾分歧进一步凸显

从此次《加强防务合作协议》的签署时间来看，恰好在美国宣布从德国大幅削减驻军之后，是对部分从德国撤出的美军进行的轮换部署，因此既可以视为是对波兰"主动示好"的奖励，也可以认为是对德国"不听招呼"的惩罚，是近期美国与德法等北约盟友矛盾扩大化的具体投射，必将会加剧美德和美欧之间的"战略互疑"。

从地缘政治来看，德国曾是北约与苏联对抗的前线，也是美国欧洲军事战略的中心，最高峰时驻德美军曾达25万人之多，占全欧美军的六分之五，基地分布有700多个，为美国赢得冷战胜利发挥了重要作用。冷战结束后，随着国际国内安全形势的变化，美国开始逐渐减少在德国的军力部署，特别是特朗普上台以来，实施全球收缩的单边主义政策，与更加重视多边主义的德国在军费分摊比例、"北溪2号"天然气管道项目、《中导条约》等诸多问题上矛盾激化。而德国也不再是被动适应任性的美国，一方面针锋相对毫不相让，在美德关系上渐行渐远，另一方面不断加强欧洲防务一体化，和法国一道打造更自主、更具威慑的"欧洲军团"，以减少对美依赖，并在一定范围内调整对俄外交，提高与美国打交道的"筹码"。

此次美国加强与波兰的合作关系，其重要意图就是不断提高后者在欧盟和北约战略中的地位，一方面希望把亲美的波兰打造成对抗俄罗斯的前沿阵地，另一方面也试图将其作为分化欧盟的一个棋子。从特朗普自德国撤军而向波兰增兵的事实来看，实际上是一个重新分配作战指挥体系、排兵布阵的过程，也就是平衡地借重东欧、西欧、南欧的力量，而不是把"鸡蛋"都放在德国一个"篮子"里。但是，如果美军单独在波兰设立军事基地，将意味着美国驻军不受北约统筹，可以单方面在欧洲实施军事行动，再加上在此之前美国采取了一系列单边举措，屡次就军费开支问题向盟友国抱怨，要求其为联盟的共同防务支付足够的资金，已经引起欧洲各国的不满。因此，这次增兵被众多国家视为美国对北约团结的又一次极大破坏甚至是一种背叛行为，将会极大削弱欧洲对美国的信任。正如美国前国家安全委员会负责欧洲事务的官员威廉·考特尼所称，美国此举是严重错误，将会造成欧洲国家与美国之间的"信任危机"，"严重削弱联盟内部的凝聚力"。

未来欧洲安全风险更加突出

此次美国决定向波兰增兵，一方面加深了北约内部的矛盾分歧，另一方面也凸显了美俄博弈背后的东欧百年恩怨。历史上，由于种种原因，波兰和俄罗斯一直龃龉不断，"产生了恩怨纠缠的波俄关系"。[①] 波兰对俄罗斯有着非常复杂的情感，仇俄情绪和不安全感都比较强，一直想扮演东欧地区反俄"领军者"角色。此次波兰与美国签署《加强防务合作协议》，就是希望通过强化对美关系，超越普通的跨大西洋伙伴关系和军事联盟关系，同时通过与俄唱反调，彰显在北约组织中"反俄急先锋"的特殊身份。

对于俄罗斯来说，自从2014年归并克里米亚以来，许多西方国家，尤其是波兰和波罗的海诸国对俄严厉谴责，多次宣称俄罗斯构成安全威胁，使得俄罗斯与欧洲国家关系不断恶化。例如，从2017年开始，波兰和波罗的海三国就多次要求美国及其主导的北约向其境内部署轮驻部队，以防范所谓的俄罗斯威胁，而这些地区长期以来都是俄罗斯发挥地缘影响力的重要范围。因此俄罗斯对于该动向非常重视，不断增强与美国以及北约在东欧地区的正面对抗力量。

此次美国增兵波兰，将会极大刺激俄罗斯，使得双方关系更加紧张。据外媒报道，美国计划在向波兰增兵后，未来还会增派一个装甲师，使得波兰境内的美军超过2万人，这相当于在俄罗斯家门口插了一把锋利的尖

---

① 吕劲军：《波兰的独立与俄罗斯对外战略的互动关系》，《湛江师范学院学报》2002年第1期，第97页。

刀,势必会加剧俄罗斯西部边境地区的紧张局势,发生意外风险的概率大大增加。而面对迫在眉睫的安全威胁,俄罗斯绝不会善罢甘休,必将采取针锋相对的举措。8月17日,俄罗斯外交部发言人扎哈罗娃发表评论说,美国扩大在波兰的军事存在是危险之举,违反了俄罗斯与北约1997年签署的《俄罗斯联邦与北大西洋公约组织相互关系、合作和安全基本文件》,该文件明确规定,北约不得在俄罗斯国界附近"部署永久性战力"。[1] 俄罗斯国家杜马国防委员会副主席尤里·什维特金则称,美军增兵波兰带有很强政治目的,将逼迫俄方"作出对等回应",俄方将密切监视美军在欧洲的最终部署情况,将在必要时采取一切措施保护俄合法利益。[2]

从未来发展来看,由于波罗的海三国均已加入欧盟和北约,巴尔干地区国家也普遍将"入盟入约"作为外交战略优先方向,此次美国一意孤行向波兰增兵,未来俄罗斯必然会重新调整军事部署,加强应对东欧反导体系的军事部署,特别是对波兰保持高压态势,以谋求在军事对抗中的优势。而随着俄罗斯的反压力度逐步增强,北约与俄罗斯的博弈将会进一步加剧,欧洲安全风险也将会更加突出。

---

[1] 《俄批美国扩大在波兰军事存在是危险之举》,新华网,2020年8月18日,http://www.xinhuanet.com/2020-08/18/c_1126380166.htm,访问日期:2020年11月10日。

[2] 《美国向波兰增派驻军引质疑》,中国首都网,2020年8月5日,http://world.qianlong.com/2020/0805/4528463.shtml,访问日期:2020年11月10日。

美国从挪威撤军，
持续削减欧洲兵力意欲何为？

据挪威《晚邮报》报道，2020年8月，美国政府决定从挪威撤出700名左右驻军，仅留20人继续驻扎，以对未来在挪威举行的军事活动和演习提供保障。[①]

挪威是北大西洋公约组织的创始成员国之一，北约是其国家安全的重要支柱。冷战期间，为了避免刺激苏联，挪威曾承诺不在本国境内设立外国军事基地。美国等其他北约盟国虽然长期在挪威举行军事演习，但从未派驻军队。冷战结束后，由于在乌克兰问题上与俄罗斯产生龃龉，再加上后者在北极积极开展军事活动，挪威逐渐开始改变其不设外国军事基地的立场，探讨允许美军驻扎的可能性。

2017年1月，挪威宣布同意美国以轮换驻扎的形式向其中部的韦恩内斯军事基地派驻330名海军陆战队员，以强化两国的军事训练和演习协同能力。随后不久，美军又将驻挪威海军陆战队规模扩大到700人，两国防务合作关系不断深化。2020年7月，挪威空军派出一架P-3C"猎户座"侦察机配合美军P-8A"海神"巡逻机、RC-135战略侦察机以及MQ-9A"死神"无人机，在黑海水域上空进行了联合侦察巡逻。而据挪威国防部称，在北约2021年1月举行的大规模联合演习中，包括美军在内的演习部队还将会驻扎挪威。

此次美国从挪威撤出驻军，很大程度上与美国国内环境以及国际局势变化有关。特朗普上台后，大力推行"美国优先"战略，不断调整欧洲政策，与欧洲及北约国家的矛盾越来越大，双方在军费预算、北约定位、伊

[①] 《美撤走在挪威大部分驻军》，中评网，2020年8月10日，http://hk.crntt.com/doc/1058/4/7/9/105847961.html?coluid=209&docid=105847961&kindid=9572，访问日期：2020年9月2日。

核协议、中导条约等方面问题上都存在诸多分歧。

为了给欧洲施加压力，美国多次声称要削减驻欧美军数量，甚至还威胁要退出北约。2020年7月29日，美国国防部长马克·埃斯珀宣布，美国将从9月份开始陆续从德国撤军近12,000人，将驻德美军保持在25,000人以内。此举被北约认为是美国正在放弃对欧洲盟友持续了数十年的集体安全承诺的开端。而此次美国从挪威撤军，更是在北约内部引起轩然大波。挪威是北约唯一与俄罗斯陆上接壤的成员国，被视为北约陆上边境的"门户"，具有重要的地缘战略价值，美国从挪威撤军后，必将会使得北约陆上边界出现缺口，大大损害北约对抗俄罗斯的防卫能力。而且，此次美国从挪威撤军，甚至未按惯例提前告知，直到美国一切都已准备就绪，准备离开挪威时才进行通报，这也凸显了美国采取单边主义行动的倾向越来越明显，同北约盟友间的关系裂痕也日益拉大，而由此引发的连锁效应，不仅会极大影响北约的战略稳定，甚至会导致北约体系面临分崩离析的风险。

与从欧洲撤军形成鲜明对比的是，近期美军在亚太地区却持续强化军力部署，通过增强军力投入、推进前沿部署等方式，不断加强在该地区的军事存在，表现出了明显的战略重心转移倾向。2020年6月8日，美海军宣布启动"尼米兹"号和"里根"号两艘航母赴亚太巡航，结束了长达近两个多月的西太平洋"航母真空期"。目前，"罗斯福"号航母也已赶赴该地区执行部署任务，使得美国在太平洋部署的航母达到了3艘。6月11日，美参议院军事委员会又通过《2021财年国防授权法案》，首次授权设立主要针对亚太地区的"太平洋威慑倡议"基金。[①] 根据该倡议，未来美国将加大推动在亚太地区军事力量的转型发展，加强该地区的一体化联合作战能力建设，通过优化军力结构，强化与盟友和伙伴军事关系，扩大联合演习演训范围等，着力在亚太地区打造一支战略威慑能力更强、战备水平更高的前沿作战力量。此外，美国还计划寻求在亚太地区部署更多中程导弹，这些都凸显了亚太地区在其全球战略中的重要地位。

总之，对美国而言，当前从欧洲陆续撤出部分兵力，并非意味着要放

[①] 杨淳：《美军多方位推进亚太布局》，《中国国防报》2020年6月19日。

弃世界霸权，而是根据其战略重点和安全威胁变化，对全球基地存量和军力部署进行的优化调整，其目的是通过逐步减少在欧洲的军事存在，让欧洲自身在北约框架下承担起更多责任，从而方便其腾出手来推进战略重心东移，进一步夯实它在亚洲的军力，以更好地应对来自"印太"地区的"大国竞争"。

美欧关于核武器分歧升级，北约核框架面临重大挑战

2020年以来，美国与北约欧洲成员国关于核武器问题的争吵不断升级。2020年5月，德国社民党领袖罗尔夫·穆策尼希在议会发言，要求美军从德国领土撤走其核武器，随后美驻德国大使理查德·格雷内尔公开指责德国政府正在破坏北约的核威慑政策，要求其更好地履行在北约防务体系下对盟友承担的责任，而美国驻波兰大使莫斯比赫则提议，如果德国执意要求撤出核武器，可以考虑部署在波兰。对此俄罗斯直截了当地宣称，若北约在波兰部署核武器，将会使欧洲地区上演1962年的古巴导弹危机。对于俄罗斯的威胁，美国则以讨论可能重启核试验予以回应。

北约核框架是美国防务战略的重点所在，同时也是美国全球核战略的重要组成部分，是美国维持全球霸权的主要工具之一。美国在欧洲部署核武器，可以为后者提供一定程度的核威慑力，但同样也将其置于危险之中，使得"欧洲长时间笼罩在核阴云之中"，[1] 如果美俄发生大规模战争，欧洲必然面临毁灭性危机，因此欧洲各国对于美国在欧洲部署核武器问题争议很大。而且，随着近些年欧洲内部不安定因素的增加以及国际恐怖主义的扩大，美国部署在欧洲的核武器面临扩散也成为一个不稳定因素，一旦出现问题，其后果将难以想象，这些都成为美欧争议的话题，需要双方共同面对和解决。

---

[1] 员欣依、孙向丽：《北约核政策与核态势的回顾及展望》，《国际安全研究》2017年第5期，第128页。

北约核框架是维护欧洲安全的重要支柱

回溯北约的发展历程，核防务框架始终是其战略依赖的重心，也是维护北约盟国安全的最高保证。从北约发布的各种安全防卫文件可以看出，北约始终把核武器的威慑力作为其安全战略的核心部分，重点是强调应对任何可能会对北约产生的核威胁。但是，由于受到《不扩散核武器条约》等诸多国际协议的限制，目前北约只有美英法等少数国家能拥有核武器。为此，对于其他非核国家，北约采取了一种"核共享"的防务政策，即由拥核国家在若干其他国家境内存放部署一些核武器，并在适当的条件下允许其使用，从而使得这些非核国家也具备执行核作战的能力，以体现北约一体化的集体防御概念。

目前，在欧洲的核力量结构中，美国的核武器毫无疑问是主体。冷战时期，在当时北约坦克数量处于劣势的情况下，美国在多个欧洲盟国部署了大量战术核武器，以对付苏联的常规武装力量优势，这些战术核武器均由美军负责看守和维护，成为北约抵抗华约进攻的主要手段。冷战结束后，随着欧洲安全局势的缓解，再加上欧洲国家的反对声音越来越多，美国撤出了部署在欧洲的大部分核武器，但仍然保持着一定的数量规模。据相关数据统计，目前美国在欧洲5个战略地理位置关键的国家保留有大约180枚B-61战术核武器，而部署有核武器的国家可以参与相关的作战情报、指挥、侦查等行为，通过这种所谓的"核共享"机制，相关国家获得了部分核打击能力。

此外，英国和法国是世界上继美国和苏联之后较早拥有核武器的国家，其核武器在北约核武库中也占有重要的地位。但是，相对于美国的"三位一体"核力量体系，两国的核武器体系并不是非常完整。例如，目前英国仅拥有单一的海基核力量，而且战略核潜艇上搭载的"三叉戟"D-5型核导弹也是从美国买来的，没有美国政府同意，英国不得擅自使用核导弹，而且核导弹的发射也需要美国卫星导航系统和情报的支持，因此对美国的依赖程度很高。法国虽然拥有独立的核力量，但更多的是将核力量视为大国地位的一种体现,"体现了其作为欧洲大国的雄心和抱负",[1]强调的是后发制人,主要目标是以此来增强其外交政策的独立自主性,以摆脱美国的操纵,因此法国仅发展有限的核反击能力。目前,法国已经销毁所有陆基核武器发射系统,只保留了战略轰炸机和潜艇两种投射力量,其中空基力量所搭载的核弹主要针对俄罗斯,而潜射远程导弹则负责全球威慑。总体上来说,整个北约核框架的主体还是以美国的核武器力量为主,美国的延伸核威慑是北约最大的核保护伞,而英国和法国的核力量作为北约核体系的重要组成部分,在配合美国和保护欧洲方面也发挥了重要作用,共同构成了北约维护欧洲安全与稳定的重要支柱。

美国不会轻易从欧洲撤出全部核武器

众所周知,战争期间,部署核武器的地区虽然具备强力的核打击能力,但同时它也是被首先攻击的目标,因此,欧洲许多国家对美国在欧洲部署核武器持反对态度,纷纷表示希望美国撤走核武部署。特别是被誉为"欧洲领头羊"的德国,甚至将美国驻军和部署核武器,与美国对德国的军事占领等同起来,认为部署在德国的美国核武器是冷战时期的产物,已经不合时宜,表现出很强的排斥态度。

实际上,早在1998年,当时德国的外交部长菲舍尔就提出北约应该放弃核武器,结果遭遇了"既得利益集团"(美英法)的一致反对。后来随着核裁军规模的扩大,在德国的强烈要求下,美国于2004年从德国撤出了130余枚B-61核炸弹,但仍在比谢尔空军基地部署了约20枚。2014年克里米亚危机之后,特别是《中导条约》失效后,美国和俄罗斯的中导对抗再次回到欧洲,德国乃至整个欧洲都成了美俄战略对抗的"前线",为此,德国政府内部出现了大范围的质疑声,越来越多的议员、党派与官员公开要求美国撤出所有在德部署的核弹头。根据2020年英国民意调查机构"舆观调查网"进行的一次民调显示,22%的德国人预计最近10年将会发生核

---

[1] 徐玥:《法国的"防务欧洲"目标——以法国核威慑力量为视角》,《西部学刊》2021年第18期,第46页。

战争，59%的德国人支持将所有美国核弹运出德国。[①] 而法国总统马克龙也公开表示支持德国撤除美军核武器，表示愿意将欧盟国家的国土安全作为法国的核战略保护范围。

对于美国来说，北约的核政策与美国的全球霸权战略构想有着密切的联系。从战略对抗考虑，美国在欧洲部署核武器，一方面可以强化美国领导下的北约在欧洲防务中的核心作用，进而保持美国在欧洲防务政策上的发言权和影响力，另一方面也可保持对俄罗斯的核威慑，为与其进行的核裁军谈判增加筹码。如果北约这个集体安全组织没有核武器作后盾，那么美国在全球范围内发号施令的威力将会大打折扣，这不仅会影响美国在北约内的主导地位，而且还会损害美国的全球利益。为此，美国的一些政要和议员反复强调，北约的核战略必须要考虑对付来自防区之外的威胁，要把北约军事打击的范围扩大到北约疆界之外，从而将其变成能够在世界范围内保护美国利益的军事工具。因此，在可预见未来，只要北约的集体军事安全职能还存在，美国将会尽力在北约非核武器成员国内部储存和部署核武器，即便是面临更多的反对声音，也绝对不会轻易从欧洲全境撤除核武器。

美俄对抗加剧将使欧洲成为"新冷战"主阵地

对于美国将核武器部署在欧洲的非核北约成员国，从某种意义上给欧洲国家造成了很大的困扰。一方面，欧洲国家一直希望构建一个安全稳定的外部环境，减少外部对抗，不愿被捆绑在美国谋求全球霸权战略的"战车"之上，但随着美国与俄罗斯对抗的加剧，面对近在咫尺的军事压力，欧洲国家不得不依靠美国寻求安全，希望能够形成以美国为核心的"核共享"行为体，以获得应对外部安全威胁的绝对优势。

对于北约来说，目前所面对的最大的外部安全威胁就是俄罗斯。特别是2014年俄罗斯归并克里米亚后，更使得欧洲安全局势不断恶化。例如，

---

① 俄塔社：《剑指俄罗斯，美坚持在北约部署核武器，"核共享"是否牢而不破？》，快资讯网，2020年5月21日，https://www.360kuai.com/pc/92db939bc02e7b4d6?cota=3&kuai_so=1&sign=360_57c3bbd1&refer_scene=so_1，访问日期：2020年7月19日。

北约认为俄罗斯部署在加里宁格勒的"伊斯坎德尔"系列导弹，因为具备携带战术核弹头的能力，将会对北约腹地造成严重威胁。为此，2020年5月10日，北约秘书长斯托尔滕贝格在德国《法兰克福报》发文表示，面对俄罗斯越来越先进的核武器，北约必须要保留相应的核武库，以遏制可能出现的俄罗斯侵略。[①] 此次美国驻波兰大使莫斯比赫则提议将核武器部署在波兰，实际上也是蓄谋已久。波兰是东欧距离俄罗斯最近的国家之一，为了增强自己的安全感，近年来波兰不断增强自己在北约中的地位，除了积极参与北约联合军演外，还耗费巨资兴建大型军事基地，并邀请美国驻军来协助保护波兰的国防安全。此次波兰抓住美德关于撤除核武器争议的机会，更是明确表示希望美国将部署在德国的战术核武器转移到波兰境内，波兰愿意承担起在北约框架内的核义务，这将会使得俄欧关系更加紧张。波兰与德国不同，毕竟部署在德国境内的战术核武器，如果真要使用的话，顶多也就是威胁到加里宁格勒，很难打击到俄罗斯本土，但如果这些战术核武器部署在波兰情况就不同了，由于波兰距离俄罗斯只有一线之隔，这些核武器将会构成对俄罗斯的直接挑衅，势必会引起俄罗斯的反击。俄罗斯已经表示，波兰境内一旦部署核武器，俄罗斯将毫不犹豫地进行核打击，那样北约边界的国家将会彻底成为大国对抗的"炮灰"，整个欧洲也将再次沦为美俄对抗的"人质"，并在步步紧逼中成为"新冷战"的主阵地，从而对整个世界安全局势产生重大影响。

---

① 中国国防科技信息中心：《北约将保持核武库》，搜狐网，2020年5月12日，https://www.sohu.com/a/394672570_313834，访问日期：2020年7月19日。

北约欲加强防空反导建设，实现多元化"拼盘"模式

受新冠疫情影响，2020年10月22—23日，北约防长在各自国家的首都举行了一次视频会议，重点讨论如何加强未来战略威慑和防御姿态。在此期间，比利时、丹麦、德国、匈牙利、意大利、拉脱维亚、荷兰、斯洛文尼亚、西班牙和英国10国防长签署了一份意向书，宣称加强发展包括超短程、短程和中程在内的全频谱地面防空能力，旨在为应对各种类型的空中和导弹威胁提供一个创新性解决方案。与此同时，德国、匈牙利、希腊和英国四国防长又专门签署了另一项快速部署机动反火箭弹、大炮和迫击炮能力的倡议，以保护盟国力量免受这些武器的威胁。

实际上，北约对于防空反导能力建设一直非常重视。早在1999年发表的标志联盟转型的"新战略概念"中，北约就曾提出建立"北约导弹防御系统"的设想。按此设想，该系统将覆盖包括所有欧洲盟国在内的北约成员国，帮助它们抵御包括洲际导弹在内的短、中、远程弹道导弹的袭击。2016年7月，北约宣布该系统已经形成初始作战能力。但是，北约的防空反导系统是一种非常复杂的系统"拼盘"，其中既包括"宙斯盾""爱国者"等美国部署的各种先进反导体系装备，也有"紫苑"等欧洲国家自身研制的反导体系。这些反导系统并没有统一的标准，在指挥体系和作战链条上也没有完全对接，因此在实际操作中面临着诸多问题。

近年来，随着国际安全形势的不断变化，特别是2019年8月美国宣布正式退出《中导条约》后，美俄在导弹防御领域的争夺更加激烈，欧洲地区对来自防空反导方面的安全威胁感受也越来越明显。如何应对这种威胁，已经成为未来北约防空能力建设发展所要考虑的方向。

此次10国国防部长提出要发展包括超短程、短程和中程在内的全频谱地面防空能力建设方案，就是希望通过体系模块化方法，将单个国家无缝

整合到多国防空力量中，使得参与国的预警、监视系统以及拦截装置可置于统一指挥之下，从而构建起全频谱地面防空力量，以有效应对多样化的空中威胁。正如北约副秘书长米尔恰·吉安什所说："这种创新的模块化方法将大大提高各国地面防空力量的行动灵活性、可扩展性和互操作性。"

此外，随着近年来北约功能使命的不断拓展，介入地区热点问题的力度也在不断加深。如何有效为战场军事和民用设施以及人员提供更好的防护，也成为北约保持常备作战关键能力的重要考虑。目前，北约在阿富汗和伊拉克都具有训练任务，并计划扩大在伊拉克的任务，包括帮助伊拉克部队打击恐怖主义并防止"伊斯兰国"成员回流等，因此所面临的空中威胁不仅包括飞机和导弹，而且还有火箭、迫击炮等非动能性武器。这些武器的攻击成本比较低，作战方式灵活，可以实现与其他武器一样好的效果，因此将成为未来防空反导发展的重要方向。

总体上来说，此次北约防长会议决定建立成本更低、灵活性更强、互操作性更深的多层次防御系统，是向最终拥有全面防空反导能力体系迈出的关键一步，也是北约战区反导系统建设中的一个里程碑。从未来发展来看，随着各种用于保护军事和民用目标的防空反导技术的不断发展，北约将会继续在"集体安全"的原则基础上，加强防空反导体系的一体化建设，同时将其所建的防空反导系统与美国欧洲反导系统进行对接，从而形成更加完整的可应对不同挑战的地面防空体系，在保持地区、人员和武装力量安全方面发挥更大的作用。

但是，由于北约各成员国在对地区安全威胁的认知上还存在较大分歧，建设防空反导系统的理念和目标都不尽相同，同时美国仍是北约的主导力量，北约旨在实现后冷战时代角色转换的"新战略概念"在很大程度上仍主要是美国的新战略概念，其内部权力结构也将在相当长的时期内继续保持美主欧从的状态，由此可能形成彼此既竞争又合作、既施压又妥协的复杂局势且难以改变。在这种情况下，北约所要建设的防空反导系统难以摆脱美国的影响，未来发展之路任重而道远。

北约举行大规模"网络联盟"演习，积极抢占网络安全高地

2020年11月16日，北约举行"网络联盟"演习，共有来自北约成员国、伙伴国（芬兰、爱尔兰、瑞典和瑞士）以及欧盟的近1000名官员和专家参与，演习规模创历年新高。由于受到新冠疫情的影响，此次演习首次以线上方式进行。①

作为北约的年度机制性网络演习，"网络联盟"演习从2008年开始举行，具有测试性、实战性等特点，与具有培训性、对抗性等特点的"锁盾"演习互为补充，并称北约两大网络演习。此次演习在爱沙尼亚网络安全培训中心的协调下，以常见的网络威胁为模板，重点测试对网络攻击事件的实时响应能力，如破坏机密网络、破坏关键基础设施的通信系统、利用智能手机应用程序窃密等，旨在提高北约成员国在共同维护网络空间安全方面的协调应对能力，体现出北约对维护网络安全、发展网络作战能力的高度重视。

近年来，随着网络威胁的不断演变与升级，北约加大了对网络安全的关注力度，持续调整安全政策与战略，在网络战领域动作频繁，"确保网络安全已经成为北约防务政策三大核心任务的一部分"。② 2012年，北约决定升级欧洲盟军最高司令部的"北约计算机事件反应能力"，使其完全形成作战能力，可全时段处理网络安全事件。2014年，北约首次将网络防御认定为北约"集体防御"的重要组成部分，明确了对某一成员国的网络攻击

---

① 《北约举行年度"网络联盟"演习，规模创历年新高》，央视网，2020年11月17日，http://news.cctv.com/2020/11/17/ARTIYgm0f1Oq5qGXrVwNXcJI201117.shtml，访问日期：2021年1月4日。

② 李享：《北约网络安全体系建设及其影响》，《信息安全与通信保密》2022年第6期，第2页。

可触发《北大西洋公约》第五条内容。2016年，北约正式将网络空间纳入同陆海空平行的作战领域，强化联盟整体威慑和防御态势。2017年，北约防长一致通过《网络防御行动计划》，制定了将"网络空间纳入作战领域"的具体行动路线图。2019年底，北约出台首部《网络作战行动概则》，为网络空间作战中心的工作提供了基本指南。

在机制结构上，北约主要围绕教育训练和应急作战两条轴线展开建设。2008年，北约在爱沙尼亚首都塔林成立合作网络防御卓越中心，主要负责为成员国提供涉及技术、战略、作战以及法律法规等展开的研究、培训与演习，实现全方位的网络防御服务，为北约在网络空间的作战行动提供更全面的态势感知能力，并不断扩大成员国的范围。2019年6月13日，随着保加利亚、丹麦、挪威和罗马尼亚的加入，目前该中心已发展到25个成员，基本涵盖了大多数西方国家。此外，为了进一步使网络战深化和落地生根，2017年11月，北约防长会议还专门建议设立"网络空间作战中心"，并在2018年2月的北约布鲁塞尔峰会上得以确认和落实，作为北约新一轮指挥结构改革的重要组成部分，将成员国网络能力整合到联盟作战任务中。2019年2月，北约又启动"网络安全合作中心"建设工作，计划将于2023年正式启用全新的网络作战指挥中心。此外，北约还已经部署全天候待命的"网络防御快速反应团队"，准备随时协助北约成员国和盟友维护网络空间安全。

总体上来说，北约在多个层面发展网络防御能力，从最低的战术层面到最高的战略层面，通过分层渐进演习方式将网络整合入联合作战中，不断开展实战化网络攻防演习，构建"数字战壕"，已经形成了跨域、跨国、跨部门的一体化网络攻防演练模式，极大拓展了其"集体防御、危机处理、合作安全"三大核心任务的范围，同时也反映出各国强调组织协同、情报共享和安全协作等网络安全能力建设，积极抢占全球网络安全制高点的新趋势，"网络空间安全已经成为北约功能拓展的一个主要方向"。[①]

但是，从未来发展来看，北约在网络安全建设方面仍面临诸多问题。例如，虽然北约已经明确了为应对网络危机可以启动"集体安全"，但在

---

① 毛雨：《北约网络安全战略及其启示》，《国际安全研究》2014年第4期，第104页。

启动程序和危机规模上却没有做出详细规定；此外，北约成员国长期以来一直内部矛盾重重，很多国家在保护隐私权与加强网络监管之间摇摆不定，难以达成共识，围绕网络主权让渡问题也争执不休，这些都会对未来北约"网络集体安全"建设形成掣肘，任重而道远。

北约反对在欧部署核导弹，与美隔阂加剧

据美国防务新闻网站报道，北约成员国在2021年6月14日举行的北约峰会上，正式反对在欧洲部署陆基核导弹，并将这一条款写入峰会公报中。[①] 这一立场与北约秘书长斯托尔滕贝格此前发表的言论一致，后者曾在不同场合多次强调北约无意在欧洲部署新的陆基核导弹。

此次北约成员国反对在欧洲部署陆基核导弹，被视为是缓解北约与俄罗斯紧张关系的一种方式。对于北约来说，目前所面对的最大的外部安全威胁就是俄罗斯。自从乌克兰危机爆发以来，为了打压俄罗斯，以美国为首的北约国家不仅加强了对俄罗斯的经济制裁力度，还增加了在东欧以及中东的军事行动，通过在俄罗斯家门口部署先进反导系统武器、举行针对性很强的联合军事演习等方式，不断挤压俄罗斯的战略空间，恶化俄罗斯的地缘安全环境，引发了俄罗斯的警惕和强烈不满。为此，近日俄罗斯总统普京在接受媒体采访时表示，如果美国执意要在俄罗斯家门口部署核武器的话，作为反应，俄罗斯将毫不犹豫地进行核打击。

在这种情况下，北约认识到，如果在欧洲部署新的核武器，虽然可以在一定程度上提高其自身核威慑力，但必然会进一步刺激俄罗斯，使欧俄对抗急剧升级，甚至会波及美俄关系，引发不堪设想的后果。由于俄罗斯拥有强大的战略反击能力，一旦发生大规模冲突或战争，北约靠近俄罗斯边界的国家将会彻底成为"炮灰"，整个欧洲也将再次沦为"人质"，面临毁灭性危机。因此，北约反对在欧洲部署核导弹，其目的就是要避免与俄关系恶化，成为大国博弈的牺牲品。

[①]《美媒：北约成员国反对在欧部署陆基核导弹》，国际在线，2021年6月15日，http://news.cri.cn/20210615/3945abb0-42cb-fb2f-aafe-213dbbc8b5c4.html，访问日期：2021年8月20日。

北约反对在欧部署陆基核导弹，虽然会在一定程度上缓和与俄关系，但将会对美欧关系形成一定冲击，使得本来就出现裂痕的美国与欧洲关系更加雪上加霜。当前，在美国的大国竞争战略指导下，北约已成为美国打压他国攫取利益的战略工具。美国一直将北约作为插手国际事务的政治砝码和对抗围堵俄罗斯的重要武器，希望俄欧彼此消耗，自己好坐收渔翁之利。同时，美国为了谋求与俄罗斯的对抗优势，不顾欧洲反对，先后退出《中导条约》《开放天空条约》等一系列对于欧洲军事安全来说起着非常关键作用的条约，这些都使得欧洲国家强烈不满。

对于目前的许多北约成员国来说，虽然在军事安全上仰仗美国的庇护，但对于美国的这种不考虑欧洲各国感受，强行将欧洲捆绑在美国谋求全球霸权战略的"战车"上的自私之举还是极为反感，采取了诸多抵制举措。例如，美国为了推进其在欧洲的战略计划，一直要求北约成员国提高国防开支，更多地承担自身的防务责任，但是根据最近的报告显示，在北约峰会举行之前，只有10个国家计划将国防预算提高到GDP的2%，不到北约30个成员国的三分之一。[①] 这凸显了北约与美国的分歧越来越大，离心力不断加强。而随着欧盟独立防务合作计划的不断深化，欧洲国家摆脱美国控制的意愿也越来越强烈。例如，法国总统马克龙呼吁组建脱离北约的欧洲联军，就得到了德国总理默克尔的积极响应。在法德的推动下，欧盟防务合作关系不断加强，也将极大冲击北约作为欧洲军事安全支柱的存在基础。

从战略对抗考虑，在欧洲部署核武器对美国具有重要的意义。美国希望通过在欧洲部署更多核武器，可以加强对俄罗斯的核威慑，从而为其即将到来的与俄罗斯进行的核裁军谈判增加筹码。而此次北约在俄美峰会前夕，正式反对在欧洲部署美陆基核导弹，实际上也是给了美国一记响亮的耳光，极大削弱了美国在即将到来的美俄日内瓦峰会上讨价还价的能力。而随着欧洲独立自主意识的不断增强，美国与北约其他成员国的矛盾还将会越来越多，在更多关键问题上将越来越难以达成共识，北约摆脱美国控制的战略意愿也将进一步增强。

---

① 张海潮：《北约报告：仅三分之一成员国军费增加到GDP的2%以上，美国排第二》，环球网，2021年6月12日，https://mil.huanqiu.com/article/43VMDduyTzJ，访问日期：2021年8月22日。

北约在黑海举行多国军演，地区安全风险进一步加剧

2021年11月，黑海局势再次升温。由美军欧洲司令部组织的北约多国军演在黑海水域举行，军演内容包括海军和空军与有关海上侦察以及战略航空力量之间的相关行动，对俄罗斯的挑衅程度进一步升级。对此，俄罗斯也毫不示弱，11月4日，俄罗斯国防指挥中心发布消息称，将对北约在黑海和乌克兰等地区的军事行动保持高度警惕，并命令黑海舰队开始对驶入黑海水域的美军舰船进行监督。①

加大地区军事力量部署

近年来，特别是美国拜登政府上台后，北约与俄罗斯的关系持续恶化，双方的对抗日趋激烈。美国伙同北约频频兵压黑海，一方面是通过增强彼此的协同能力，通过有意炫耀军事力量的方式来对俄罗斯实施战略威慑，另一方面也是竭力弥补特朗普政府时期美国与北约国家产生的关系"裂痕"，特别是在美军撤离阿富汗之后，美国通过在各个地区加强军事存在，彰显自己对盟国的责任，继续给盟友吃"定心丸"。

值得注意的是，此次演习对于乌克兰的支持意味非常明显。乌克兰作为欧洲面积第二大国，与俄罗斯的矛盾非常大，一直与俄罗斯在暗中较劲。在美国与北约对俄罗斯的多次挑衅中，几乎都有乌克兰的参与。从地理位置来看，乌克兰对于俄罗斯来说至关重要，乌克兰不仅与俄罗斯接壤，而且俄罗斯的首都莫斯科距离两国边界仅有几百公里，一旦乌克兰发

---

① 央视新闻客户端：《北约与乌克兰在黑海举行"海上微风"军演，俄罗斯密切监视》，环球网，2021年6月29日，https://world.huanqiu.com/article/43jduAp2iO4，访问日期：2021年8月19日。

生任何情况，俄罗斯将会处于极其危险的境地。为此，俄罗斯对乌克兰的动向高度关注，绝对不允许其为所欲为。近期，俄罗斯向叶尔尼亚军事基地增派了拥有T-90主战坦克、BMP-2步兵战车、TOS-1型220毫米多管自行火箭炮、双联装"伊斯坎德尔"战术导弹等重型装备的机械化作战旅，震慑乌克兰的态势非常明显。

为了应对俄罗斯对乌克兰的威慑与打压，近期美国共和党人迈克·罗杰斯和迈克·特纳致信美国总统拜登，呼吁美国应该保护乌克兰，在黑海确保美国的军事存在感，并向基辅提供军事援助。在此次演习中，美国还派出了第六舰队的旗舰"惠特尼山"号和"波特"号驱逐舰等先进舰船赶赴黑海，为乌克兰撑腰打气。乌克兰也遥相呼应，政界军方人士多次发出好战言论，并不断要求加入北约，进一步向西方靠拢。在这种情况下，北约在黑海水域举行大规模军事演习，一个重要的目的就是想把自己的军事力量逐渐部署到俄罗斯周边地区，特别是乌克兰领土之上，从而掌握拟定的军事行动路线，进而为在乌克兰东南部采取军事行动做准备，甚至用武力来干涉顿巴斯地区的局势。

对俄军事挑衅不断升级

2021年以来，美国及其北约盟友增加了在黑海水域的军事活动，多次在黑海海域举行联合军演，不断派遣战机和战舰到俄罗斯边境地区进行挑衅，测试俄罗斯的战略底线。例如，3月初，北约在黑海举行代号为"波塞冬2021"的军事演习，出动了10余艘战舰。3月15日，美军主导"欧洲防卫者2021"联合军演，来自27国的2.8万名士兵参加了演习。6月23日，英国海军"保卫者"号驱逐舰在黑海西北区域活动时越过俄罗斯边界，遭俄军舰开火警告。6月28日至7月10日，美国和乌克兰在黑海举行"海上微风"军事演习，吸引了32个国家参与和支持。北约持续派遣驱逐舰、护卫舰等主战舰艇，通过土耳其海峡，进入黑海乃至亚速海，与乌克兰、格鲁吉亚、保加利亚等黑海沿岸国家的海军举行联合军演，已经成了每年的经常性项目，黑海已俨然成为北约练兵的前沿阵地。

从演习的内容和方式来看，北约国家在俄罗斯黑海边境附近空中侦察的密度明显增加,且越来越抵近俄罗斯。11月9日,一架美国E-8C侦察机从德国拉姆施泰因空军基地起飞,在黑海西北部、中部和东北部盘旋了5小时13分钟,距离俄边境最近时仅为35公里。由于E-8C是一种战场感知侦察飞机,是空军跟陆军共同使用的一个机型,可以对地面的一些目标进行跟踪、监视和探测,它首次现身黑海,表明北约已经不单单是来威胁或者是显示存在的问题,北约确确实实是在做战争准备。与此同时,11月11日,俄罗斯雷达在黑海空域发现并跟踪了6架次北约侦察机的飞行活动,包括5架美国侦察机、1架法国侦察机,在24小时之内多次接近俄边境地区,最近仅30公里,并在飞行中靠近克里米亚,以刺探俄罗斯在克里米亚的防空能力。此外,美国空军两架B-1B战略轰炸机近期在黑海水域上空距俄边界约100公里区域处飞行,美军U-2战略侦察机出现在乌克兰领空。

事实上,在此次演习举行之前,北约国家已经多次开展了对俄罗斯的挑衅行动。例如,在此之前,G20峰会还没有召开的时候,美国国防部长奥斯汀就突然造访了罗马尼亚和乌克兰等对俄罗斯抱有敌意的国家,并在与乌克兰防长进行会晤的时候,明确表示不反对乌克兰加入北约,不断触及俄罗斯的红线。与此同时,美军方正抓紧与黑海沿岸国家罗马尼亚、保加利亚互动,计划在这两个原华约成员国建立海军基地,从而结成由黑海沿岸国家组成的黑海联盟,此举也严重违反了俄罗斯—北约理事会基础文件的关键内容。根据20世纪90年代初北约和俄罗斯曾经签署的相关协议,北约对俄罗斯承诺不向东部的北约新成员境内部署军事基础设施。此次美国倡导构建所谓的"黑海联盟",等于是将美海军的剑锋直接指向了俄罗斯的咽喉,对于俄罗斯来说意味着什么,是不言而喻的,无疑也将触及俄罗斯在黑海的利益,必将导致俄罗斯的激烈反击。

未来美俄博弈继续升级

美俄同为世界主要强国,其关系走向极大影响着地区和国际格局的发展演变。拜登政府上台后,对俄采取强硬政策,不断加强对俄罗斯的军事政治压制态势。同时,拜登政府还更加注重盟友体系建设,竭力修复特朗普时期出现"裂隙"的跨大西洋伙伴关系,将应对"俄罗斯威胁"作为聚拢欧洲尤其是北约成员国的重要议题。为了获取与俄罗斯在欧洲对抗的优势，美国一直积极向黑海以及东欧地区进行军事渗透，不断向该地区增加兵力和部署先进武器，特别是在乌克兰问题上"推波助澜"，加剧乌东部顿巴斯地区的局势，给俄罗斯施加了强大压力，也使得黑海地区成为北约与俄罗斯对抗的主要阵地。

对于俄罗斯来说，黑海是其贯通各大洋的咽喉要塞，具有重要的战略地位，一直被俄罗斯视为传统的势力范围。自2014年克里米亚事件以来，北约通过组建多国部队或举行海上联合演习，推动海上力量持续不断地进入黑海乃至亚速海，也使得黑海成为"俄与西方博弈最为激烈和矛盾最为凸显的地区"。[①] 面对北约的这种咄咄逼人进攻态势，俄罗斯由于自身实力有限，在黑海的军事力量对抗中常常处于下风。目前，俄罗斯黑海舰队的主力舰艇主要还是继承自苏联，大多为小型导弹舰、导弹艇和边防巡逻舰，且很多已到了彻底退役的年龄。长期得不到驱逐舰、护卫舰等新舰补充的俄黑海舰队，在面对北约海军的持续施压时，经常疲于应对，缺乏有效的回击力量和手段。

尽管如此，此次俄罗斯在应对北约黑海地区挑衅行动时，回击意志非常坚决。2021年11月8日，俄罗斯外长拉夫罗夫在与到访的委内瑞拉外长普拉森西亚会谈后举行的联合记者会上表示，俄方对于日益严重的黑海威胁已经极力克制，如果北约和西方采取敌对行动，俄将采取"不对称"报复措施。与此同时，俄罗斯国防部也强调，俄罗斯已做好充分准备，可以应对任何事态发展，宣称已派出了包括"埃森海军上将"号护卫舰、"帕维尔·杰尔查文"号巡逻舰以及黑海舰队的旗舰"莫斯科"号导弹巡洋舰在内的多艘舰船，对黑海地区局势实施24小时的全天候监控。特别是"埃森海军上将"号护卫舰，配备了3C14型通用垂直发射装置，可发射"口径""缟玛瑙"和"锆石"导弹，速度是北约舰艇编队的两倍多，具有较强的作战能力，能够对北约演习实施有效的震慑。

从未来发展来看，由于以美国为首的北约国家与俄罗斯在地缘政治、意识形态、国家形象认知等各方面存在巨大差异，双方的结构性矛盾在很

[①] 刘丹:《黑海于当代俄罗斯之要义》,《俄罗斯学刊》2017年第6期,第72页。

长一段时间内将很难化解。美国为了增强对地区事务的主导权，还将会联合北约继续加大与俄罗斯的军事和政治对抗力度，包括举行更多大规模演习、向地区部署更多兵力和武器，向有关国家提供更多军事援助等，"从南北、东西两个维度对俄罗斯进行纵横式'抵近钳制'攻势，推动传统防区与新兴防区的地缘链接"，[①] 以进一步压缩俄罗斯的战略空间。而面对以美国为首的北约集团的强力打压，俄罗斯为了捍卫自身安全与利益，必将毫不示弱地"以牙还牙"，采取针锋相对的强有力反制措施。这些都将会使欧洲地区局势进一步陷于动荡，推动美俄战略博弈进一步升级。

---

① 肖洋：《威慑与防御：北约对俄罗斯"抵近钳制"的北极拐点》，《和平与发展》2021年第4期，第47页。

后 记

全球新冠疫情暴发至今，已经有两年之久。整个世界，从南到北，从西到东，都经受了严峻考验。这场灾难不仅从地理上覆盖全球，而且还从经济、政治、军事、文化、安全等多个领域，深度影响了整个人类社会发展的进程，也给全球军事安全打上了深刻的疫情时代烙印，带来了诸多新的风险和挑战。

疫情期间，虽然抗疫成为世界各国最优先关注的主题，但霸权主义和强权政治一刻也没有停息，军事领域斗争仍然激烈，大国对抗、地区冲突、军备竞赛等此起彼伏，贯穿始终，这既有此前共性矛盾问题的延续，也有疫情时代所带来的新的独特变化。如何认识疫情给国际军事安全格局带来的巨大冲击，如何把握疫情时代重大国际军事问题的本质特征，如何研判未来国际军事安全形势的发展趋势，都是本书所关注的重点所在。

笔者长期从事国际战略与军事安全问题的研究，对国际军事安全形势的风云变幻一直保持着密切的关注和跟踪。本书通过聚焦大国竞争、周边态势和欧洲安全三个重点领域，梳理在这些领域发生的重大事件并对其进行深刻分析，以期对疫情下的国际军事安全格局做出一个全景立体的透视与扫描，努力让看似杂乱无章的全球军事活动有一定的规律可循，同时为国内研究国际战略与军事安全问题的读者提供有益的借鉴。

在研究过程中，由于本人时间和水平有限，错漏之处在所难免，敬请读者批评指正。

方晓志
2022年8月于南京板桥